# 青春共筑中国梦

中國夢

全国青联教育界别 编

中国人民大学出版社
·北京·

# 汇聚起为实现中国梦而奋斗的青春力量

（代序）

秦宜智

2013 年 5 月 4 日上午，在全国广大青年欢度五四青年节之际，中共中央总书记、国家主席、中央军委主席习近平同志参加共青团中央主办、教育部协办的“实现中国梦、青春勇担当”主题团日活动，与各界优秀青年代表一起参观航天科技成果展，并同大家进行座谈，发表了一篇极为重要的讲话。

习近平总书记的五四重要讲话，思想深刻，内涵丰富，语重心长，情真意切，寄托着党对青年一代的殷切期望，体现着党对共青团事业的高度重视。这篇重要讲话，深刻揭示了实现伟大的中国梦与当代青年的密切联系，深刻指明了广大青年在实现中国梦进程中建功成才的努力方向。这篇重要讲话，是当代青年健康成长的行动指南，是推动新时期共青团事业新发展的纲领性文献。要把深入学习宣传贯彻习近平总书记五四重要讲话精神，作为当前和今后一个时期的首要政治任务，全面准确地领会和把握讲话的重大意义、精神实质和根本要求，切实把总书记五四重要讲话精神贯彻落实到青年工作之中，努力通过我们的工作，把总书记重要讲话精神转化成为广大青年的自觉行动。

第一，深刻理解当代青年在实现中国梦伟大进程中的历史使命。总书记在讲话中，站在党和国家事业长远发展的战略高度，深刻阐明了当代青年与中国梦之间的重要关系。我们要充分认识广大青年在实现中国梦的历史进程中肩负的光荣职责，不断增强广大青年为实现中国梦而奋斗的责任感、使命感。

深刻理解为实现中华民族伟大复兴的中国梦而奋斗是中国青年运动的时代主题。总书记深刻指出，中国梦承载着全体中华儿女的共同向往，昭示着国家富强、民族振兴、人民幸福的美好前景。这是大势所趋，是时代的主题，也是中国青年运动的主题。当代青年必须勇敢地接过前人的接力棒，切实肩负起属于当代青年的光荣使命，志存高远，增长知识，锤炼意志，为实现中国梦而顽强奋斗、艰苦奋斗、不懈奋斗。只有这样，当代中国青年运动才能在时代进步中体现出真正的价值。

深刻理解实现中国梦是青年成长成才的最好舞台。总书记在讲话中进一步阐明了中国梦的深刻内涵，强调中国梦既是国家、民族的梦，也是每个中国人的梦；中国梦是我们的，更是青年一代的。实现“两个一百年”目标的历史进程，将贯穿当代青年成长发展的全过程，这为当代青年实现价值、有所作为提供了乘势而上的难得机遇。广大青年只要自觉地把个人的追求和奋斗融入到这一进程之中，就一定能够共同支撑、共同见证、共同享有伟大的中国梦。

深刻理解当代青年是实现中国梦的一支强大的有生力量。总书记在讲话中充分肯定了青年一代在中国革命、建设、改革各个历史时期发挥的重要作用，强调青年一代有理想、有担当，国家就有前途，民族就有希望，这对广大青年是极大的鼓舞。青年最有朝气、最富梦想。在实现中国梦的征程中，青年树立共同理想，中国梦的实现就会拥有生生不息的力量源泉；青年坚持共同奋斗，中国梦的实现就会获得更加广泛和坚实的群众基础。

第二，深刻认识当代青年成长发展、建功立业的正确道路。总书记在讲话中，深情勉励当代青年要在实现中国梦的生动实践中放飞青春梦想，并提出坚定理想信念、练就过硬本领、勇于创新创造、矢志艰苦奋斗、锤炼高尚品格五个方面的殷切期望，既体现了党对青年一代的一贯要求，又富有很强的现实针对性，深刻揭示了青年一代成长发展的必然规律。广大青年要把习近平总书记的重要要求作为人生的座右铭，认真领会、认真实践。

深刻认识坚定理想信念是青年成长成才的核心灵魂。总书记指出，理想指引人生方向，信念决定事业成败。青年是祖国的未来、民族的希望。青年要肩负起时代赋予的重任，最根本的就是必须牢固树立为民族复兴而奋斗的共同理想，牢固树立跟党走中国特色社会主义道路的人生信念，增强道路自信、理论自信、制度自信，始终沿着正确的政治方向前进。

深刻认识练就过硬本领是青年成长成才的牢固根基。总书记指出，学习是成长进步的阶梯，实践是提高本领的途径。这就要求青年牢固树立梦想从学习开始、事业靠本领成就的观念，适应事业发展的内在要求，不断增强素质、提高本领，努力成为可堪大用、能担重任的栋梁之才。

深刻认识勇于创新创造是青年成长成才的时代要求。总书记指出，青年是社会上最富活力、最具创造性的群体，理应走在创新创造前列。这解释了青年在实现中国梦进程中的特殊地位。广大青年必须着眼于国家创新发展的总体要求，积极投身建设创新型国家、实施创新驱动发展战略，在引领事业发展中体现价值。

深刻认识矢志艰苦奋斗是青年成长成才的精神支柱。总书记指出，“空谈误国，实干兴邦”。有梦想、有机会，更要有奋斗，中国梦的美好前景才能变为现实。这就要求青年一代要用顽强的意志克服困难，用勤劳的双手成就梦想，埋头苦干，攻坚克难，不断开辟事业发展的新天地。

深刻认识锤炼高尚品格是青年成长成才的立身之本。总书记指出，青年是引风气之先的社会力量。一个民族的文明素养很大程度上体现在青年一代的道德水准和精神风貌上。这就要求广大青年要把修身养德放在更加突出的位置，发扬开风气之先的传统，始终保持积极的人生态度，自觉践行先进的道德风尚，以实际行动促进社会的和谐进步。

第三，深刻理解共青团带领青年为实现中国梦而奋斗的光荣职责。走过91年光辉历程的中国共青团当今的光荣职责就是：高举团旗跟党走，奋力实现中国梦。要把深入学习贯彻习近平总书记五四重要讲话精神与学习贯彻习近平总书记在参观“复兴之路”展览、十二届全国人大一次会议上的重要讲话结合起来，作为全团开展好“我的中国梦”主题教育实践活动的灵魂。共青团组织要让更多青少年敢于有梦、敢于追梦、勤于圆梦，让每个青少年都为实现中国梦增添强大青春能量。

在广大青少年中兴起学习讲话精神的热潮，帮助广大青年深刻理解总书记对青年一代提出的重要要求。充分发挥基层团组织，发挥青联、学联、青企协、青科协等组织的作用，使学习宣传贯彻活动覆盖影响更多青年。创新学习宣传的有效载体，充分发挥互联网等新媒体的作用，注重运用微博、手机报、即时通信等手段，通过动漫、微视频、专题片等生动活泼的形式宣传讲话精神。编写辅导报告，为广大青年提供鲜活生动的学习资料。团属新闻报刊等舆论阵地，要通过开辟专栏、组织重点文章等，帮助广大团员青年全面理解、准确领会讲话精神，推动形成良好的学习氛围。

着力增强共青团工作的影响力、增强党在青年中的凝聚力和青年对党的向心力，更好地带领广大青年为实现中国梦而奋斗。锐意进取、探索创新，适应经济社会的深刻变革和青年的新特点、新变化，不断创新工作思路、工作方式和加强自身建设，尤其要对在当代青年中产生深刻影响的新的媒体形态、新的组织形式、新的文化现象作出积极应对，与时俱进地推进工作。深入基层，融入青年，坚持青年的主体地位，把握青年特点需求，坚持问需于青年、问计于基层、问效于社会，以高度的责任感和对青年的感情做好各项工作。围绕中心，服务大局，着眼国家重大战略的实施，找准青年工作的切入点、结合点，更好地汇聚起全面建设小康社会、加快推进社会主义现代化、实现中华民族伟大复兴的中国梦的青春力量。

（本文根据秦宜智同志在共青团中央、全国青联、全国学联学习习近平总书记五四重要讲话精神座谈会上的讲话整理，略作修改。）

# 目录

## 第一篇 探索未来中国改革之路

## 第二篇　我心中的中国梦——青联委员感言集锦

第一篇

# 探索未来中国改革之路

# 第一章　加快我国经济发展方式转变的战略思考

陈雨露

▶▶　陈雨露，男，现任中国人民大学校长，金融学教授，哥伦比亚大学富布赖特高级访问学者。兼任第十二届全国人大代表，中国人民银行货币政策委员会委员，全国青联副主席，中国国际金融学会副会长，中国金融学会副秘书长、常务理事等。

主要研究领域为宏观金融理论与政策。代表著作包括：《大金融论纲》、《世界是部金融史》、《中国是部金融史》、《人民币时代》、《中国金融体系大趋势》等。

经过改革开放后35年的高速发展，中国经济已经处于由工业化后期向后工业化时期转变、由中等收入逐步向高收入过渡的历史性新阶段。在这个新的发展阶段产生了一系列新的问题，特别是在经济发展方式的转变方面，遇到诸多严重挑战与调整机遇。从外部环境来看，尤其是2008年国际金融危机发生以来，国际环境发生了深刻且复杂的变化。国与国之间的经济发展竞争趋于激烈，要在更趋复杂的国际环境中趋利避害，在更加激烈的国际竞争中把握主动权，倒逼中国必须加快构建更具活力、更富有竞争力的经济发展方式。从国内环境来看，经济发展所依赖的多种内生条件发生了新的变化。经济潜在增长水平趋于下降，人口老龄化加快，劳动力低成本优势减弱，生产要素供给条件发生重大变化，以及能源资源约束更趋强化等，这些变化都对中国经济发展方式的转变提出了更为紧迫的现实要求。为实现两个百年的中国梦想，必须完成经济发展方式的转变。

## 一、现阶段推进我国经济发展方式转变是首要战略任务

自1999年以来，中国经济在持续了长达十年的年均增速10%以上的增长之后，经济发展的动力以及可持续性已经显著呈现增速下滑和后劲不足的基本态势。回顾我国这十年的高速经济增长，一个显著特点是依靠生产要素的密集投入，主要表现为对能源资源的价格扭曲所造成的过度使用，资本包括货币信贷财政资金的过度投放，土地的无节制占用、利用，低端劳动力的密集使用所推动的出口优势，等等。在这种要素与资源大投入、大投放的情况下，经济发展过程中所造成的损失已经无法忽略。比如，环境遭受极大破坏，土地耕地开始锐减，人民群众的健康遭受危害。与此同时，金融资源逐步脱离实体经济，金融泡沫和房地产泡沫等风险已经凸显出来，对我国经济平稳运行与发展造成了极大挑战。而且，这十年间，反映经济发展质量的技术进步和全要素生产率的提升却相当有限，生产要素大投资、大投入的效益正在大幅度递减，生产要素边际投入带来的边际产出正在大幅度下降。这些重大现象均预示着中国原有的经济发展模式已经走到了尽头，必须依靠经济发展方式的转变，来重新塑造经济发展的内生动力。

而且，在推进我国经济发展方式转变的进程中所面临问题的复杂性和艰巨性，对我国宏观经济政策的调整与制定，也提出了极高的要求。从总量上看，当前我国既面临通货膨胀的压力，又面临经济下行突破下限，从而造成

大规模失业的风险。从结构上看，无论是需求结构还是供给结构，无论是产业结构还是区域结构，均存在深刻的矛盾。总量失衡与结构矛盾这二者之间相互交织、相互冲突，使得我国宏观经济的调控面临新的巨大的挑战。一方面，推进我国经济发展方式的转变，迫切需要宏观经济政策来引导、刺激和监管；另一方面，宏观调控方式的调整变化，宏观经济调控政策的有效性，也必须建立在经济发展方式转变的基础之上。因此，这就不仅要求宏观经济政策的方向选择和组合方式及其政策力度，要根据经济均衡增长的要求及时进行调整，而且要求我国必须对宏观经济政策框架的设计作出根本性的调整。

## 二、正确认识与理顺推进我国经济发展方式转变进程中的重大关系

党的十七届五中全会强调，加快转变经济发展方式是我国经济社会领域的一场深刻变革，必须贯穿经济社会发展全过程和各领域，并提出加快转变经济发展方式的“五个坚持”：坚持把经济结构战略性调整作为加快转变经济发展方式的主攻方向，坚持把科技进步和创新作为加快转变经济发展方式的重要支撑，坚持把保障和改善民生作为加快转变经济发展方式的根本出发点和落脚点，坚持把建设资源节约型、环境友好型社会作为加快转变经济发展方式的重要着力点，坚持把改革开放作为加快转变经济发展方式的强大动力，提高发展的全面性、协调性、可持续性，实现经济社会又好又快发展。党的十八大报告指出，推进经济结构战略性调整是加快转变经济发展方式的主攻方向，必须以改善需求结构、优化产业结构、促进区域协调发展、推进城镇化为重点，着力解决制约经济持续健康发展的重大结构性问题。这是党中央在我国进入全面建成小康社会决定性阶段，在全面把握国际经济格局调整和我国经济发展形势变化的基础上，作出的重大战略部署。

（1）从促进经济发展方式转变的主线来看，经济结构的战略性调整是促进我国经济发展方式发生根本性转变的核心抓手。坚持把经济结构战略性调整作为加快转变经济发展方式的主攻方向，是中央审时度势，准确把握经济发展的阶段性特征，尤其是在后金融危机时期，各种风险和不确定性因素增多的情况下，力图适应国内外发展形势的新变化，所作出的战略部署。也是中央确保我国经济长期平稳较快发展和经济社会全面协调与可持续发展，所

作出的重大决策。

从理论上来讲，对经济结构进行战略性调整，体现了加快经济发展方式转变的内在必然要求。经济结构指国民经济各组成部分的地位和相互比例关系。从宏观上来看，它包括社会总需求结构、总供给结构，乃至分配结构、产业结构、区域经济结构等；从微观上来看，它包括企业组织结构、产品竞争结构等。对经济结构进行战略性调整，其实质就是通过结构的变动，使同等数量的要素和资源投入获得更大的产出。转变经济发展方式，就是要转变过多依赖要素和资源投入推动经济增长的模式，转变过多关注经济规模的扩张而忽视经济增长质量的做法，转变过多关注经济增长速度而忽视社会协调发展的行为，更加注重经济质量和效益的提高，更加注重资源的节约、环境的改善，更加注重区域差距、城乡差距的缩小，更加注重人民生活水平的提高。从本质上讲，这些都是对经济结构的调整和优化。随着国内外环境的新变化和世界经济格局的新调整，如果不从根本上对经济结构进行战略性调整，就不可能从根本上实现加快转变我国经济发展方式的战略目标。

从现实来看，目前国内出现的各种深层次矛盾都集中指向经济结构的不合理，要解决这些深层次矛盾，就必须从根本上加快转变经济发展方式，就必须对经济结构进行战略性调整。改革开放以来，在经济快速增长的同时，我国发展中的各种深层次矛盾也日益突出：经济规模快速扩张但增长质量不高，产业竞争力、区域创新能力低；产业发展较快但处于低层次，形成了以能源、原材料为主的产业结构，产业结构层次低，高新技术产业规模小，现代高端服务业比重小，特别是高端生产性服务业发展长期徘徊不前；工业化快速推进但城镇化滞后，城市既不能有效吸纳和积聚高端产业，也不能有效吸纳和转移农民入城，城乡差距进一步拉大；产业发展较快但资源环境约束进一步凸显，单位 GDP 能耗高，节能减排任务繁重；各区域发展不平衡，给区域经济协调发展带来困难；经济动力结构不平衡，过多依靠投资和出口驱动，消费对经济增长的贡献率明显偏低。深入分析这些矛盾和问题，不难发现，经济结构的不合理实际上是导致所有问题的症结所在。

（2）从促进经济发展方式转变的战略目标来看，要统筹系统考虑“稳增长、调结构与促改革”这三者之间的相互促进和相互制约关系。从现阶段中国经济的总体发展战略目标和中国经济的现实情况来看，宏观经济政策调控的主要目的就是要避免经济大起大落，使经济运行保持在合理区间。其“下限”就是稳增长、保就业，“上限”就是防范通货膨胀。因此，从制定促进经济发展方式转变的宏观经济政策角度来看，必须立足于该基本目标，设计一个明确的、系统性的宏观经济政策框架，而且该政策框架必须和我国经济运行的合理区间配合实施，从而实现宏观经济政策的稳定性和可预期的双重目标。具体来看，就是要合理统筹解决稳增长、调结构和促改革这三者的复杂关系，促进这三种目标形成相互融合、集成推进的局面，而不可只强调其中的某一方面。因此，一方面，当我国经济运行处于合理区间时，宏观经济政策应该牢牢瞄准与推进经济发展方式的转变这根主线，着力通过全面推进经济结构调整和利用市场化改革所获得的红利，来发挥市场配置资源和自我调节功能，激发市场主体的活力，重构中国经济增长的内生动力，以促进经济潜在增长率的提升，从而最终保证中国经济增长在一个较为合理和合意的区间运行。另一方面，当我国经济运行逼近或者突破合理区间的上下限时，宏观经济政策就应该偏向于稳增长、控通胀和保就业。但是，在稳增长、控通胀和保就业的政策操作中，必须放弃以往的短期政府大规模刺激计划，而在不伤害调结构与促改革的前提下，适度推进有限的温和刺激计划和针对小微企业发展的“微”刺激计划。同时，更要积极发挥调结构、促改革对稳增长的促进作用，通过实施调结构与促改革来主动地实现稳增长的战略目标。从而，依靠构建稳增长、调结构与促改革这三大目标之间的相互融合且协调的宏观经济政策框架，来为企业和社会创造出一个稳定且可预期的宏观经济环境。

（3）从促进经济发展方式转变的实现手段来看，要理顺“扩内需、保投资与稳外需”这三者之间的相互促进和相互制约关系。第一，当前，调结构的核心目标是扩内需，即通过调整收入分配结构、财税支出结构等来促进内需的扩张，而不仅仅是为了实现压缩某些行业过剩产能的简单目标。对于中国这样一个巨大的经济体，是不可能仅仅通过依靠外需来实现经济的可持续增长的，而是要立足于自身内需市场的可持续扩张。因此，扩内需的政策本质上就是实现调结构的核心，同时，这也是实现稳增长的根本之策。第二，从短期来看，消费需求受居民收入水平、社会保障体系完善程度等诸多慢变量的影响，短期内难以显著提升；出口则受制于外部环境，而国际经济形势仍然严峻复杂，前景仍不明朗。当前我国经济增长速度的过快下滑主要由投资速度的过快下滑所引起，因此，稳增长就必须从稳投资着手。通过稳定投资来防止经济增长出现突发性的下滑，应该说是当前的一个必然选择。更为值得关注的是，当前的任务不能再仅仅局限于依靠政府短期大规模投资计划的刺激方式来进行稳增长，而是要将投资方向尽可能瞄准于调结构，充分发挥市场自我调节的作用。这既能拉动短期经济增长，同时又能通过调整结构方向的投资来兼顾经济潜在增长率的提升。在可预见的未来，投资仍然是中国经济增长的重要引擎，而且，基础设施建设和技术创新将会是今后一段时期内我国投资驱动力的两大组成部分。这是因为，基础设施建设和创新能力恰恰是当前中国经济发展中的薄弱环节。将今后的投资对象集中于中国经济发展中的薄弱环节，不仅不会形成新的产能过剩，而且在一定程度上会有利于经济结构的调整。由于政府主导的投资容易产生“后遗症”问题，所以，应想方设法地积极引导和鼓励民间资本成为投资主体。第三，在促进内需扩大的同时，必须稳定和扩展外需。同时，通过推进对外贸易结构的转型升级，来构筑调结构的基础。今后一段时期内，出口仍将是中国经济增长动力的重要来源。保证出口的合理增长，实质上是稳增长的核心。而且，中国也已经不可能再仅仅依靠低端劳动密集型的产品来维持今后的出口扩张，需要通过促进进出口结构的转型升级来实现出口的可持续增长。而进出口结构的转型升级本身也是调结构的重要构成部分，因此，在实现结构转型升级下的稳外需，已经成为扩内需和增投资的前提条件和重要保障。

## 三、当前全面推进我国经济发展方式转变的路径与策略

应对当前我国转变经济发展方式所面临的一系列矛盾和挑战，关键在于全面深化改革和进一步深入开放。无论是从当前短期的稳增长角度来看，还是从今后长期的调结构与转方式角度来看，都必须依靠进一步的改革开放。因此，必须从纷繁复杂的事物表象中，准确把握改革脉搏，准确把握全面深化改革与开放的内在规律，从而为我国全面推进经济发展方式的转变，提供可靠的实施路径和政策策略。特别是要把握好以下全面深化改革和开放的五大关系：解放思想和实事求是的关系、整体推进和重点突破的关系、顶层设计和摸着石头过河的关系、胆子要大和步子要稳的关系、改革发展稳定的关系。

（1）全面深化市场化改革，重塑和释放改革红利。当前，调结构必须以全面推进和深化市场化改革为突破口。坚持以市场化原则的导向进行，通过全面推进进一步的市场化改革，来充分释放经济可持续发展的内生动力，重塑和释放改革红利。

首先，以市场为导向，使社会生产适应国内外市场需求的变化。这是结构调整的根本目的，也是判断经济结构是否合理、优化的核心标准。如果不坚持市场化的原则去调结构，而主要是靠行政手段和政府的大规模短期刺激政策，最后的结果很可能是南辕北辙。市场需求是不断变化的，结构调整因此也要经常进行，不可能一劳永逸。从调结构的手段和目的来看，现阶段我国必须充分考虑和利用国内国际两个市场的市场力量和资源优势，通过进一步的市场化改革来释放经济可持续发展的内在动力，这是调结构的基本原则和根本取向。

其次，经济结构调整的本意是通过市场化的运作，通过收购与兼并等一系列行为，使一些落后的产业或企业淘汰掉，让一些效率高的、技术含量高的产业或企业成长起来，增加市场份额，成为经济增长的动力。一个经济体本身是一套系统，其内部结构会随着经济的发展自发地调整和完善，但前提是以市场化为基础。如果政府干预过多，比如导致国有企业比重过大，经济结构的自发调节功能就会被破坏，结构进一步失衡也就难以避免。当前，中国经济运行中真正的问题在于政府这只“看得见的手”过多地干涉了市场“看不见的手”，导致市场这只“看不见的手”的内在机制和价格调节功能无法正常发挥，从而造成调结构的效果大打折扣。经济结构调整喊了这么多年，为什么落实不了，就是因为总停留在政府政策层面上，没有按照市场化方式进行结构调整。市场化方式的经济结构调整，会遵循资源配置效率的原则，市场会选择最有经济效率的企业，市场也会选择未来会有希望的技术，这并不是由政府说了算，而是要由市场的竞争来决定。所以结构调整应该由政府来引导，市场来主导和推动，这样在经济结构的调整中，各种经济活动和手段才能发挥更大的作用。

因此，现阶段我国转换经济发展方式的首要任务就是，在市场化进程的基本内容即市场体系的构建上，从前期的包括投资品和消费品在内的商品市场化为基础，逐步转变为包括土地、资本、劳动、专利、环境等的要素市场化为基础。进一步促进全国统一市场体系的形成，打造公平竞争的发展环境。坚持将更好地发挥市场机制在资源配置中的基础性作用，作为下一步深化改革的重要取向，全面清除各种市场壁垒的制度性障碍，加快形成统一开放、竞争有序的市场体系，促进资源配置效率的提升。

（2）理顺央地关系，推进财税体制改革。当前，理顺央地关系，已经成为破解我国经济结构失衡，矫正政府行为对经济结构扭曲效应的关键所在。

这其中，推进财税体制改革已成为重中之重的改革目标。

首先，全面理顺以及确立新型的央地关系，是中长期内促进我国经济结构调整的核心手段。由于我国现有财税体制的弊端，地方政府和企业倾向于追求投资拉动和粗放型的 GDP 增长，导致经济结构的严重失衡。这些失衡主要表现为：投资比重过大，消费比重过低；工业比例过大，服务业发展滞后，等等。需要通过税收改革、国有预算体制改革、地方政府预算体制改革、财政支出改革等统筹安排的一系列财税体制改革，来缓解结构性扭曲，推动增长方式的改变。因此，中央和地方的财政税收与事权体制，既是经济体制问题，也是政治体制问题，涉及中央和地方在动员、支配经济资源上的权责划分。在政治体制层面，改革政府行政体制刻不容缓。减少政府层级和财政层级，这不仅是政府运行高效、便利的问题，更是由于其关系到分税制的未来。

其次，通过全面理顺以及确立新型的央地关系，理顺中央财政和各级地方财政的事权和财权关系，使得二者具有相应的匹配性和契合性，为实现调结构的战略目标奠定体制改革基础。1994 年的分税制改革使中央政府的财政收入进入了快速增长轨道，总体看是必要和成功的。但分税制对省级以下财政体制的改革却未作出明确规定，留下了一个制度缺口。在利益驱动下，分税制造成的财权上收的效应就难免在各级政府间层层传递，导致省市以下政府出现大量财政赤字。在财权财力集中的同时，政府的基本事权却在下移。由于各级政府财权与事权的严重背离，分税制难以起到平衡地区差异的作用，迫使地方政府从预算外寻找收入来源，并形成了“城乡二元财政”的格局（城市财政主要以出卖土地为自己筹集财政收入，乡财政只能靠收费和罚款来维持）。事实上，转移支付是跟着财政专项走的，看起来数量很大，并不真正切合地方提供公共服务的实际需要。这就说明现行转移支付存在着体制缺陷，主要是由分税制不到位所造成的。

最后，在全面理顺以及确立新型的央地关系、进行央地财政体制的改革方面，要充分、具体地考虑我国的历史沿革、现实情况以及改革的复杂性。比如，将有较强“外部性”的司法、环保监管、食品和药物安全、跨区域基础设施等部分支出责任集中到中央，推动基础养老金的全国统筹；鼓励地方在养老金个人账户、医疗、教育、土地等领域探索不同的改革路径和管理方式；考虑将特别消费税和车辆购置税的收入和税率决定权下放给地方，或允许地方开征零售税；减少专项转移支付，扩大以公式为基础的一般性转移支付，提高转移支付的稳定性和透明度。另外，转移支付的新体制必须充分反映农民工及其子女的教育和医疗等公共服务需求在地区之间的转移，减少财政体制对城市化的阻力。

（3）推进以人为核心的新型城镇化，推进内需可持续扩张和产业结构优化升级。积极稳妥地推进以就业和产业支撑为支点的新型城镇化，把新型城镇化作为稳增长、调结构与促改革的核心抓手，并且充分发挥其促进内需扩张、投资增长以及产业结构优化升级的重要作用。

首先，新型城镇化是先发展阶段开拓我国内需扩张的最大抓手。2013 年以来，我国经济最大的亮点就是以推进城镇化和收入分配改革为抓手，通过内需拉动经济增长。这一良好态势已经在 2013 年上半年得到体现。国家统计局发布的数据显示，2013 年上半年消费对经济增长的贡献率为 54.8%，远高于投资贡献率 32.6%和净出口贡献率 11.9%。可以预见，随着城镇化的深入推进和收入分配、户籍制度改革的逐步到位，以及社会保障体系的完善，改革释放的红利会进一步加大。

其次，新型城镇化是保证我国投资稳步增长的重要途径。现阶段城镇化将是保证我国投资稳步增长、解决生产过剩与就业压力等问题的重要途径。我国 2 856 个县级单位和 40 906 个建制镇中，大部分基础设施长期投资和配套不足，特别是在传统农村地区。所以，县域经济与城镇化战略相结合，就是需要继续运用政府“看得见的手”，引导国家基本建设投资。这 40 906 个建制镇的投资建设需求是一个非常大的空间，这个空间足够消纳我国相关行业的过剩产能。因此，推进新型城镇化的这个战略选择，将会同步带动中小企业的发展，带动农民非农就业，以及带动普通百姓现金收入的增加，进而把原来的外需拉动经济的这种增长方式，转变为内需拉动的增长方式。

最后，新型城镇化是促进我国产业结构优化升级的重要载体平台。要通过新型城镇化的推进，来实现内需的扩张以及产业结构的优化升级。国内外城镇化的发展历史表明，以产业发展形成的经济基础是城镇化的根本内容和本质所在，只有建立在产业发展基础上，城镇化才能够富有生机和活力，才能获得持续发展。新型城镇化不仅仅是促进第二产业发展的载体平台，同时也是提升服务业发展的载体平台。现阶段我国经济增长过度依赖制造业，服务业发展特别是高端服务业发展相对不足，与同等发展中国家服务业的发展水平相比，低了十个百分点以上。因此，通过新型城镇化来带动服务业的发展，既可以达到促消费、扩内需与稳增长的目的，同时也可以为调结构目标的实现提供有力支撑。

(4) 培养新的消费热点，积极扩大内需。在激发内需市场方面必须转变思路、拓展路径，积极培育新的消费热点，否则可能遭遇后续乏力的局面。要建立扩大消费的长效机制，不仅需要解决有效需求不足等问题，更要加快新型商业模式的创新以及培育新的消费热点，以此带动消费规模的扩张和消费结构的升级。

首先，全力提高居民收入，刺激有效需求的提升。现阶段提高居民收入是刺激我国有效需求扩张的主要渠道。这不仅将使经济结构得到改善，而且人民生活水平将有较大提高。这也是坚持以人为本、推动科学发展的重要举措和根本目的。

其次，积极培育和鼓励服务业中的新的消费热点，将其作为扩内需的重要支点。在培育新的消费热点时，应大力引导和促进旅游、教育培训、体育健身、文化创意、出版、影视、网络动漫等精神消费需求的增长和相关产业的发展，加快发展老年服务、病人看护、家庭医生、家政服务及其他关系到人民群众生活品质的生活性服务业，鼓励居民增加在科技、文化娱乐、信息、旅游等方面的消费。此外，还应特别注重和满足人们的精神消费需求，提升消费者的生活品质。

最后，通过信息产业和工业产业的全面融合，着力推动信息消费的发展。作为现代服务业和战略新兴产业融合的典型代表，信息产业具有产业结构层次高、带动能力强的基本特征，正在迅速成为刺激消费、促进发展的重要着力点。由于信息技术创新周期短、变化快，信息领域新产品、新服务不断推陈出新，持续激发新的消费需求，尤其是信息产品备受年轻人的青睐，而年轻人正是我国消费增长的生力军。2013 年 1—6 月电信业务收入同比增长 8.9%，3G 用户规模达到 3.19 亿户，TD 新增用户接近 5 000 万户，同比增长两倍多，达到 1.37 亿户。信息消费对经济增长的拉动作用进一步显现。统计数据显示，2013 年 1—5 月信息消费的规模已经达到 1.38 万亿元，同比增长 19.8%。具体表现为移动互联网发展迅猛，新兴信息消费领域的服务和产品快速增长，以家庭宽带接入、网络视频、网络购物、微媒体、手机支付、手机视频为依托的新兴消费对经济增长的拉动作用增强。

(5) 实施创新驱动发展战略，构建国家创新战略体系。现阶段，实施创新驱动发展战略，构建国家创新战略体系，是“调结构、转方式”的核心内容。具体表现为以下三重意义：对我国形成国际竞争新优势、增强发展的长期动力具有战略意义；对我国提高经济增长的质量和效益、加快转变经济发展方式具有现实意义；对降低资源能源消耗、改善生态环境、建设美丽中国具有长远意义。党的十八大报告提出，到2020年，我国必须进入创新型国家行列。国际上普遍认可的创新型国家，科技创新对经济发展的贡献率一般在70%以上，研发投入占GDP的比重超过2%，技术对外依存度低于20%。从我国当前的数据来看，我国离创新型国家还有相当的距离。进一步看，自主研发和创新能力的不断提升，是实现经济可持续发展和结构转变的战略支撑。效率提高是创新的函数，结构演进则又是效率提高的函数。因此，全面提高自主创新能力，是转变我国经济发展方式的中心环节，是国家发展战略的核心，是提高综合国力的关键所在。

首先，实施创新驱动发展战略，构建国家创新战略体系的重点在于提高自主创新能力。我国很多产业处于国际产业链的中低端，消耗大、利润低，受制于人。只有拥有强大的自主创新能力，才能在激烈的国际竞争中把握先机、赢得主动。而且，今后经济可持续发展的根本动力在于依靠创新驱动。提高自主创新能力，一是要瞄准国际创新趋势、特点进行自主创新，使我国的自主创新站在国际技术发展前沿；二是要将优势资源整合聚集到战略目标上，力求在重点领域、关键技术上取得重大突破；三是进行多种模式的创新，既可以在优势领域进行原始创新，也可以对现有技术进行集成创新，还应加强引进技术的消化吸收再创新。

其次，全面构建以企业为主体、市场为导向、产学研相结合的技术创新体系，是实施创新驱动发展战略，构建国家创新战略体系的根本取向。进一步确立企业的主体地位，让企业成为技术需求选择、技术项目确定的主体，成为技术创新投入和创新成果产业化的主体。高校、研发机构、中介机构以及政府、金融机构等应与企业一起构建分工协作、有机结合的创新链，形成有中国特色的协同创新体系。

最后，着重加快科技体制机制的改革与创新是实施创新驱动发展战略，构建国家创新战略体系的重要保障。建立科技创新资源合理流动的体制机制，促进创新资源高效配置和综合集成；建立政府作用与市场机制有机结合的体制机制，让市场充分发挥基础性调节作用，政府充分发挥引导、调控、支持等作用；建立科技创新的协同机制，以解决科技资源配置过度行政化、封闭低效、研发成果转化效率较低等问题；建立科学的创新评价机制，使科技人员的积极性、主动性、创造性充分发挥出来。

（6）转换地方政府职能，推进地方政府体制改革。从中国的现实来看，经济发展方式能否实现顺利转变的一个重要制约条件是政府体制机制能否实现转型。没有政府体制机制的转型、政府行为方式的转变，当前我国经济发展方式的转变是难以推进的。我国现有的体制基本上是为实现规模和速度扩张服务的，但在经济转型的时候，特别是在以创新驱动为主的经济转型模式下，现行的体制机制反而形成了约束。我国现行财税体制和政绩考评的刺激，导致地方政府具有很强的推动地区经济增长的冲动，逐步形成了政府主导的经济增长模式。这一模式的特点就是地方政府过多干预市场、干预微观企业经营，忽视公共服务。因此，要实现经济发展方式的转型，其突破口在于转变地方政府职能。只有转变地方政府职能，向市场、企业和社会放权，经济发展方式转型才能得以真正实现。而且，在政府体制机制的改革上最需要突破的就是政府职能的转变，核心是解决政府行政审批事项过多的问题，有效限制、约束和监管政府干预经济的权力。2013 年 5 月，国务院决定取消和下放 62 项行政审批事项，这预示着新一轮经济体制改革序幕的全面拉开，这可以为推动我国经济结构的转型升级释放巨大的改革红利。

# 第二章　增强创新驱动发展新动力

胡　钰

▶▶　胡钰，男，现任国务院国资委新闻中心副主任，全国青联委员。清华大学法学博士，研究员。曾任清华大学人文社会科学学院党委副书记、国家科技部办公厅调研二处处长、科技日报社评论理论部主任、国家科技部青联副主席等职。《中共中央国务院关于进一步加强人才工作的决定》、《国家中长期科学和技术发展规划纲要（2006—2020）》等起草组成员。曾获“中央国家机关优秀青年”、“北京市高校优秀学生干部”、“清华大学学生十杰”等称号。

中华民族伟大复兴的中国梦，为全国人民指明了奋斗方向，提供了奋斗动力。当进入新的更具挑战性的发展阶段时，最可怕的不是前进征途中遇到的困难，而是畏惧困难、安于现状的暮气。中国梦的提出，点燃了全国人民特别是青年人为了国家富强、民族振兴、人民幸福而顽强奋斗、接力奋斗的激情，成为中国新一轮发展的根本指针。在实现中国梦的进程中，全面增强创新驱动发展新动力具有重要意义。敢于超越，永葆进取，才能推动中国科技创新再上新台阶，才能为实现中国梦提供强大、持续的创新动力。

## 一、把握我国创新驱动发展的历史经验与紧迫要求

改革开放以来，我国发展变化日新月异，国家发展道路日趋成熟。科技事业作为国家发展的重要内容，实现了前所未有的跨越；科技创新作为国家发展的重要力量，发挥了前所未有的作用。从邓小平提出“科学技术是第一生产力”① 的论断开始，依靠科技创新驱动经济社会发展就成为中国发展的核心原则。

### 1. 我国科技创新事业取得的历史经验

2010 年 1 月 25 日，英国《金融时报》发表题为《中国科学家在研究方面引领世界增长》的文章，称：根据相关数据，30 年来，中国在科学研究方面的增长超过了任何国家，而且速度没有放缓的迹象。汤姆森路透集团研究评估部主任乔纳森·亚当斯说，中国取得了“令人惊叹”的增长，排名仅次于美国，位居第二，从“金砖四国”——巴西、俄罗斯、印度和中国这 4 个新兴市场国家 30 年来的表现看，中国的表现远远优于其他国家。按照这种趋势发展下去，到 2020 年，中国将成为最大的科学知识产出国。

今天，中国的科技人力资源数量居世界第一位，国际科学论文数量居世界第二位，发明专利申请总量居世界第四位，全社会研发投入居世界第五位。更重要的是，科技创新重大成果不断涌现，科技创新对经济社会发展的支撑引领作用日趋坚实。全国科技界以创新的实践完成了科技奥运六大目标，出色地支撑了绿色奥运和人文奥运的实现；充分调动现代科技手段，在战胜冰冻雨雪灾害和汶川大地震中发挥了不可替代的支撑作用；神舟七号载人航天飞行圆满成功，我国航天员首次成功地完成空间出舱活动和空间科学

---

① 《邓小平文选》，1 版，第 3 卷，274 页，北京，人民出版社，1993。

实验，实现了我国空间技术发展的重大跨越，等等。在国际金融危机蔓延、世界经济深度衰退的形势下，我国积极应对，这其中，科技工作发挥了不可替代的支撑作用。大幅度增加科技投入、推动技术改造、加快实施重大科技专项、大力培育战略性新兴产业，这些措施对遏制经济下滑势头、培育新的经济增长点发挥了十分重要的作用。这一系列重大成果不但展现了我国科技创新的进步，更凸显了科技创新的作用。回首过去的道路，展望未来的方向，我们要明白我们的科技事业取得了宝贵的经验。

经验之一：坚持了正确的思想路线。1978 年 3 月，党中央在京召开了规模盛大的全国科学大会。这次大会是解放思想、拨乱反正的一次大会，是坚持实事求是思想路线，确立科学技术关键地位的一次大会，是新中国科技发展史上一个重要的转折点和里程碑。邓小平同志在大会上深刻阐述了科技发展中的思想认识问题、人才培养问题和党的领导体制问题，重申了“科学技术是生产力”这一马克思主义基本观点，明确指出“知识分子是工人阶级的一部分”①，提出“四个现代化，关键是科学技术的现代化”②。实事求是是中国共产党思想路线的精髓，要求一切判断源于实践，实践有新发展，思想理论也要有新发展。正是基于这一思想路线，基于马克思主义的“活”的灵魂，将以创新求发展的核心思想提升至国家战略的高度。创新不仅成为经济发展的动因，更成为社会进步的源泉。事实上，中国特色自主创新道路的提出和形成过程，正是实事求是的思想路线在新时期科技事业中的具体体现。

经验之二：确定了正确的战略方向。改革开放以来，围绕科技事业的战略选择日益清晰，党和国家在实践中进一步认识到，中国的发展不仅离不开科学技术，而且要使科学技术走在前面。1995 年，党中央、国务院召开了全国科学技术大会，颁布了《关于加速科学技术进步的决定》，提出实施科教兴国战略。2003 年，党中央、国务院召开了全国人才工作会议，颁布了《关于进一步加强人才工作的决定》，提出了实施人才强国战略。为了抓住科学技术发展的重大战略机遇期，全面建设惠及十几亿人口的小康社会，2006 年，党中央、国务院召开全国科学技术大会，颁布了《关于实施科技规划纲要增强自主创新能力的决定》和《国家中长期科学和技术发展规划纲要(2006—2020)》，提出新时期科技工作方针：自主创新，重点跨越，支撑发

① 《邓小平文选》，1 版，第 3 卷，378 页，北京，人民出版社，1993。

② 《邓小平文选》，2 版，第 2 卷，86 页，北京，人民出版社，1994。

展，引领未来，要力争在2020年使我国进入创新型国家行列。正确的战略永远是成功决策的核心，这一系列重大的战略部署成为我国科技事业持续发展的指针。

经验之三：提出了正确的政策举措。改革开放以来，中央敏锐地抓住科技与经济脱节的问题，以改革为动力，引导科学技术在为经济建设服务中实现新的发展。1985年，中央作出了《关于科学技术体制改革的决定》，标志着科技体制改革的大幕全面拉开。在“经济建设要依靠科学技术、科学技术要面向经济建设”的方针指导下，开始了“放活科研机构、放活科研人员”的改革。1998年，中科院启动了知识创新工程试点工作；1999年，原10个国家工业局所属的242个科研机构进行企业化转制，高教系统进行了旨在建设一批高水平研究大学的“985”工程；2001年，全国20个部门所属社会公益类科研机构开始分类改革。这是在我国科技体制内进行的世界范围内最大规模的国立科研院所体制改革和创新行动。通过改革，应用型科研院所提高了面向市场、服务经济的能力，大学的科研能力显著增强，社会公益类科研机构研究开发能力得到加强，公共服务能力明显提升。在科技事业发展方面，国家相继出台了科技攻关计划、863计划、星火计划、火炬计划、攀登计划等重大举措，建立了国家自然科学基金，在面向国民经济主战场、面向基础和高科技前沿发展、推动农村科技发展、推动高新技术产业化发展、推动科技法制化建设、建立技术市场、设立国家高新区、发展民营科技企业等方面，国家都进行了全面的部署。这几大计划和这些重要部署基本构成了新时期科技事业发展的新的工作格局，成为30多年科技进步和创新的重要保障。

2. 实施创新驱动发展战略的紧迫性

党的十八大报告对科技创新在走中国特色社会主义道路、全面建成小康社会、坚持科学发展中的目标、地位、作用、发展途径做了清晰阐释，在夺取中国特色社会主义新胜利的基本要求中指出，要不断推进包括科技创新在内的各方面创新；在全面建成小康社会的新要求中指出，科技进步对经济增长的贡献率大幅上升，进入创新型国家行列；在以科学发展为主题、加快转变经济发展方式的要求中指出，要着力增强创新驱动发展新动力。报告明确提出“科技创新是提高社会生产力和综合国力的战略支撑，必须摆在国家发展全局的核心位置”，并且做出了“实施创新驱动发展战略”的完整部署。

从十八大报告的要求来看，科技创新在国家发展全局中的重要性充分凸显，这种重要性集中体现在以自主创新引领国家可持续发展的能力中，体现在中国特色自主创新道路的实践中，体现在创新型国家建设的目标中。

党中央提出创新驱动发展战略，是事关社会主义现代化建设全局的重大战略决策，是建立在科学分析我国基本国情之上的。这一战略部署是经过深思熟虑的：尽管我国改革开放以来取得了举世瞩目的经济社会发展成就，但进入新的历史时期，发展面临的一些深层矛盾和问题已经不容回避。

如何保持经济持续增长？按照全面建成小康社会的要求，我国必须保持从改革开放以来到2020年的连续40年7%以上的经济高速增长。一个人口超过10亿的大国维持近半个世纪的经济高速增长，这在世界经济发展史上是绝无仅有的。经测算，在保持投资率不变的情况下，科技进步贡献率必须由目前39%的水平提高到60%，才能实现建设小康社会所要求的经济增长目标。创新驱动发展的需求从没有像现在这样强烈！

如何突破资源环境瓶颈？我国人均能源、水资源等重要资源占有量严重不足，生态环境脆弱，面临着日益严峻的发展瓶颈。北京等大城市频发的严重雾霾天气、各地频发的源于环境问题的群体性事件，都已表明我国发展的环境瓶颈到了何等严重的地步！我国人均石油资源只有世界人均水平的1/17，天然气资源只有1/13，淡水资源只有1/4，耕地资源只有1/3。真可谓“地大物不博”！与此同时，由于技术落后和长期粗放经营，进一步加剧了资源消耗和环境污染。实践表明，传统的“高投入、高消耗、高污染、低效率”的路子已难以为继。这些问题使得创新驱动发展的需求从没有像现在这样强烈！

如何提升国际竞争力？在经济全球化和知识化并行的进程中，中国面临着竞争日趋激烈的国际环境，不具备强大的自主创新能力，就很难把握竞争的主动权。目前，世界上绝大多数的研发投入和发明专利都掌握在发达国家手里。凭借科技优势和建立在科技优势基础上的国际规则，发达国家及其跨国公司形成了对世界市场特别是高技术市场的高度垄断，从中获取超额利润。由于缺乏核心技术，我国企业不得不将各种高科技产品的相当利润支付给国外专利持有者，而自己获得的利润微乎其微。更重要的是，在页岩气、智能电网、物联网、新型制造技术等新兴产业发展进程中，美国等发达国家又占据了技术优势。如果说过去发达国家是用暴力掠夺殖民地资源，那么今天发达国家更多地是利用技术手段控制国际资源及其流向。严峻的竞争态势使得创新驱动发展的需求从没有像现在这样强烈！

在改革开放初期，中国还可以通过购买技术来获得技术积累，但当中国逐步从“技术洼地”成为“技术平地”并迈向“技术高地”时，再寄希望于向国外竞争者购买技术是很困难的，甚至可以说是不可能的。

面对发展的新形势、新问题，中央提出增强创新驱动发展，就是要依靠科技创新解决发展面临的诸多矛盾和问题，推动经济增长从资源依赖型向创新驱动型转变，使经济社会发展真正走上科学发展的轨道。

## 二、实现中国梦对增强创新驱动发展新动力提出新要求

党的十八大描绘了全面建成小康社会、加快推进社会主义现代化的宏伟蓝图，发出了向实现“两个一百年”奋斗目标进军的时代号召。根据十八大精神，中央又提出要实现中华民族伟大复兴的中国梦。这就对提高科技创新水平、增强创新发展新动力提出了新要求。

### 1. 把握创新规律和时代要求，明确增强创新驱动发展新动力的着力点

为了实现“两个一百年”的奋斗目标，为了实现中华民族伟大复兴中国梦，“创新”与“人才”成为两个关键词，我们必须以更加开阔的视野和扎实的举措，深入实施人才强国战略和自主创新战略，增强创新驱动发展新动力。

着力点之一：坚持用全球视野推动本土自主创新。习近平总书记在考察中科院时指出，科学技术是世界性的、时代性的，发展科学技术必须具有全球视野、把握时代脉搏。在参加全国人大十二届一次会议上海代表团审议时，习近平总书记指出，我国经济已由较长时期的两位数增长进入个位数增长阶段。在这个阶段，要突破自身发展瓶颈、解决深层次矛盾和问题，根本出路就在于创新，关键要靠科技力量。要坚持自主创新、重点跨越、支撑发展、引领未来的方针，以全球视野谋划和推动创新。

当代经济竞争的突出特点是超越一国界限，在全球范围配置资源和市场。改革开放以来，中国吸引了大量国际资源，推动了中国竞争力的持续快速提升，在未来的一段时间里，这种发展背景依然存在，而且会越来越强烈。美国前驻华大使雷德表示：“中国已经成为公认的经济全球化代表，中国在国际舞台上的重要性是美国人应正视的现实。”在经济全球化日益深入的时代，世界已经越来越关注中国，同样，推动中国本土自主创新也必须放眼全球资源和市场，推动本土企业创新能力的提升。

今天，日益加剧的全球化的规模和深度使得科技、经济活动的范围超越国界，创新和生产在全球的地理分布越来越分散，原本局限于一定区域的价值链被拉伸到不同的国家，全球价值链因此形成。对发展中国家来说，关起门来竞争只能让自己的创新能力萎缩，让自己始终处在价值链的低端。在新的竞争态势下，坚持自主开发的平台和信心，有效利用国际资源、市场，是中国向全球价值链高端迈进的基本路径。

着力点之二：坚持尊重创新规律来营造完整创新生态。习近平总书记参加全国政协十二届一次会议科协、科技界委员联组会讨论时指出，实施创新驱动发展战略，是立足全局、面向未来的重大战略，是加快转变经济发展方式、破解经济发展深层次矛盾和问题、增强经济发展内生动力和活力的根本措施。要深化科技体制改革，进一步突出企业的技术创新主体地位，变"要我创新"为"我要创新"，促进创新链、产业链、市场需求的有机衔接。

创新是有规律的，支持创新是要尊重规律的。在技术创新活动中，企业是主体；而在推动企业技术创新能力提升中，政府是营造环境的主体。新时期科技管理的内涵和模式发生了重要变化，科技管理的重心从研发管理转向创新管理，科技创新也由研究开发延伸到整个创新链，延伸到产业化过程，延伸到经济社会更加广泛的领域。因此，创新需要一个完整的生态。政府支持自主创新，重要的是围绕完善创新链来营造良好的创新生态。

创新不同于发明、研发，它是一个新技术成为新产品、新产业的实现过程，而这个过程中的各个环节都可能成为制约创新效率的瓶颈。技术创新活动是一根完整的链条，这一"创新链"具体包括：孵化器、公共研发平台、风险投资、围绕创新形成的产业链、产权交易、法律服务、物流平台等。政府要做创新链上的"清道夫"，就要依靠投入和政策来疏通整个创新链，让整个创新链完整起来、活跃起来。事实上，从疏通创新链的角度建设完成的创新生态，可以让最大多数的企业享受到政策的温暖，可以最大限度地降低创新型企业的运营成本，也可以最大效率地使用有限的公共财政投入。

着力点之三：坚持以创新导向政策体系推进人才队伍建设。十八大后不久，习近平总书记到广东考察，来到深圳光启研究院。这家公司的负责人不到 30 岁，从海外学成回来。总书记在讲话中指出，"中国以钱学森为代表的老一代科学家，当年也是冲破各种阻力，回国投身祖国两弹一星的科研事业，铸造了辉煌业绩，这是爱国精神的象征。你们也有同样的目的，也是这样一个实现伟大中国梦的探求”。“国家要走创新发展之路，首先要重视创新人才的聚集。我们应该是‘择天下之英才而用之’，充分利用好、发挥好现有人才资源的作用。敞开大门，招四方之才、国际上的人才。你们既是中华民族的优秀人才，同时又是海外归来的人才，两种意义都有了。”习总书记非常关心科技人才队伍的建设，他在不同场合多次指出，要加强科技人才队伍建设，为人才发挥作用、施展才华提供更加广阔的天地，鼓励人才把自己的智慧和力量奉献给实现中国梦的伟大奋斗。要最大限度地调动科技人才创新积极性，尊重科技人才创新自主权，大力营造勇于创新、鼓励成功、宽容失败的社会氛围。

所有的创新投入和创新项目都需要人来完成，没有合格的创新型人才，不可能有创新的成果。引起广泛共鸣的“钱学森之问”提出的问题就是：“为什么我们的学校培养不出杰出的人才?”钱学森先生认为，“创新型人才不足是现行教育体制的严重弊端，也是制约科技发展的瓶颈”，“要更加关注教育改革和发展，注重培养具有创新能力的人才”。在调整人才培养方式的同时，我们更要关注建立适应科技人才成长规律和满足社会需求的人才政策体系，重点是评价政策和使用政策。

科技人才的评价重在社会和业内认可，政府要减少微观层面的干涉。在使用人才上，要做到人尽其才、才尽其用、用当其时，使人才在最适当的岗位发挥其长，让人才在最佳的年龄段尽显其长。要努力做到鼓励学术冒尖，提倡学术民主，反对学术官僚主义。

2. 切实将技术进步作为经济发展的内生力量，促进科技与经济深度融合，是增强创新驱动发展新动力的主线

中国梦对增强创新驱动发展新动力提出的要求，最重要的一点，就是促进科技与经济深度融合。习近平总书记在一系列讲话中指出，我们要充分发挥科技资源丰富、科技人才众多的优势，促进科技和经济深度融合。要坚决扫除影响科技创新能力提高的体制障碍，有力打通科技和经济转移转化的通道。要优先支持促进经济发展方式转变、开辟新的经济增长点的科技领域，重点突破制约我国经济社会可持续发展的瓶颈问题。

推动科技与经济结合是中国科技、经济发展中的老话题，也是中国科技、经济发展中的新话题。1985 年邓小平同志就指出：“现在要进一步解决科技和经济结合的问题。”“新的经济体制，应该是有利于技术进步的体制。新的科技体制，应该是有利于经济发展的体制。双管齐下，长期存在的科技

与经济脱节的问题，有可能得到比较好的解决。”[①] 这段论述很清晰地表明，解决科技与经济结合问题，必须双管齐下，单靠任何一方都不能解决问题。

改革开放以来，中国从海外获得技术来促进本国经济发展，这种获得源于“市场换技术”的策略，更源于中国与发达国家技术水平的较大差距。当经过 30 余年的高速发展后，当中国经济总量达到世界第二后，这种差距已经大幅缩小，再想通过市场交换而不是通过自主研发来获得技术，已经越来越困难了。

事实上，中国领导人对科技非常重视，从 1988 年提出“科技是第一生产力”的论断，到 1995 年提出“科教兴国”战略，再到 2005 年提出“自主创新”战略，直到十八大上提出“创新驱动发展”战略，从国家战略层面对科技的重视程度越来越高。但问题在于这种战略认识没有转化为经济发展中的普遍行为，粗放型的增长方式依然占据主要位置。这种发展方式越来越不适应全球化、知识化条件下的竞争格局，更不可能推动中国梦的实现。

在 2013 年 4 月 6 日的博鳌亚洲论坛上，美国经济学家、2006 年诺贝尔经济学奖得主费尔普斯谈到中国经济发展时认为，中国经济一直依赖美国为主的海外技术进口和转化，但是这条路已经走不通了，技术转化已经到头了。在这种情况下，中国必须进行改革，鼓励本土自主创新。他还认为，中国目前最需要改革的，是把中国的高储蓄的很大一部分，从建设摩天大楼、高速铁路等项目中转移出来，重新把资金用于建设中国公司的创新项目，尤其是新兴公司。

经济学新古典增长理论倡导者、1987 年诺贝尔经济学奖得主索洛通过分析 1909—1949 年美国经济数据发现，资本和劳动力只能解释一小部分经济产出，因此发现了技术进步贡献率。其理论把技术进步看作一种外生的力量。到了 20 世纪 80 年代，以斯坦福大学教授、经济学家罗默为代表的新增长理论学者发现，技术进步在很大程度上是内生的，技术创新行为取决于经济中的规则和制度。罗默分析发展中国家和地区的发展战略，得出结论，认为能否提供和使用更多的创新或知识品，将直接关系到一国或地区经济能否保持长期增长。罗默因其贡献被 1997 年《时代》周刊评为年度美国最具影响力的 25 人之一。

20 世纪以来，科技对经济发展的重要性得到各国的普遍认同，但建立起

① 《邓小平文选》，1 版，第 3 卷，108 页，北京，人民出版社，1993。

科技与经济有效结合的体制却不容易。苏联在 20 世纪六七十年代与西方国家竞争的过程中，尽管意识到了科技的重要性，大规模增加科技投入，其研发支出占国民收入比重超过 4%，远高于西方发达国家 2%～3%的水平，但由于没有把技术进步作为经济发展的内生力量，没有建立起科技与经济结合的制度体系，因此除了取得人造卫星等少数领域的成就外，经济竞争力没有获得明显改善。

二战以后，韩国、新加坡、中国台湾和中国香港这亚洲“四小龙”的崛起，成为世界经济发展中的亮点，世界银行将其冠以“东亚奇迹”并全面总结经验。但美国经济学家克鲁格曼在 1994 年发表文章《亚洲奇迹的神话》，认为东亚没有什么奇迹，它们的快速发展，所依靠的无非是国内高储蓄所提供的投资，加上人口从农村转移到城市所提供的劳动力，没有依靠技术创新带来的生产率提高，所谓的“东亚奇迹”建立在浮沙之上，迟早破灭。1997 年的亚洲金融危机应验了克鲁格曼的预言。克鲁格曼因其贡献获得 2008 年诺贝尔经济学奖。东亚经济发展的教训说明，没有把技术进步作为经济发展的内生力量，没有科技与经济紧密结合的制度体系，不可能实现持续的经济增长。

在实现中国梦的新的发展阶段，为了实现“两个一百年”奋斗目标，讨论创新驱动发展问题，不仅要解决“科技工作面向经济建设”的问题，也要解决“经济建设依靠科学技术”的问题，不仅要解决企业创新能力不强的问题，也要解决政府和社会创新环境供给不足的问题，要切实把“创新驱动发展”作为全部经济社会发展的核心理念，并依此理念不断完善鼓励创新的制度环境与社会生态。

## 三、增强创新驱动发展新动力的途径

增强自主创新能力，建设创新型国家，为中国梦提供创新驱动发展新动力，不能无所作为，也不能盲目作为，必须坚持科学作为。如何增强创新驱动发展新动力？这不仅仅是科技界的任务，更是经济界和全社会的任务。实现创新驱动发展战略，关键在提高自主创新能力，重点在推动科技与经济的深度融合，必须在“驱动”上下功夫，必须双管齐下而不是单靠科技或经济任何一方，必须以更符合创新规律而不是单纯技术导向的方式来推动。

1. 技术创新是经济活动，要以占据产业链高端位置、获得高附加值为目标

IBM公司负责人在向笔者解释什么是技术创新时用了一个简单的公式：创新＝发明＋市场价值。换言之，技术创新不仅是一项研发活动，从本质上说也是一项经济活动，研发只是创新流程中的一个环节。国际创新理论和经验表明，研发靠近市场、靠近产业才能获得成功。创新驱动发展，最重要的标志就是创新成果获得市场认可，取得市场价值。

笔者曾经调研的我国中小企业板的一家制药企业，委托专家做研发，但获得的成果却是“原料比产品还要贵”的所谓“成果”。尽管专家发表了学术文章，但对企业来说，这种技术创新毫无用处，白白浪费资金。事实上，不能把技术变成钱，就不是真正的技术创新。

在我国加快产业结构调整、推动经济发展方式转型的进程中，亟须技术创新支撑。创新驱动发展的需求不仅体现在战略性新兴产业发展中，也体现在传统产业发展中。对技术创新来说，要能够支撑发展转型，重要的不是选择做计算机产业还是做圆珠笔产业，而是选择做产业链上高附加值的环节。做计算机的如果只是组装，依然没有意义；做圆珠笔的如果做笔头、墨水，却很有价值。明确技术创新的经济属性，有助于明确技术创新的方向和方式，实现对经济发展的有效驱动。

2. 以企业牵头开展产业共性技术研发，避免企业在产学研合作中“被结合”

实施创新驱动发展战略，就要求科技创新为产业结构调整提供坚实的产业共性技术支撑。这种产业共性技术，出发点和立足点还是产业，是产业发展需要的技术。在推动产业共性技术研发时，首要问题是谁来牵头？这需要对产业共性技术做分类：一种是基础性的共性技术，一种是竞争性的共性技术，直接和产品挂钩。对于前者，可以让高校科研院所牵头，但对于后者，必须明确由企业牵头。从实际情况来看，后者的需求占多数，也更薄弱些。在中关村调研时，笔者就听到许多企业家谈到“被结合”的问题，高校科研院所牵头，经费拿大头，企业实际做项目，却拿经费小头，这应该引起重视。

产业共性技术开发过程组织产学研合作，不能“拉郎配”，应是一种有机的结合、利益的扭合、市场的融合。这种深层次的紧密契合是合作开发健康发展的根本保证。在合作过程中，坚持产学研各主体定位清晰，坚持企业

主导研发过程，才能加快技术创新成果转化应用，才能有效整合产学研力量，

从产业共性技术开发的出资上看，政府出资可以作为引子，不应是全部，也不应是大多数。要鼓励企业资金作为主体进入，鼓励社会各类资金进入，采取市场机制来组织。产学研合作的利益分配是决定产学研合作能否顺利有效的重要条件，高校科研院所与企业利益分配问题、参与企业间的利益分配问题、参与企业和未参与企业的利益分配问题都要提前设计好。

3. 改革科技评价和奖励体系，由市场来检验应用导向的研究

科技评价和奖励就是指挥棒，这个指挥棒直接决定了科技人员的行为取向。从推动科技与经济结合的角度看，改革科技评价和奖励体系是引导科技工作面向经济建设、实现创新驱动发展的重要手段。

对从事应用研究的科技人员的评价，不能单纯地以论文来衡量。如果教师不以教学为主业，医生不以看病为主业，工程师不以开发新产品为主业，所有科技人员都去发表论文，所有科技人员的评价都是去数论文的数量，忽视研究成果的应用价值，再多的所谓“科技创新成果”也无法真正驱动发展转型。实践证明，应用开发类的科研机构转企改制，激发了科技人员的创新意识、市场意识和竞争意识，促进了科技与经济的结合。这种改革方向应该坚持，鼓励应用研究更好地面向市场、面向经济社会发展需求，自主开展技术研发和创新。

在奖励机制的改革中，重点应大幅度减少政府设立的科技奖励，尤其是面向应用研究成果的奖励。现在，对科技的重视越来越体现在设立各种奖励和资助计划上，其初衷是为了鼓励科技人才健康成长。但过犹不及，结果却是名目繁多的奖励和资助计划使科技人才眼花缭乱。更重要的是，在评价应用导向的研究中，专家评奖远没有市场认可有说服力。笔者调研中就发现，一些优秀的技术开发者因为在市场中实现了自己的价值，对政府奖励不太关心，倒是一些只能在实验室中出样品、关心职称评定的科研人员更在意政府奖励。

4. 需求拉动对推动本土创新能力提升至关重要，要把国内市场作为推动创新驱动发展的战略资源

从技术创新的规律上看，新技术新产品的市场应用是最大动力。尤其是首先应用，这是给予本土创新产品的第一动力。在第八届中国国际航空航天博览会上，中国商用飞机有限责任公司的 C919 客机获得来自国航、东航、

南航、海航等国内航空公司的100架订单。试想，如果不是政府引导下的本土市场支持，谁会去采购对安全性要求极高的航空创新产品？值得欣喜的是，在国内市场的引导下，C919的订单数截至2012年11月已经达到380架。

或许新产品会有不完善，但没有基于市场的反馈，就没有新产品的持续改进动力。在对待本国创新产品上，韩国为我们树立了良好的榜样。现代汽车一问世，政府即开始采购作为公务用车，当韩文Office系统研发出来后，政府和学校率先使用。与其说韩国科技界的创新能力强，不如说韩国本土市场提供的创新动力更强。

对处于追赶进程中的发展中大国来说，我国的创新成果必须找到应用者才能生存和发展，现阶段其主要应用者不是国外市场，而只能是本国市场。准确地说，国内市场资源已经成为我国实施创新驱动发展战略的重要战略资源。我国的市场资源具有规模性、差异性、增长性的特点，这为我国各类型、各层次的创新活动提供了最宝贵的市场需求动力。要推动科技与经济结合，增强创新驱动发展能力，就必须将市场资源的重要性提高到足够高度，将应用环节视为与研发环节同等重要。

从企业技术创新的规律来看，政府研发资助只是外部条件，来自市场的对创新技术和产品的需求，才能激发企业技术创新的内生的、持续的动力。从推动本土企业创新能力提升的效果上看，给市场的作用远大于给项目的作用。因此，启动、发挥本国市场对自主创新活动的牵引作用，将市场应用作为自主创新实践不可或缺的环节，对建立创新驱动发展机制至关重要。

5. 鼓励国有大中型企业成为技术创新生产、应用和投入的主体，在创新驱动发展中发挥骨干带动作用

2013年5月4日，习近平总书记专程到中国航天科技集团公司中国空间技术研究院，参加“实现中国梦、青春勇担当”主题团日活动，激励包括广大青年在内的全国各族人民为实现中华民族伟大复兴的中国梦而奋斗。

近些年来，我国的国有大中型企业尤其是中央企业取得了飞速发展。在《财富》世界500强企业的排名中，中国国有企业的数量由2003年的6家增至2012年的54家。如此好的业绩得益于中国市场的发展，得益于这些企业的创新能力与管理能力的提升。截至2011年底，全国国有企业拥有专利21.4万项，中央企业拥有科技活动人员和研发人员125万人，其中两院院士226人。

中央企业在国家技术创新体系中承担着重要任务，起着举足轻重的作用。《国家中长期科学和技术发展规划纲要（2006—2020年）》确定的我国需要突破的11个重点领域，中央企业都有涉及。16个国家科技重大专项，中央企业参与了15个。历年国家科技进步特等奖及大部分国家技术发明一等奖均由中央企业获得，国家科技进步一等奖和二等奖的获奖比例均保持在同类奖项的60%和30%水平左右。在载人航天、绕月探测、特高压电网、支线客机、4G标准、时速350公里高速动车、3 000米深水钻井平台、12 000米钻机、实验快堆、高牌号取向硅钢、百万吨级煤直接液化等领域和重大工程项目中，中央企业取得了一批具有自主知识产权和国际先进水平的创新成果。这些年，中央企业主要专利指标年均增长都在35%以上。

经过多年改革发展，中央企业活力和竞争力明显增强，经济规模和综合实力不断壮大，企业科技投入水平逐年提高，研发能力显著增强。“十一五”期间，中央企业科技活动经费总额由1 244亿元增长到3 079亿元，年均增长25.4%；研发经费由701亿元增长到1 911亿元，年均增长28.5%，初步建立了科技投入稳步增长的长效机制。

国有大中型企业不仅是盈利载体，更担负着提升国家竞争力的责任。从中央企业的分布来看，主要分布在一些关系国家安全和国民经济命脉的重要行业以及涉及国计民生的关键领域。这些行业和领域的健康发展是整个国家经济健康发展的基础。中央企业在上述行业和领域中大多是排头兵和处于主导地位，代表着行业和国家的创新能力和水平，是引导和推动行业技术进步的主要力量。在实施创新驱动发展战略和实现中国梦的新征程中，国有大中型企业必将担负起更大的责任。

6. 大力发展创新服务业，形成有利于创新驱动发展的创业创新生态

在中国劳动力成本日趋升高、劳动力比较优势逐渐降低的情况下，中国的竞争优势逐渐转向低成本研发。这是中国新一轮发展的新的人口红利。与发达国家研发人员情况相比，中国的研发人员还处于规模大、成本低的状态。中国的科技人力资源总量超过5 000万人，研发人员全时当量近300万人年，均居世界首位。要用好中国的低成本研发力量，就要以发展创新服务业为抓手，在全社会形成良好的创业创新生态，充分鼓励国民尤其是年轻人创业创新，大力发展科技型中小企业。

以创新实现创业的年轻人是天然的创新驱动发展的力量，也是全社会最具活力的细胞。良好的创业创新生态可以让700万人口的以色列成为“创业

的国度”，在纳斯达克上市的新兴企业总数超过全欧洲在该市场上市企业的总和，也可以让有13亿人口的中国成为充满创新活力的巨人，走上创新驱动发展的大道。

与科技服务业主要关注研发环节不同，创新服务业关注创新活动全过程，涵盖了企业的研发、生产、销售、管理、流程、商业模式等多方面的业务领域，提供研发设计、科技咨询、信息服务、生产力促进、金融服务、创业孵化、人才猎头、软件及服务外包、现代物流、战略咨询等不同类型的服务。发展创新服务业，就要构建围绕创新链的全面服务支持体系，推动创新要素全面渗透进经济活动中，形成科技与经济水乳交融的良好局面。

### 7. 把企业家作为最重要的创新资源，发挥企业家在推动企业创新发展中的主导作用

在技术创新体系中，企业是主体，客户是导向，市场是机制，品牌是目标，院校是支撑，政府是环境。而在整个企业创新进程中，企业家是灵魂。纵观国内外创新能力强的企业，每一个都有一个灵魂式的企业家带领，正如乔布斯之于苹果公司、柳传志之于联想集团。

企业家是创新要素的整合者，是创新方向的发现者。他们带领企业在市场上拼搏，根据市场需求去开拓、研发新技术，促使企业迅速成长，走出企业创新之路。激烈的市场竞争中造就的企业家，成为创新中最核心、最宝贵的资源。笔者在许多企业调研时，听到企业家说，之所以要创新，就是为了要活下去。这种创新不是上级要求的，不是学术导向的，而是市场逼出来的。在全球化与知识化日益加剧的市场竞争中，适者才能生存，而具备持续创新能力的企业才能成为真正的“适者”。

增强创新驱动发展新动力，推动科技与经济结合，我们最稀缺的人才资源不是技术专家，而是具有创新精神的企业家。保护企业家就是保护创新，推动企业家成长就是推动创新发展。因此，要把握企业家成长规律，努力营造有利于其成长的市场环境、政策环境和社会环境，在全社会形成尊重企业家的良好氛围，构建以企业家为服务目标的政策体系，让具有强大创新力的企业家队伍越来越壮大。

### 8. 建立鼓励创新、导向明确的资本市场，推动创新梦想实现市场价值

资本市场对增强创新驱动发展新动力至关重要。硅谷的成功不仅仅因为有一流的技术，更因为有一流的技术与资本的对接机制，大规模的风险投资、天使投资成为激发硅谷创新梦想的最大动力。从中国的现实来看，尽管

开办了创业板，有了大量的私募股权和风险投资，但真正对技术创新的支持还远远不够，短期利益导向严重阻碍了科技与经济结合。

要明确创业板的创新导向。目前在创业板上的许多公司的创新性并不强，大量创业板募集的资金在银行，长时间没有任何投向。创业板开办20个月，挂牌上市236只股票，居然有118只、恰好50%破发。喧嚣过后，我们必须反思，对比发现众多创新企业的纳斯达克，我们更应加强创业板的创新引导功能。

要形成鼓励创新的投资市场。中国现在的私募股权和风险投资大多关注短期项目，希望速战速决，越来越向创新下游靠拢，回避创新的风险性。这使得许多原本很有创新潜力的初创公司，因为投资者的短期利益要求，不得不削弱长期的创新能力培养。在我们的政府资金越来越充裕的条件下，应该下大力气引导投资市场关注增强创新驱动发展新动力，关注创新型企业培育。

9. 加快建设创新型城市，高效配置区域内创新资源，推动城市经济发展方式转型

分析国内外创新型城市的成功典型，可以发现创新型城市的内涵是丰富的，那种以为多产出一些论文、专利，多引进一些院士、专家就能建成创新型城市的认识是片面的。创新不同于研发，创新型城市不同于科学城。从总体上看，创新型城市的核心内涵是城市自主创新能力较强，具体表现在：科技创新制度设计较完善，科技投入较大，科技基础条件较好，企业技术创新能力较强，科技创新支撑和引领城市经济社会发展能力较强。

创新型城市的制度设计一定是以最大限度调动城市创新要素投入城市创新活动为目标的。好的体制、机制和政策环境，是科技创新活动开展的土壤，直接影响城市科技创新能力的形成。各国经验表明，国家创新战略的成功一方面取决于经济、科技政策的协调配合，特别是财政、税收、政府采购的经济政策对自主创新起到了至关重要的支持作用；另一方面也得益于政府各部门的协调配合和社会各界的共同努力，得益于创新要素的高效配置所产生的合力，得益于政府对科技体制和科技管理所进行的全面改革。在一个创新型城市中，拥有完备的创新活动领导机制与协调机制，可以有效降低城市创新活动管理和执行成本，保证城市创新发展战略的实施。这种制度旨在鼓励创新型人才成长、规范有序的市场竞争环境、实现有效的知识产权保护，以及围绕科技创新提供良好的政府服务等。

保证城市科技创新活动的前提是良好的投入水平和科教基础设施条件。

通过分析世界上典型创新型国家的经验，我们发现在经济发展初期，研发投入占 GDP 的比例一般在 0.5%～0.7%；在经济起飞阶段，该比例上升到 1.5%左右；进入稳定发展期，该比例则保持在 2.0%以上。而在前两个阶段，政府的投入应占主导地位。要提升城市科技创新投入，一方面，需要政府加大投入，特别是在人均 GDP 较低的情况下，更需要政府资金发挥引导作用；另一方面，需要动员全社会特别是企业加大研究开发经费的投入，形成政府、企业、金融机构、其他社会主体在市场资源配置基础上的科技投入合理分工和协调配合机制。城市的科技基础条件是为满足本市的基础研究、共性技术研究等提供的公共平台，是一个城市持续创新力的基础支撑，也是提升城市创新效益的重要保障。

建设创新型城市，不是简单的策略和举措，而是一种发展道路的选择，是城市发展战略的重大转型。这种转型要求把城市发展的驱动力从单纯的资源、资本、劳动力投入转变到主要依靠科技创新上。事实上，建设创新型城市的最根本内涵就是实现城市经济发展方式的转变，使得科技进步和创新成为城市产业结构调整的根本动力，成为建设资源节约型和环境友好型城市的重要支撑，成为提升城市竞争力的中心环节。

10. *加强高层次专业技术人才、高技能人才、农村实用人才队伍建设，为增强创新驱动发展新动力提供人才保障*

高层次专业技术人才是带动我国理论创新、科技创新、管理创新的中坚力量，在增强创新驱动发展新动力中发挥着重要作用。要按照整体规划、宏观管理、分类指导、加强服务的原则，根据社会主义市场经济体制的基本要求和专业技术人才成长的基本规律，制定专业技术人才队伍建设的政策体系。在人才培养上，加大人力资本投资力度；依托“863”、“973”、国家自然科学基金等国家重大科研课题，整合高层次人才资源，培养锻炼队伍，努力形成创新团队，形成一边出成果、一边出人才的良好局面；在科技基础条件建设和国家重点科研基地建设中，加大学科带头人培养力度；高校和科研机构要适应人才需求新变化，坚持人才培养与创新实践紧密结合，提高高素质人才的培养能力；加强以人才培养为主线的国际合作交流，发展和完善各种形式的专业技术人才国际化培养模式。在专业技术人才使用上，鼓励学术冒尖，提倡学术民主，反对学术官僚主义。

高技能人才是实现技术创新和经济结构调整结合的重要力量，是发展先进制造业和现代服务业的骨干。与创新驱动发展的强烈需求相比，目前我国高技能人才还非常短缺，现有技术工人仅占全部工人总数的1/3，而高级以上技工更是稀缺，导致一些国际合作中中方获得技术但没有合适的高技能人才来实施的局面。高技能人才在一定程度上已经成为中国自主创新能力提升的重要瓶颈。能否尽快培养造就大批高技能人才已经直接关系到我国创新驱动发展战略目标的实现。为此，要不断加大高技能人才的培养力度。根据国家经济结构调整需要，采取学校教育培养、企业岗位培训、个人自学提高等多种方式，大规模开展技能人才培训。积极建设各级各类教育培训机构，鼓励多种社会力量投入联合办学，不断推进高等职业院校和高级技工学校改革，按照市场需求，调整办学方向，有质量、有规模地扩大技能人才培养力度。企业是高技能人才成长的主体，要通过强化岗位培训、推动以师带徒、组织技术攻关，为技能人才岗位成才创造条件。

农村实用人才队伍对推进农业现代化、增加农民收入、改善农村面貌具有极强的现实意义，是破解“三农”问题的重要力量。为此，要适应农村经济社会发展的多种需要，积极建设多样性的农村实用人才队伍，重点加强农村科技、经营、管理、金融、卫生等多方面的实用人才队伍建设。以发展市场经济条件下的现代农业为出发点，把农村实用人才服务内容由产中向产前、产后延伸，由单一的技术服务向综合服务转变，包括技术服务、生产资料供应、信息服务、市场销售、储运加工、社会融资等综合性服务。围绕创新驱动农业发展，重点加强将现代科技导入农村的技术推广人才、技术乡土人才队伍建设。

11. 政府在推动创新发展中要尊重创新规律，做到科学作为

在创新驱动发展的目标上，各级政府高度一致，用力不少，投入不少，但从现实看，许多企业都能拿到成百万上千万的经费，效果却常不尽如人意。有的企业因为拿到政府经费很多，不再愿意瞄准市场开发；有的企业将政府要的创新目标比作“方西瓜”，认为政府提出的创新目标不符合市场实际。究其原因，创新是有规律的，政府支持创新要尊重规律，才能避免无所作为、盲目作为、低效作为。

在社会主义市场经济条件下，政府在推动创新发展上务必要以创新生态建设为核心目标，把握“科学作为”的原则。

“培育土壤”比“拔苗助长”更重要。良性的创新活动一定是创新企业群的活动，而不是少数几个企业的活动。创新企业群在技术上互相支持，在人才上互相流动，在精神上互相鼓励。这样的创新企业群中包含的

主体数量越多，越符合生物多样性的原则，越可以形成一种可持续的内生的创新机制。一旦这种创新企业群形成，一个区域的创新实践就会从自发行为转向自觉行为，从局部行为转向全局行为。因此，对政府来说，要在宏观的“培育土壤”上下功夫，这比微观的项目支持、关注少数对象更符合创新规律。

“维护场地”比“下场比赛”更重要。在创新速度越来越快的时代，政府要想准确把握创新方向，变得越来越难。能够及时把握创新动态的，只有身处市场竞争中的企业。调研中，许多企业对创新政策环境提出明确希望：不要命令，支持就行；不要优惠，公平就行；不要太多，有用就行。因此，对政府来说，要把维护企业竞争的良好场地作为首要任务，不要去做教练员、运动员。好的竞赛场地应该是基础条件完善、竞赛规则完备的。要让创新者愿意创新，政府就要鼓励竞争性市场的形成，就要通过各种法律和经济手段，保护企业的技术创新利益，让真正的创新者受益。

12. 把握国际经济新竞争环境的特征，以全球视野谋划创新驱动发展

进入新的发展阶段，国际经济竞争格局日益呈现出全球化、创新、中国价值的三大特征。在强大的信息、交通技术的支持下，全球化的速度、深度、广度进一步发展，从市场全球化、生产全球化、资本全球化到研发全球化、人才全球化直至治理全球化。从现实看，国际贸易的增加、经济整合的深化、生产过程的进一步地域分化，使更为复杂的全球价值链得以形成。

在全球竞争与合作愈发紧密的背景下，发达国家、发展中国家都力图占据全球价值链的制高点，紧紧围绕绿色、智能产业发展，纷纷出台国家创新战略，大力推进技术创新，创造新的增长点，创新驱动经济增长逐渐成为各国经济、科技政策的核心内容。美国强调要加强在科技领域的全面领导地位，让科学技术在应对国家发展问题中发挥主要作用，发布《创新战略：确保经济增长与繁荣》；欧盟大力推进《欧洲 2020 战略》，特别是提出创新型联盟旗舰计划，英国发布《以增长为目标的创新与研究战略》，德国启动“技术运动”；俄罗斯发布《2020 创新发展战略》；韩国提出要引领全球绿色技术创新；印度将未来十年确定为“创新十年”。

笔者在金融危机刚刚爆发时到美国访问，重点走访了西部的大学和硅谷。对美国经济的整体感觉是：东部凄风苦雨，西部风和日丽。有人认为，此次金融危机给美国经济竞争力带来致命打击，美国的中心地位将就此消失。这种认识是有偏颇的。笔者此次在硅谷访问，去了 GOOGLE、

CISCO、HP、ORACLE 等多家大型企业，看到的场面和得到的数据都表明：基于创新能力的美国产业竞争力依然保持旺盛的增长势头。从 CISCO 来看，全年销售收入增长 30%；从 HP 来看，销售收入依然超过 1 000 亿美元。更重要的是，由于这些产业的高附加值，这些企业的利润率都很高，ORACLE 的税后利润率超过 30%。为什么会这样？因为这些企业始终保持了对企业创新能力的高投入：CISCO 的年度研发投入可以达到 50 亿美元，HP 达到 36 亿美元。在这些企业的创新展示中心，笔者看到许多最新的创新技术和产品，有的技术已经产品化并在大规模推开，有的技术是为未来三五年储备的。

在金融危机爆发的第二年，奥巴马在一次演讲中就谈到："历史应当成为我们的指南。美国之所以能够在 20 世纪引领世界经济，是因为我们引领了世界创新。今天的竞争更加激烈，挑战也更加严峻，这就是为什么创新比以往更为重要。""创新是通往 21 世纪的新的良好工作机会的钥匙，也是保证我们这一代人和子孙后代高质量生活的关键。通过投资于创新，我们正在为国家的进步，为美国人民获得收入良好的私人工作岗位播撒种子。"

在全球创新热潮中，中国创新实力的显著跃升引起世界关注。欧洲工商管理学院《全球创新指数 2011》显示，中国是唯一进入创新指数前 30 名的发展中国家。美国总统奥巴马在 2011 年国情咨文一小时演讲中四次提到中国，列举了中国科研取得的领先美国的种种成就。英国皇家学会认为，如果各国既定的研发支出目标得以实现，即使美国仍保持其领先地位，中国也必将挑战美国。事实上，由于市场优势和人才优势，中国可以充分利用全球创新资源，依托本国规模性、多样性、增长性的市场，发挥全球第一的科技人力资源总量优势，获得创新驱动发展的强大动力。

诺贝尔经济学奖得主迈克尔·斯宾塞在给笔者的一封邮件中曾经谈到，"中国的发展转型没有先例，面临许多障碍，必须依靠人力资源的充分发挥和创新政策的灵活调整，这一过程对世界可持续发展非常重要，如完成，将是历史性的"。这可被视为世界对中国发展的期待，也可被视为中国积极融入世界发展的通途。进入新的发展阶段，提高全球化条件下的创新领导力，已经成为推动中国可持续发展的基本要求。

增强创新驱动发展新动力的问题，实质上是中国经济发展方式转变的问题。要实现这一目标，关键在提高自主创新能力，重点在推动科技与经济的深度融合。尽管解决这个问题不容易，但不能仅把这个问题看作一个困难点，其实这更是一个增长点。当前，我们正处在最接近实现中华民族伟大复兴目标的历史阶段，正处在最接近登顶的攀登进程，尽管推进各项工作的难度越来越大，但创造新业绩的条件也越来越好，信心也应越来越强。切实增强创新驱动发展新动力，中国的经济社会发展将发生翻天覆地的变化，中华民族伟大复兴的中国梦也就能够早日实现。

# 第三章　深化农村制度改革　“三农”助力实现中国梦

魏　琦　　姜　雷

▶▶ 魏琦，男，现任中国农业科学院党组成员、人事局局长，全国青联委员。中国农业科学院研究生院农学博士。历任农业部人事劳动司综合处处长、干部处处长、副巡视员等职。曾任《中共中央国务院关于进一步加强人才工作的决定》等起草组成员，曾获“农业部先进工作者”、“农业部优秀青年干部”、“中央国家机关优秀青年”等称号。

▶▶ 姜雷，男，现任中国农业科学院植物保护研究所基建办公室主任，中国植物保护学会副秘书长，全国青联委员，中国青年企业家协会常务理事。上海理工大学管理学博士。高级工程师。曾任2008年度国家财政部教科文司重点研究项目“公共财政对教科文投入的方式及效能研究”课题组副组长，参与完成上海市研究生教育创新计划项目专项课题“公共管理研究生开放案例库建设”（第2、3期），参与编著《公共管理案例新编》。曾获“金牌CEO”、“全国优秀项目经理”、“河北省优秀项目经理”等称号。

实现中国梦是时代的主题，也是全体中国人民的共同愿景。

“中国梦”的本质内涵是实现国家富强、民族复兴、人民幸福，其根本动力源泉来自改革开放。党的十一届三中全会以来，农村改革开启了我国改革开放的先河，激活了农村发展动力，极大地支持了城镇化建设，为实现中国梦奠定了良好基础。

当前，我国农业农村发展已进入新的历史时期，一些深层次的体制机制问题不断凸显，要实现统筹城乡发展，在工业化、信息化、城镇化的过程中同步实现农业现代化，继续深化农村改革显得十分迫切。只有努力破除不适应现代农业发展和新农村建设需要的体制机制，探索建立符合时代发展要求的制度安排和发展模式，才能为农村生产力的跨越式发展注入新的活力，才能保证国民经济的持续健康发展，助力实现全体中国人民的共同梦想。

## 一、农村改革取得了巨大成就，对推动我国整体改革产生了重大影响

发端于1978年的农村改革，已走过30多年的历程。1978—1984年，农村改革首先从农村经营制度入手，通过实行家庭联产承包责任制，废除人民公社体制，初步形成了家庭承包经营制度。1985—1991年，以改革农产品购销体制、发展乡镇企业、实行村民自治等为重点，农村改革全面推进。1992—1999年，按照建立社会主义市场经济体制的要求，稳定和完善农村基本经营制度、深化农产品流通体制改革、推进乡镇企业体制创新、调整农村产业结构、促进农村劳动力转移，农村改革进一步深化。2000年以来，特别是十六大以来，全面改革农村税费制度、深化粮棉流通体制改革、扩大农业对外开放、改善农村劳动力就业环境、推进新农村建设，农村改革进入了城乡统筹发展的新阶段。经过几十年的改革发展，农业农村体制机制创新取得了一系列重要成果：

——确立了农村基本经营制度。废除了人民公社制度，实行了以家庭承包经营为基础、统分结合的双层经营体制，培育了以农户家庭经营为主的农村经济微观经营主体。

——形成了农村新型所有制结构。打破了单一集体经济体制，农村个体私营等非公有制经济蓬勃发展，形成了以公有制为主体、多种所有制经济共同发展的格局。

——构建了农村市场经济体制。突破计划经济模式，取消农产品统购统销制度，放活农产品市场，充分发挥市场对资源配置的基础性作用。农业宏观调控体系、行政管理体制和法律制度日趋完善。

——建立了农业支持保护体系。改革农村税费制度，取消了农业税费，实施了农业补贴制度，初步形成了新时期农业支持保护的政策框架。

——创新了消除城乡二元结构的体制机制。确立了工业反哺农业、城市支持农村的方针，初步建立覆盖城乡的公共财政制度，推进城乡公共服务均等化，统筹城乡发展的体制机制初步建立。

——实施了农村基层民主政治制度。在党组织领导下的充满活力的村民自治制度逐步建立和完善，政务公开、村务公开和财务公开制度初步建立。

农村改革发展开启了我国改革开放的先河，有力地推动了国民经济整体改革。

（1）农村改革为整体改革探索了路子、积累了经验，推动了社会主义市场经济体制的形成。农村改革，确立了农户和乡镇企业两大微观市场主体，培育和培养了农产品和农村其他生产要素的流通市场，推动我国从高度集中的计划经济体制向社会主义市场经济体制转变，对我国经济制度产生了深刻的影响。以确立家庭承包经营制度为主要内容的农村所有制改革，带动了农村产权制度变革，使农民拥有了自己的财产权利，有力地推动了全社会的产权制度改革，为允许社会个人拥有私有财产和个体、私营等非公有制经济的发展奠定了基础。乡镇企业异军突起，原料从市场中来，产品到市场中去，一切资源由市场来优化配置，不仅为城市国营、集体等公有制经济打破指令性计划、实行市场化改革起到了积极的示范作用，还开辟了中国特色工业化、城镇化道路。在农村实行村民自治，建立了党组织领导下的充满活力的村民自治机制，为我国扩大基层民主、推进政治体制改革进行了有益的探索。正是由于农村改革的成功，极大地振奋了全党和全国人民对改革开放的信心，有力地推动了经济社会改革全面深入地展开。

（2）农村改革解放和发展了农村生产力，促进了农村经济社会快速发展。僵化的一大二公体制曾严重地制约了农业和农村经济的发展。1978 年以前，我国农产品供给严重短缺，全国农民口粮人均在 150 公斤以下，并由 20 世纪 50 年代的粮食净出口国，到 1961 年开始变为粮食净进口国，1961—1978 年共计净进口粮食 5 877 万吨，年均净进口 309 万吨，农民生活极其困难，全国有近 1/4 的生产队年人均分配在 40 元以下，农村尚有 2.5 亿人吃不饱饭，农村经济临近崩溃。农村改革调动了农民的生产积极性，加快了传统农业向现代农业转型的步伐，粮食和其他主要农产品产量大幅增长，农民收入稳步增加，农民素质不断提高，农村经济社会发生了巨大变化。1978—2011年，粮食年产量由30 477万吨增加至57 121万吨，人均由318.7公斤增加到426公斤；农民人均年纯收入由134元增加到6 977元，扣除物价因素，年均实际增长7%以上。我国粮食、蔬菜、水果、肉类、禽蛋和水产品等产量连续多年居世界第一，创造了用不到世界9%的耕地养活世界近21%的人口的奇迹，全国农村已由温饱不足进入到总体小康向全面小康迈进的阶段。进入新世纪以来，农村道路交通、安全饮水、电力通信等基础设施不断完善，农村文化教育、医疗卫生、社会保障等社会事业全面进步，新农村建设扎实推进，农村经济社会全面发展。

（3）农村改革强化了农业这个国民经济的基础，有力地支撑了经济社会持续健康发展。改革之前，由于体制机制原因，农业成为了我国国民经济最薄弱的环节，严重制约着经济社会快速健康发展。农村改革推动了农业农村经济持续发展，农业综合生产能力不断提高，我国主要农产品告别了"短缺时代"，不仅满足了人民生活水平提高对农产品需求不断升级的需要，为保持物价基本稳定、社会和谐安定发挥了不可替代的作用，还为工业发展提供了充足的生产原料，推动了国民经济持续健康快速发展。农村改革促进了农业和农村经济对外开放，农副产品出口大幅增加，乡镇企业外向型经济蓬勃发展，不仅为改革开放初期国家外汇需求作出了重要贡献，还为拓展经济社会对外开放广度和深度起到了积极的推动作用。农村改革赋予了农民自由流动和择业的权利，大量农村劳动力从农业中释放出来，进入城镇和二三产业就业，为经济社会发展提供了丰富的廉价劳动力，降低了工业化、城镇化发展的成本。农村劳动力等资源要素在城乡之间的自由流动和优化配置，扩大了我国经济社会发展的比较优势，提高了我国产品和服务在国际市场上的竞争力。可以说，改革开放30多年来，如果没有农业的有力支撑，我国的工业化、城镇化就不可能在关键时期实现历史性的跨越；如果没有农村资源要素的巨大贡献，我国经济社会就不可能长时期保持持续快速健康发展。

## 二、农村改革的丰富实践，为推动农村可持续发展积累了宝贵经验

鉴于往事，以资于治道。当前，我国农业农村发展正处在一个新的历史

起点上，面临的机遇前所未有，面临的挑战也前所未有。30 多年的农村改革实践给我们带来许多重要的启示，这是今后一个时期推进农村改革必须坚持的基本原则。

（1）坚持把发展生产力作为首要任务。解放和发展生产力是社会主义的本质特征。改革开放以来，我们党始终立足于我国正处于社会主义初级阶段的基本国情，牢牢把握发展这个执政兴国的第一要务，坚持不懈地发展农村生产力。上世纪 80 年代，中央出台五个 1 号文件，推动了整个 80 年代农业和农村经济的快速发展。从 2004 年开始，中央又连续出台 10 个 1 号文件，围绕粮食增产、农业增效、农民增收采取一系列重大举措。实践证明，只有紧紧围绕经济建设这个中心，坚持把发展农村生产力摆在首位，才能为改变农村的落后面貌、促进农村经济社会全面发展奠定坚实的物质基础，才能夯实农业作为国民经济基础的重要战略地位。

（2）坚持把维护和发展农民的根本利益作为改革的出发点。农村改革之所以成功，基本点是始终相信农民、依靠农民，充分尊重农民的首创精神，对基层和农民创造的好经验、好做法及时加以肯定和总结，不断将之上升为政策和法律，然后用来正确地指导和推进农村改革，把农村改革不断引向深入；核心是始终在经济上维护农民的物质利益，在政治上维护农民的民主权利，实现好、维护好、发展好广大农民的根本利益，促进农民享受公平的发展机会和条件，把农民的积极性保护好、调动好、发挥好。

（3）坚持以家庭承包经营为基础、统分结合的双层经营体制不动摇。以家庭承包经营为基础、统分结合的双层经营体制是农村改革最重要的制度性成果，也是宪法规定的农村基本经营制度。土地家庭承包经营是农村基本经营制度的核心，符合生产关系要适应生产力发展要求的规律，符合农业生产自身的特点，不仅适应以手工劳动为主的传统农业，也能适应采用先进科学技术和生产手段的现代农业，具有广泛的适应性和旺盛的生命力。30 多年的实践证明，农村基本经营制度是农村改革与发展的基石，也是农村今后改革的制度基础，必须毫不动摇地长期坚持，并在实践中加以完善。

（4）坚持市场化改革取向。农村改革之所以能解放和发展生产力，根本原因就是打破了高度集中的计划经济体制，确定了农户自主经营的市场主体地位，引进市场机制，发挥市场在资源配置中的基础性作用。一方面，遵循价值规律和市场供求规律，建立公开、公正的价格形成、信息传递、资源流动和优胜劣汰机制，使各种产品、要素通过价格和供求信息的引导，流向效率高、效益好的环节和组织。另一方面，对于市场不能发挥作用的领域和环节，充分发挥政府宏观调控的作用，运用法律和制度来调节规范，从政策、科技、投入等方面大力扶持农业农村发展，形成对农村发展的支持保护体系。

(5) 坚持解放思想、实事求是的思想路线。解放思想、实事求是是正确行动的先导。我国农村改革开放的历程就是解放思想、实事求是的历程。改革开放以来的巨大变化无一不是解放思想、实事求是的结果，家庭承包制等农村基本制度的确立是解放思想、实事求是的结果，农村生产力发展的巨大进步也是解放思想、实事求是的结果。必须坚持解放思想、实事求是，按照有利于发展生产力、有利于增强综合国力、有利于提高人民生活水平的准则，为深化农村改革、促进农业农村全面协调可持续发展提供坚实的政治思想基础。

(6) 坚持循序渐进的改革步骤。我国长期形成的城乡二元体制，使得农业农村发展中积累了许多深层次的矛盾和问题。农村改革作为一项开创性的事业，不可能一帆风顺，也不能一蹴而就，必须尊重农村经济社会发展规律，采取循序渐进的方式进行。30 多年来，农村改革由生产领域逐步扩展到流通领域，由农业逐步扩展到非农产业，由经济基础逐步扩展到上层建筑，由局部攻坚逐步扩展到全面深化，由单一改革逐步扩展到配套综合，无不是采用试点、示范、推广的办法，无不是采取局部、过渡、全面的步骤。渐进式改革，可以减少改革中难以避免的摩擦和利益矛盾，正确处理改革、发展和稳定的关系，平稳地实现新旧体制的过渡，这是今后农村改革必须坚持采用的方法。

党的十六大以来，在深化农村改革、促进农村发展的过程中，我们国家按照统筹城乡经济社会发展的要求，着力构建新型的城市与农村、工业与农业、国家与农民的关系，又积累了许多新鲜的经验。

一是坚持重中之重的基本要求。我们党根据我国经济社会发展的阶段性特征和实现全面建设小康社会的目标要求，明确提出要把解决好农业、农村、农民问题作为全党工作的重中之重，确立了新时期“三农”工作的战略思想，明确了城乡统筹的基本方略，作出了我国总体上进入以工促农、以城带乡发展阶段的基本判断，制定和实行工业反哺农业、城市支持农村和多予少取放活的基本方针，提出了建设社会主义新农村的基本任务，确立了走中国特色农业现代化道路的基本方向，形成了城乡经济社会一体化新格局的基本目标。重中之重的指导思想延续了我们党历来重视“三农”工作的传统，体现了新时期“三农”思想的新发展，表明了我们党和政府对“三农”问题的认识达到了新的高度。

二是坚持在宏观调控中加强和保护农业。中央在宏观调控中坚持有保有压，但始终注重加强和保护农业这个国民经济的基础和薄弱环节，保持了支农惠农政策的稳定性和连续性；取消了农业税、农业特产税、牧业税和屠宰税，终结了延续2 600多年农民缴纳“皇粮国税”的历史；出台了种粮农民直接补贴、良种补贴、农机具购置补贴和农资综合直补等支农惠农政策，全面放开粮食购销和价格，实施了重点粮食品种最低收购价政策，制定了对粮食主产区和财政困难县实行奖励补助的激励政策，强化了对农业基础设施建设的支持政策，实行了对农村社会事业发展的促进政策，出台了《农村土地承包法》、《农民专业合作社法》、《农产品质量安全法》等保护农民利益、促进农业发展的法律法规，逐步形成了新时期保护和支持农业的政策框架和法律体系。这些年之所以成为我国农业农村经济发展最好的历史时期之一，是与国家保护和支持农业、政策向农业倾斜分不开的。

三是坚持转变农业发展方式。根据农业资源环境约束不断加剧的状况，我们党按照科学发展观的要求，始终把转变农业发展方式作为促进农业农村经济可持续发展的重大举措。紧紧把推进科技进步作为实现农业发展方式转变的关键环节，通过加强农业科技创新与研发、转化与推广，使得农业发展逐步转到依靠科技进步和提高农民素质的轨道上来。紧紧把发展资源节约型、环境友好型农业作为实现农业发展方式转变的重要途径，通过大力发展循环农业、推进农业农村节能减排，提高了农业资源利用效率，改善了农业农村生态环境，促进了农业农村经济可持续发展。

四是坚持农村经济、政治、文化和社会协调发展。我们党按照构建社会主义和谐社会的要求，推进农村经济、政治、文化和社会协调发展。经济建设上，大力发展现代农业，促进农业稳定发展、农民持续增收。政治建设上，大力加强农村民主法制建设，切实维护农民的合法权益。文化建设上，加快培养有文化、懂经营、会管理的新型农民，倡导农村精神文明新风尚。社会建设上，大力发展农村基础设施和教育、卫生、社保等社会事业，推进城乡公共服务均等化。实践证明，推进农村经济、政治、文化、社会协调发展，对于实现农村生产发展、生活富裕、生态良好具有重要意义，是全面建设小康社会的必由之路。

五是坚持统筹城乡发展的基本方略。我们党按照形成城乡经济社会发展一体化新格局的要求，始终坚持统筹城乡发展的基本方略，让农民得到平等发展机会，让农民平等享受经济社会发展成果。全面落实“工业反哺农业、城市支持农村”方针，把农业发展放到国民经济发展中统筹考虑，把农村繁荣放到整个社会进步中统筹规划，把农民增收放到国民收入分配总体格局中统筹协调。以完善城乡总体规划为先导，统筹城乡发展布局；以建设现代农业为重点，夯实新农村建设的产业基础；以完善公共财政体制为支撑，统筹城乡公共事业发展；以促进农民增收为重点，统筹城乡居民收入分配；以深化农村体制改革为动力，统筹城乡资源要素配置，推动城乡发展融合，着力构建新型城乡关系。

农村改革 30 多年来，农业农村发展取得一切成就和进步的根本原因，归结起来就是：始终高举中国特色社会主义伟大旗帜，坚持走中国特色社会主义道路和坚持中国特色社会主义理论体系，以邓小平理论、“三个代表”重要思想为指导，贯彻落实科学发展观，统筹城乡经济社会发展，走中国特色农业现代化道路。对这些基本原则必须坚定不移地在今后农村改革发展中加以坚持和发扬。

## 三、农村改革已经进入攻坚期，必须深刻认识推进农业农村体制机制创新的重要性和紧迫性

当前，我国总体上已进入以工促农、以城带乡的发展阶段，进入加快改造传统农业、走中国特色农业现代化道路的关键时刻，进入着力破除城乡二元结构、形成城乡经济社会发展一体化新格局的重要时期。农村改革已经进入深水区，新形势下继续深化农村改革，对于加快农村改革发展、扎实推进现代农业和新农村建设、实现经济社会又好又快发展具有重大意义。

（1）从改革的进程看，健全符合社会主义市场经济要求的农村经济体制必须深化改革。农村改革在推动建立健全社会主义市场经济体制机制的过程中发挥了重要作用，而社会主义市场经济的发展也对农村改革提出了新的更高要求。过去的改革是在我国工业化、城镇化发展水平较低的情况下进行的，通过破除旧体制束缚和引入市场机制，初步建立了符合社会主义市场经济发展要求的农村经济体制机制；现在的改革是在我国工业化进入中期阶段、城镇化水平有较大提高的情况下进行的，通过统筹城乡发展和调整国民

收入分配格局，社会主义市场经济体制机制得到加快构建和完善。过去的改革是在物质短缺情况下进行的大家都受益的增量改革，相关主体的利益冲突不大，比较容易形成改革共识，改革的阻力相对较小；现在的改革是在物质相对丰裕条件下对既有利益格局的调整，相关主体的利益取向不同，推进改革的难度加大。过去的改革是在农业农村经济运行相对封闭状态下进行的，以农业农村内部的单项改革为主，改革容易推进、容易成功；现在的改革是在大开放背景下进行的，农业与国民经济和全球农业的联系非常紧密，改革内容更多，涉及范围更广，利益关系更为复杂，需要整体考虑、统筹推进。过去的改革多是依靠基层和群众的探索，在取得成熟经验后逐步推广，主要采取自下而上的推进方式，是摸着石头过河；现在的改革是在鼓励基层和群众探索的同时，主动开展试验示范，加强改革的统筹规划和理论指导，需要采取上下结合的综合方式推进。与过去的改革相比，新形势下的农村改革呈现出更为明显的阶段性、艰巨性、复杂性和综合性特征。只有继续深化农村改革，才能不断健全和完善社会主义市场经济体制，才能推进我国改革开放事业不断前进。

（2）从发展的任务看，加快现代农业建设必须深化农村改革。加快改造传统农业，建设现代农业是当前的一项首要任务。长期以来，我们坚持走中国特色农业现代化道路，推进农村改革发展，农业综合生产能力大幅度提高，现代农业建设取得了明显进展。但是，要清醒地看到，我国农业正处在传统农业向现代农业转变的过渡时期，特别是随着工业化、城镇化加速推进，发展现代农业，保障粮食安全和主要农产品有效供给的压力更大、任务更艰巨。一是耕地减少、水资源匮乏的趋势难以逆转，农业基础设施建设仍然滞后，物质技术装备水平不高，农业生产经营仍然粗放，加上近几年极端气候影响加剧，自然灾害频发多发，农业总体上还处在靠天吃饭的状态，必须深化农村改革，健全国家农业支持和保护体系，加快转变农业发展方式。二是农业经营体制机制尚不完善，农业生产经营组织化程度低，农业社会化服务体系不健全，必须深化农村改革，创新农业经营体制机制，加快转变农业经营方式。三是农产品市场竞争日趋激烈，农产品进口冲击加剧，国际贸易摩擦增多，利用国际农产品市场调控国内余缺的难度加大，农业国际竞争力面临严峻挑战，必须深化农村改革，加强宏观调控，加快健全开放统一、竞争有序的农产品市场体系。四是农村青壮年劳动力加速外流，农业兼业化趋势明显，农业劳动的社会分工分业持续分化，必须深化农村改革，大力发展农业生产性服务业，加快构建覆盖全程、综合配套、便捷高效的社会化服务体系。这四个方面，深刻反映出：与现代农业发展的要求相比，我国农村经济体制不健全、制度不完善、机制不适应的问题还十分突出，农村改革进入了重在制度建设的新阶段。必须继续深化农村改革，着力破除现代农业发展的体制机制障碍，把成熟的改革措施制度化，探索建立新的制度，加快构建现代农业制度体系。

（3）从全局的要求看，实现经济社会又好又快发展必须深化农村改革。进入新世纪新阶段以来，我国经济社会发展呈现出一系列新特征。经济实力显著增强，但长期形成的城乡二元结构和粗放增长方式尚未根本转变；农民生活显著改善，但城乡收入差距扩大的趋势尚未根本扭转；城乡发展统筹推进，但农村发展滞后的局面尚未根本改变。农业仍然是国民经济发展的薄弱基础，农村仍然是全国小康社会建设的薄弱环节。推动科学发展，全面建设小康社会，加快形成城乡经济社会一体化新格局，农村改革是我国改革的关键领域，农业农村发展是我国发展的战略基础。特别是结合全球金融危机对我国经济社会造成的影响以及中央提出的应对金融危机的一系列方针政策，我们更加深刻地认识到：实现经济社会又好又快发展，必须通过深化农村改革，调整国民收入分配格局，增加农民收入，扩大农村消费需求，把中央扩大内需的方针落到实处；必须建立以工促农、以城带乡的长效机制，破除城乡二元结构，改变农村落后面貌，不断缩小城乡差距，实现城乡、区域协调均衡发展；必须统筹推进农村经济建设、政治建设、文化建设、社会建设及生态文明建设，加快社会主义新农村建设步伐，为开创中国特色社会主义事业新局面提供坚实基础和不竭动力。

## 四、认真落实党的十八大对农村改革发展的总体部署，深入思考推进农村改革的具体路径

党的十八大立足我国基本国情，在总结我国发展实践、借鉴国外发展经验的基础上，按照实现全面建成小康社会奋斗目标的新要求，对深化农村改革作出了重大部署。根据党的十八大精神，当前和今后一个时期，应当以邓小平理论、“三个代表”重要思想、科学发展观为指导，推进城乡发展一体化，加快发展现代农业，着力促进农民增收，坚持和完善农村基本经营制度，加快完善城乡发展一体化体制机制，解决农村改革与发展中面临的突出

矛盾和问题。比如：在耕地资源不断减少、劳动力流动加速的情况下，如何有效地提高农业要素资源的配置效率；在中国农业与世界农业的联系越来越紧密的背景下，如何充分利用两个市场、两种资源，确保农产品基本供给和农民持续增收的协调统一，不断提高农业竞争力；在工业化、信息化、城镇化快速推进的过程中，如何加快推进农业现代化；在统筹城乡经济社会发展的过程中，如何调整国民收入格局，不断缩小城乡、地区收入差距；在国家财力日益增加的情况下，如何加大对农业的投入力度。要着眼于消除制约农业和农村发展的体制障碍，着力在以下重点领域和关键环节，争取改革有新突破，做到破中有立。

（1）完善农村土地承包经营制度，因地制宜，发展多种形式的适度规模经营。在工业化、城镇化步伐加快的背景下，土地资源减少、劳动力流动加快，引发了新的问题，包括如何确保耕地稳定在 18 亿亩以上，如何解决“有人无地种、有地无人种”问题且有利于各种资源要素优化配置，如何有效保障土地流转和征地中农民的合法权益等。解决这些问题，应当在坚持以家庭承包经营为基础、统分结合的双层经营体制的基础上，进一步完善土地承包经营制度，赋予农民对土地承包经营权更加充分的权利。在完善农民土地承包权益方面，探索实施土地永包制的可能性，在理论上要进一步加强研究。同时应当随着农村社会保障制度的逐步建立，研究如何使农民真正享有占有、使用、收益和处分等比较充分的土地承包权益。在推进土地承包经营权流转方面，要以不改变农地的用途为前提，以创造就业为条件，以依法自愿有偿为原则，以健全土地承包经营权流转市场为途径，以保护农民权益和提高土地资源利用效率为核心，规范土地流转中介服务，探索建立严格的工商企业租赁农户承包耕地准入制度，探索建立土地流转补贴制度，引导农业集约化经营。在土地承包经营权制度创新方面，进一步促使承包权和经营权分离，强化农户的承包权，搞活土地经营权，产权界定要清晰彻底，流转形式要多种多样，要通过土地经营权长年转让、季节性转让、大户经营、企业化经营等多种形式，发展适度规模经营。在园艺等经济作物和畜禽养殖等产业发展方面率先推进规模经营。

（2）探索农村集体经济有效实现形式，发展农民专业合作组织和农业产业化经营，强化农业社会化服务体系建设。上世纪 80 年代，我国曾经在壮大村集体经济组织和发展农业社会化服务体系方面有一些进展，但由于农业发展的外部环境制约，在解决小生产与大市场的对接方面并没有实质性变化。近年来，随着农业与农村经济的发展，各种类型的农业组织开始发育，农民专业合作经济组织和农业产业化经营兴起，双层经营中的统一经营问题实现了实质性突破。与此同时，集体经济的实现形式表现出多种模式。特别是随着农业产业化的推进和《农民专业合作社法》的颁布实施，农村集体经济的实现形式有了更加广阔的选择空间。未来一个时期提高农业组织化程度，需要抓好两个环节。在培育多元化农业组织方面，扶持和规范实践中出现的农业产业化组织、农民专业合作经济组织、农业生产经营服务组织、农村综合服务组织等多种组织形式，使组织起来的农民真正成为有竞争力的市场主体。建立社区经济组织、农民专业合作等各类组织、工商企业和农户之间的利益联结机制，真正解决农户分散经营与大市场的对接问题。在发展农业社会化服务体系方面，把发展农业生产性服务业作为农村产业发展新的重要领域，积极鼓励，突出重点，加大扶持，加快构建农业社会化服务体系，解决好一家一户的农民办不了、办不好的事情。

（3）完善乡村治理机制，加强农村基层组织和制度建设。最近几年，在实行政社分开和村民自治制度的同时，积极推进政务、村务公开制度，农村民主建设逐步向纵深发展，乡村治理结构进一步完善，农民参与民主管理的意识增强。但是农村税费改革以后，农村的人口结构、就业结构和社会结构发生了很大变化，兼顾各方利益和搞好社会管理难度加大，这就需要进一步完善乡村治理机制，突出抓好乡镇机构改革、乡村财务管理、村民自治、公共服务和社会管理等重要环节，实现政府行政管理与基层群众自治有效衔接和良性互动。在深化县乡财政管理体制改革上，完善“省直管县”和“乡财乡用县监管”的财政管理体制，完善公共财政体制，增强基层政府提供公共服务的能力。在乡镇机构改革上，应当加快转变乡镇政府职能，着力强化农村公共服务和社会管理，为农村经济社会发展创造有利环境。当前需要突出加强农业技术推广等公益性服务，创新机制，稳定队伍，调动各方面力量参与农业技术推广，形成多元化农技推广网络。在完善村民自治制度上，要健全基层党组织领导的充满活力的基层群众自治制度，进一步完善村民民主选举、民主决策、民主管理、民主监督制度，坚持和完善“一事一议”制度，切实推行村务公开，建立答疑纠错的监督制度，扩大基层群众自治范围，增强社会自治功能。在农村社区管理和服务上，创新模式，增强农村社区自治功能，搞好农村社会治安综合治理，努力把农村社区建设成管理有序、服务完善、文明祥和的社会生活共同体。

（4）构建强化农业基础的长效机制，健全农业支持保护体系。强化农业基础，必须引导要素资源合理配置，大幅度增加对农业的投入。近年来，中央在建立健全财政支农资金稳定增长机制和巩固、完善、强化强农惠农富农政策体系和框架方面取得了突破性进展，是农民得到实惠最多的时期。但是，由于农业比较效益下降，农业资源环境和市场约束增强，使得实现粮食稳定发展、农产品供求平衡、农民持续增收难度加大，这必然要求调整国民收入分配格局，增加对农业的投入，健全农业支持保护体系。重点要抓好三个环节：在建立财政支农资金稳定增长机制上，建立公共财政体制，将财政支出增量向农业倾斜，特别是明确界定农业投入的范围，增加投入农业的资金比重，重点增加现代农业建设、农业科技创新和推广、农民直接补贴等方面的开支，并尽快制定出台《农业投入法》、《农业信贷法》等重要法律法规，以法律的形式稳定国家支持和保护农业，使强农惠农政策法制化。在建立支持农业发展的金融机制上，加快农村金融体制改革和创新，健全农村金融组织体系，鼓励支持发展互助、合作等多种所有制的金融机构以及商业性小额信贷机构。鼓励政府、企业和社会资金合作建立针对农户和农村中小企业的多种抵押贷款担保组织和基金，解决贷款难的问题。构建中央和地方政府共同承担的农业保险政策支持体系，建立健全农业风险防范机制。在建立农业投入长效机制上，坚持市场化取向，并通过财政扶持、税收减免、信贷优惠等政策措施，广泛吸引、激励社会资金投入农业，逐步形成多层次、多元化、多渠道的投资增长机制。

（5）充分利用两种资源、两个市场，提高农业竞争力。在经济全球化加深的大背景下，保障农产品有效供给，提升我国农产品的国际竞争力，必须充分考虑两种资源和两个市场。应当重点把握好三个问题：在主要农产品供给方面，处理好立足国内和利用国际市场的关系，既要始终坚持立足国内生产，实现主要农产品基本自给的方针，大力提高农业综合生产能力；又要积极发挥国际市场调剂余缺的功能，适度进口大豆、油料、棉花等产需缺口越来越大的产品，以满足国内不断增长的消费和加工需求。在加快实施农业“走出去”战略方面，加大信贷、财政、税收等政策扶持力度，鼓励企业建设境外农业技术试验示范基地和资源开发利用基地，开发生产国内供需缺口较大的战略性、资源性农产品，引导企业拓展优势农产品的国际市场。在参与国际竞争方面，未雨绸缪，密切关注世界农产品供求变化的趋势。树立世界眼光，加强对世界农产品供求形势的分析和研究，赢取利用国际市场和资源的主动权。

（6）坚持统筹城乡发展，提高农民收入，强化农村基本公共服务。统筹城乡发展要通过体制机制的改革，加快破除城乡二元体制，努力形成城乡发展规划、产业布局、基础设施、公共服务、劳动就业和社会管理一体化新格局。未来一个时期，可以在提高农民收入、就业、公共卫生服务和社会保障方面率先突破。在提高农民收入方面，扩大现代农业对农民增收的贡献，统筹抓好农业内部增效和外部增收。积极培育新型农业经营主体，构建新型农业经营体系，不仅有利于提高农业组织化程度和规模化水平，延长农业产业链条，提高劳动生产率和土地产出率，直接增加农业对农民增收的贡献，而且有利于将农村剩余劳动力从土地上解放出来，有力推动农民工资性收入增长，并有利于激活农村房屋、土地等资源要素的内在价值，利用市场化、资本化途径使其产生财产收益，提高农民租金、红利等财产性收入。在就业方面，针对就业结构转换滞后于产业结构转换这一重大结构性问题，通过改革，加大农村实用人才的培养力度，形成有利于农村富余劳动力就业的非农化和农村人口的非农化的体制机制。为此，需要建立统一规范的人力资源市场，维护农民工的利益，完善城乡劳动者平等就业的制度。健全面向全体劳动者的职业教育培训制度，加强农村富余劳动力转移就业培训工作。推进户籍制度改革，打破限制农民工成为城镇居民的旧的制度框框。在农村公共卫生方面，建立覆盖城乡居民的公共卫生服务体系、医疗服务体系、医疗保障体系、药品供应保障体系，加强农村三级卫生服务网络建设，完善农村医疗救助制度，加大农村传染病、职业病和地方病防治力度。在农村社会保障方面，通过加快建立覆盖城乡居民的社会保障体系，逐步提高农村新型合作医疗和新型农村养老保险的财政补助标准，完善农民最低生活保障制度，完善失业、工伤、生育保险制度，逐步实现人人享有基本的生活保障。

继续深化农村改革，既是国家的发展战略，也是社会的共识，更是农民群众的殷切期盼。中国是一个农业大国，农村基础差、农业底子薄、农民人口多是我国的基本国情，也是我们一切工作的立足点和出发点。可以预见，农村改革将不会是一帆风顺的，必将遇到各种各样的困难和挑战，但只要我们坚定梦想，沿着深化改革的道路走下去，国家富强、民族振兴、人民幸福的目标就一定能实现。

# 第四章　关于中国金融业改革发展若干现实问题的思考

周道许

▶▶　周道许，男，现任贵州省人民政府副秘书长，贵州省委金融工委副书记，贵州省人民政府金融工作办公室党组书记、主任，全国青联常委。经济学博士，研究员。曾先后任职中国农业发展银行办公室秘书处副处长，中央金融工委研究室综合处处长，中国银监会研究局助理巡视员（副局级），中国保监会政策研究室副主任、主任（正厅级）。近年来，在全国性学术刊物发表论文 40 余篇，出版专著、译著 10 余本。

党的十八大描绘了全面建成小康社会、加快推进社会主义现代化的宏伟蓝图，新一代领导集体提出了民族复兴的“中国梦”，这样的蓝图和梦想也激荡着对金融业改革发展的新期盼。过去 30 年，我国金融业改革发展取得了令人瞩目的成就，但正如习总书记“五四讲话”中所说：距离实现中华民族伟大复兴的目标越近，我们越不能懈怠，越要加倍努力。因此，深入研究我国金融业改革发展的一系列现实问题，认清我国金融业面临的形势，明确发展目标及路径，对于未来改革和发展具有重要的现实意义。

## 一、中国金融业改革发展面临的机遇和挑战

习近平总书记深刻指出：中国梦是历史的、现实的，也是未来的。金融业的健康快速发展作为实现中国梦的重要组成部分，凝结了无数仁人志士的心血和汗水，昭示着中华儿女对国家富强、民族振兴、人民幸福的美好向往。上世纪 90 年代初，我国明确了市场经济道路，金融业改革发展也被提升到前所未有的高度，步入了快车道。20 多年来，在党中央、国务院的正确领导下，金融业成功经受了两次国际金融危机的严峻考验，整体实力和抗风险能力显著增强，金融机构综合实力显著提升，金融调控和监管不断加强，金融市场快速发展，金融改革和开放进一步深化，金融法制和基础设施建设成效显著，在应对国际金融危机冲击、促进国民经济持续健康发展方面发挥了重要作用。当前，我国进入全面建成小康社会的新时期，工业化、信息化、城镇化、市场化、国际化深入发展，国民收入稳步增加，经济结构转型加快，既为金融发展提供了坚实基础，也加大了对多样化金融服务的需求，为我国金融业的蓬勃发展提供了前所未有的战略机遇。

同时，我们也应该清醒地认识到，国际金融危机的阴霾还未完全散去，发达国家和新兴市场国家金融发展模式均面临转型压力，世界各国宽松的货币政策为我国进一步深化金融业改革开放和应对国际金融风险提出了前所未有的挑战，外部环境日趋复杂。从国内来看，金融业发展的经济基础发生着深刻变化，生产要素成本不断上升，“人口红利”开始淡出，实体经济发展的资源环境约束日渐增强。同时，我国金融业自身粗放经营方式尚未根本转变，金融发展的区域差距、城乡差距、阶层差距还很明显，对西部地区、中小企业和“三农”等的金融服务还很薄弱，国有控股金融机构公司治理需进一步完善，整体竞争力和抗风险能力有待增强。各种因素错综复杂，对金融

业发展形成严峻挑战。

面对难得的发展机遇和诸多复杂的挑战，我们要做的不单是对梦的向往和坚守，更多的应是梦的规划和践行。

## 二、中国金融业改革发展的目标导向

十八大报告指出，要“深化金融体制改革，健全促进宏观经济稳定、支持实体经济发展的现代金融体系，加快发展多层次资本市场，稳步推进利率和汇率市场化改革。……加快发展民营金融机构。完善金融监管，推进金融创新……维护金融稳定”。报告为未来我国金融业的发展指明了方向，以这个大方向为指引，我们可以将金融业发展的目标导向描绘为“四化”，即市场化、多元化、国际化、综合化。

### （一）市场化

#### 1. 利率市场化

市场化是经济领域改革的核心内容，而价格体系是市场化的灵魂。我国商品的市场化以商品价格体系的形成为标志，基本已经实现；而利率作为货币的价格，市场化的进程推进虽然比较缓慢，但目标已经日渐清晰，那就是建立由市场供求决定金融机构存、贷款利率水平的利率形成机制，通过运用货币政策工具调控和引导市场利率，使市场机制在金融资源配置中发挥主导作用。未来我们要实现金融业的长足发展，利率市场化是最为关键的一环，原因有以下几个方面：第一，利率市场化是发挥市场资源配置作用的基础。利率市场化后，利率通过市场需求定价，能更好地反映货币资金的稀缺程度，有效反映收益与风险状况，提高资金使用效率，更好地服务实体经济。同时，利率市场化后，可以为很多金融产品定价提供市场化的参照标准。第二，利率市场化是推进各项改革的先决条件。未来，我们要推进汇率市场化、人民币国际化、资本项目可兑换，这些改革的基础就是利率的市场化形成机制。同时，随着金融市场的对外开放，国外银行的现代管理水平和资金技术实力必然会给我国银行业带来严峻的挑战和巨大的冲击。在这种背景下，为了尽快实现国内金融业的转轨，使国内市场与国际市场有效对接，客观上要求我们积极主动地加快利率市场化进程。此外，利率市场化还有利于稳定市场预期，提高货币政策的规范性和有效性。第三，利率市场化有利于促进金融机构经营机制的根本性转变。由于我国利率长期处于管制状态，商业银行的自主定价能力比较薄弱。逐步扩大利率浮动区间，培养了商业银行的自主定价能力和资产负债管理能力，改变主要依靠利差收入的粗放的经营模式，使其逐步成为具有全面竞争力的市场主体。第四，利率市场化有利于金融产品和服务创新。一方面，利率市场化赋予金融机构产品和服务定价权，客观上为金融创新提供了可能；另一方面，在市场化条件下，金融产品同商品一样需要得到市场的需求和认可，会出现更多的差异化，以迎合不同群体和机构对风险判断的差异，这种耦合对经济社会发展是有益的。

2. 汇率市场化

这是我们人民币汇率改革的目标。推进人民币汇率形成机制改革，完善有管理的浮动汇率制度，是根据我国国情和发展战略作出的选择，符合完善社会主义市场经济体制的改革方向，符合我国长远和根本利益，对促进我国经济结构调整、抑制通货膨胀和资产泡沫、维护发展战略机遇期和国际经贸环境等具有积极作用。同时，作为发展中的大型开放经济体，进一步提高货币政策有效性是实现我国宏观经济内外均衡，保持经济平稳健康发展的必然要求，汇率的市场化形成机制也将有助于提高我国实施金融宏观调控的主动性和有效性。

3. 国有金融机构市场化

构建契合现代金融体系的微观主体是金融市场化改革的基础性工作。从我国金融改革的路径看，改革的思路遵循了我国整体经济改革的大思路，即存量改革、增量进入。从占据主导地位的国有金融机构改革看，我国确立了建立现代金融企业制度的目标。但如何在国家控制的前提下，不断完善金融机构内部的治理结构，使金融机构能够真正按照市场规律办事，仍然需要不断探索。从最近几年的情况看，大部分经过股份制改造的国有金融机构经营质量有所提高，但原有体制性问题还未根本消除，政府意愿影响和内部人控制的情形并存，总体低效率和局部风险并存。诚然，为确保我国金融市场化进程中的风险总体可控，在金融机构经营过程中贯彻政府意志具备一定的现实合理性。但同时，要避免这一措施成为长期的政策导向，致使我国金融发展背离改革初衷。现阶段，要进一步划清国有金融机构的政策性和商业性功能。在纯粹商业化运作领域，要建立健全现代化的公司治理结构和市场化的人才选聘机制，同时大胆创新激励和约束机制，探索市场化的绩效考评机制，真正使存量改革取得新的突破。在增量改革方面，在实施产权多元化改革的同时，要避免“一哄而起”的浮躁心态，严格审核新金融机构投资者和经营者的经营能力，积极试点，稳妥推广，避免因为市场逆选择形成新的不良资产。只有这样，才能在提高对外开放水平的过程中，不断增强国有金融机构的竞争能力和抵御国际金融风险的能力。

## （二）多元化

1. 金融市场体系多元化

在货币市场上，同业拆借市场、回购协议市场、商业票据市场、银行承兑汇票市场、短期政府债券市场、大面额可转让存单市场活跃繁荣；在资本市场上，长期银行信贷市场、证券市场、保险市场、融资租赁市场活力迸发。这就是我们金融市场体系多元化的目标。总的特点是层次合理、功能互补。表现为直接融资与间接融资比例协调，金融产品种类丰富，市场运行机制健全，市场联动性和效率增加，服务实体经济能力、市场稳定性明显提高。

2. 金融组织体系多元化

远景目标为：金融机构的行业和区域布局不断优化，金融创新和服务水平不断提高，金融业综合实力、国际竞争力和抗风险能力不断增强。具体而言，一是银行业组织体系多元化。目标是形成功能健全、服务高效、竞争有序、效益良好、安全稳健的现代银行业体系，表现为政策性银行、大型商业银行、全国性股份制商业银行、地方中小银行、非银行金融机构等各类银行业金融机构层次分明、布局科学合理，不同区域、层级的银行服务可得性显著提高。二是证券业机构组织多元化、管理规范化。表现为证券期货经营机构、服务机构和资产管理机构治理结构与内控机制健全，组织创新、业务创新和产品创新能力显著提升，证券业机构规范发展能力和专业服务水平不断提高。三是保险机构创新发展。目标是形成市场主体多元、竞争有序、充满活力的市场格局。保险集团公司内部治理结构完善，专业性保险公司差异化竞争优势明显，资产管理公司专业化发展，地方性中小保险公司创新发展。

## （三）国际化

金融业对外开放是我国进一步深化改革开放的重要组成部分，人民币国际化则是统筹“引进来”和“走出去”、深化金融对外开放的有力抓手。人民币国际化的内容，包括三个方面：一是人民币现金在境外享有一定的流通度，二是人民币计价的金融市场规模不断扩大，三是国际贸易中以人民币结算的交易达到较大比重。人民币国际化的影响是正面的：首先，可以大幅提高我国国际地位，增强我国对世界经济的影响力。其次，可以减少国际货币体制对我国的不利影响，促进我国国际贸易和投资发展。最后，有利于获得铸币税收入，减少因为使用外汇而带来的财富流失。需要指出的是，人民币国际化也会承担相当大的金融风险，国际金融市场的任何波动都会对国内产生影响，还要积极抵御外部投机资本的冲击，宏观调控难度也会大幅增加。但是，从长远来看，人民币国际化的收益远远大于我们需要支付的成本，但条件是要统筹好对外开放和金融安全的关系，在后文我们会详细讨论。

### （四）综合化

金融经营综合化，或者是金融业综合经营，是基于以下考虑：一是综合化经营是行业发展的内在要求。纵观世界金融业发展历程，金融产品的创新使得行业间的金融业务差异化程度越来越低，信息化的发展也极大地改变了传统金融服务运营方式和提供方式，综合化经营的趋势也愈发明显。二是应对全球化竞争的必然要求。随着我国金融业的不断开放，国内金融业与世界金融业的竞争愈发激烈，综合化经营可以为金融机构带来信息优势、协同优势、规模经济等方面的多元化利益，降低成本，提高盈利水平，抵御外来同业竞争。三是可以满足人们丰富便捷的金融产品和服务需求。还是需要指出，要时刻警惕综合经营所带来的系统性风险，加强综合经营机构的并表管理和全面风险管理。建立健全金融业综合经营风险监测体系和有效的“防火墙”制度，合理确定各类业务的风险限额和风险容忍度，制定有效的风险隔离措施。

## 三、中国金融业改革发展的现实路径

习总书记在“五四讲话”中指出，我们不但要敢于有梦，更要勇于追梦、勤于圆梦。而追梦和圆梦都需要一个清晰的发展路径。以“四化”的目标导向为指引，我们可以将金融业未来的改革发展路径概括为金融包容性发展。金融包容性发展的最初概念，来源于联合国为解决中小企业信贷提出的普惠性金融体系建设，旨在建立有效的、全方位的、为社会所有阶层和群体提供服务的金融体系，即让广大被排斥在正规金融体系之外的客户获得金融服务。在全面建成小康社会，统筹区域、城乡和工农发展的大背景下，金融包容性发展的概念在我国得到进一步深化——金融业的发展应该充分考虑对欠发达后发展地区的支持、对小微型企业的扶持、对民间资本的接纳，不断提高在构建多层次金融市场体系、建设现代金融组织体系、维护金融稳定与安全、扩大金融对外开放的过程中对落后地区、弱势群体、薄弱领域的包容度，具体来说，应该做到“四个统筹”。

### （一）统筹区域金融发展

西部欠发达地区的经济是典型的投资拉动型经济。一般而言，资金主要来自三块，一个是财政收入，一个是卖地收入，一个是银行信贷。现在经济下行趋势明显，房地产在调控，财政在结构性减税，西部地区更加感到雪上加霜。西部经济特点可以总结为“耐热、喜温、怕冷”。全国经济过热的时候，西部感觉正合适；全国感觉合适的时候，西部感觉凉爽；全国感觉冷的时候，西部就感觉阵阵寒意袭来。现在西部很多重大项目搞不成，企业只能靠民间借贷，而民间借贷利率非常高。当前西部地区政府面临两个任务，一个是赶超，一个是转型。赶超是发展中国家的主战略，也是西部欠发达地区的主战略，而追赶的同时还要转型，难度可想而知。在赶超与转型的过程中，资金问题是制约西部地区经济发展的最大瓶颈。面对不断增长的资金需求，西部地区金融抑制效应逐步显现：一是金融市场主体中总部机构数量少，地方法人金融机构、新型农村金融机构规模小，发展后劲不足，金融业开放程度低，金融服务体系薄弱；二是金融市场发展程度在全国仍处于较为落后的地位，金融资产和业务规模在全国的占比还很小，金融市场体系不平衡，直接融资比重偏小；三是“三农”、中小企业、民营经济贷款难的状况还有待进一步改善；四是信用体系、担保体系、宣传教育体系建设仍需进一步加强；五是金融人才总量少，特别是高层次人才、创新人才匮乏，社会各界对金融的认知有待提高，金融大发展的环境有待进一步改善。这些问题迫切需要金融业提速发展、加快转型，迫切需要我们统筹区域金融发展去全面引导、去全力推动、去大力解决。

第一，要加大现有金融资源向西部地区的倾斜力度。随着国有商业银行改革的深入，其在西部地区的分支机构将不断提高自身的经营水平和适应市场能力，从而为西部地区经济发展提供更好的金融服务；随着政策性银行转变为有竞争力的开发性金融机构，其在提供国家财力许可的金融性服务的同时，可以更好地为包括西部地区在内的产业结构调整、基础设施建设和实施走出去战略提供持久的金融服务。

第二，要鼓励西部地方性金融机构的发展壮大。地方性金融机构虽然资产规模还不大、资金实力还不强，但在支持地方经济发展方面起着重要的作用，因此要按照现代金融企业制度的要求，积极推进地方金融机构的改革，从根本上建立自我约束、自我发展的新机制，保证地方金融的健康发展，增强其为地方经济发展提供金融服务的能力。此外，由于西部地区农业所占比重比较大，对完善农村金融服务体系的要求更为迫切，因此，农村金融改革要根据农村金融需要的特点，探索农村金融发展的新路径，加快构建监管有力的农村金融体系，探索发展新的农村金融合作组织以及农村政策性金融和商业性金融共同发展的新模式。

第三，要对西部地区采用包容性的金融监管策略。中国国土辽阔，要切实在提高金融监管水平的同时，促进不同地区经济，特别是落后地区、瓶颈行业的发展。关键是对沿海经济发达地区和交通不便、信息不灵、经济落后的地区，对现代化大商业银行和边陲落后地区的小金融机构，必须分类处置，实施不同的监管标准。不宜“一刀切”、一律简单套用国际监管标准和沿海发达地区的监管标准。

第四，西部地区自身要营造良好的金融生态环境。一个地区金融资源投入的多少，与该地区的金融生态是密切相关的。在产业基础相对薄弱、经济发展基础相对落后的一部分西部地区，也应该把改善金融生态作为吸引金融资源的重要途径。改善地方金融生态，除了国家建立健全良好的法律和执法体系以外，也需要各个层次的地方政府营造更良好的环境，保证金融机构债权，改善金融环境，从而建立良性互动的金融关系和社会金融体系。

### （二）统筹国有和民间金融业发展

中国金融业发展至今，一直都是政府推动，国有金融占大头，这个过程可以称为强制性的金融制度变迁；近年来，随着市场经济的发展，民间金融资本迎合民营经济的需要，开始活跃起来，金融制度体制要随之作出相应调整，这个过程可以称为诱发性的金融制度变迁。在强制性和诱发性金融制度变迁相互交织的大背景下，统筹国有金融资本和民间金融资本发展问题，躲不开，逃不掉，重大而紧迫。

#### 1. 深入推进国有金融机构市场化改革

改革开放以来，特别是近十年来，国有金融业在服务经济社会发展方面作出了突出的贡献，但是也存在一些突出的问题。主要是：金融机构经营方式还比较粗放，公司治理和风险管理仍存在不少问题，服务能力和水平与经济社会发展需要相比还有不小的差距。破解这些问题，关键是在大型国有金融机构市场化上下功夫。

一是必须坚持服务实体经济这个本质要求。实体经济是金融发展的根基，服务实体经济是国有金融机构的优势，也是党和人民赋予的历史责任。离开了实体经济，国有金融就会成为无源之水、无本之木。国有金融业要牢牢把握服务实体经济这一根本任务，确保资金投向实体经济，防治贪大求全的过度自我膨胀，不断提高服务实体经济的质量和水平。首先，改善小企业融资。要通过完善小企业征信体系、决策重心下移、基层分支机构子公司化或属地化等手段引导大中型银行服务小企业融资；其次，更好地服务“三农”，给予农村金融业务一定补贴和优惠政策，对全国性银行要强制约束，比如银行内部交叉补贴、一定比例存款必须贷款给农村。

二是加快推进利率市场化改革。这对国有金融机构改革发展会形成明显的倒逼作用，对金融机构管理水平的提高和资本市场的发展具有积极意义，虽然短期内会对一些对利差收益依赖性强的大型国有银行形成冲击，长期看可能给金融机构带来阶段性或者持久性风险，并影响宏观经济稳定，但总体上还是利远大于弊的。从路径选择上来看，首先要积极培育金融机构的财务硬约束，目前商业银行经过股份制改革和财务重组已经取得阶段性成果，要继续将其巩固并扩大。其次要谨慎选择一揽子具有硬约束力的金融机构，让它们在市场竞争中定价。再次，逐步放开替代性金融产品的价格，使存贷款之外的金融及衍生产品定价权也由市场决定。最后，在利率市场化的过程中，必须建立一套适宜而谨慎的管理制度，制定高质量的监管标准，实行严格而有效的监督。

三是进一步深化国有金融机构市场化改革。在更好地服务实体经济、抵御系统性金融风险、防治经济大起大落方面，国有金融有着不可替代的优势。在充分发挥体制优势的基础上，如何激发更大的市场活力，关键在于推进国有金融机构市场化改革。第一，要抑制国有金融机构的过度垄断，减少国有金融机构的数量和国有控股比例，推进股权多元化，让国有金融资本更多地体现在控制力上，同时，更加谨慎地对待地方政府成立金融机构问题。第二，要优化大型国有金融机构公司治理结构，提高风险管控能力。首先要健全市场化的高管人员选聘机制，这是解决国有金融机构众多弊病的治本之策。其次要努力形成有效的决策、执行、制衡机制，理清股东大会、董事会、监事会和管理层的职责边界，完善重大事项的决策机制和程序，着力提高日常经营管理和风险管控水平。最后要健全科学合理的激励约束机制，要认真进行制度设计，探索建立规范有效、包括薪酬制度在内的激励约束机制。第三，要明确政策性金融机构定位。强化政策性功能，坚持政策性业务为主体，剥离自营性业务，逐步将其纳入中央政府预算管理。

2. 积极鼓励引导民间金融业发展

经过多年的开放与发展，我国城乡居民收入水平逐渐提高，民间资本供应充裕。但由于我国金融市场体系尚未完善，投融资渠道较为狭窄，严重制约了民间资本作用的发挥。允许民间资本投资金融领域，除了能发挥民营经济在增加就业、扩大内需和提高城乡居民收入等方面的重要作用，还能使大量民间储蓄资金向民间资本甚至金融资本转化，在增加民间投资收益的同时，发挥金融资本的杠杆作用，集聚社会财富为经济发展服务，引导民间资本从虚拟经济向实体经济流动，减少民间资本集中在楼市、股市等领域的过度投资，稳定经济增长。

十八大报告要求，要加快发展民营金融机构。温家宝总理在 2012 年全国金融工作会议上指出，要鼓励和引导民间资本进入金融服务领域，引导和规范民间融资健康发展，改善金融监管在金融创新和金融风险中的包容度。就改革的时机而言，现在应该是我国金融推动重大改革最好的时间窗口。对此，我们需在以下几方面努力：

一是逐步开放和拓宽民间资本进入金融业的渠道。在控制风险的前提下放宽民营资本进入金融领域的市场准入条件和中小金融机构发起人资格限制，按照从非存款类金融机构到存款类金融机构、从小型金融机构到大型金融机构这一路径，尽最大限度地放开民间资本准入。首先，支持民间资本建立投资信托公司、金融租赁公司、消费金融公司等非存款类金融机构。其次，对于存款类金融机构，可从村镇银行开始，让民间资本直接参与村镇银行发起设立或增资扩股，允许小额贷款公司按规定改制设立为村镇银行。此外，参与城商行和农村金融机构的重组改造也是民间资本参股银行业的重要体现。

二是建立健全监管体系和退出机制。由于民间资本控股的金融机构没有国家信用的保障，一旦出现问题，容易引发金融风险。因此，建立多元化监管体系对民间资本进入金融行业至关重要。强化有关部门的监管责任，制定有针对性的监管办法。建立和完善民间金融机构内部控制体系，提升风险管控能力，从制度和机制上为增强风险抵御能力提供保障。

三是不断完善配套改革措施。稳步推进利率市场化改革。取消针对中小银行的歧视性存款规定等不公待遇，对风险管理较好、监管评级较高的中小银行给予一定政策扶持，适当减免中小企业贷款业务营业税。尽快建立存款保险制度，保护存款人利益，维护银行信用，消除市场对民营银行的风险顾虑。

### （三）统筹金融监督和管理

我国现行的金融管理体制总体上是条块结合、以条为主的管理体制。在货币政策与金融监管层面，人民银行、银监会、证监会、保监会构成了垂直纵向的分业监督管理体系，与分业经营体系并行，分别对银行、证券、保险等经营领域进行监督管理。在金融改革发展层面，随着汇金公司的成立，国有金融机构出资人制度逐步完善，汇金公司通过不断向中央金融机构注资，逐渐承担起国有金融机构出资人的责任，对国有金融机构的经营开始行使话语权。同时，各地相继成立专门的地方金融管理部门及地方金融控股公司，加强对地方金融资源的掌控，地方政府在推动地方金融改革发展方面的作用得到强化。随着市场经济的深入发展，现有的金融监督和管理体制也逐渐暴露出一些缺陷和问题，主要表现在四个方面：

一是相对分散的金融需求和相对集中的金融资源的矛盾。在目前的金融管理体制下，金融需求主要源于地方，而金融资源主要集中在中央，拉长了供给与需求之间的链条，使得供给和需求匹配难度加大。而且，由于各地的经济社会发展情况差别较大，金融需求也呈现出多样化的特征，中央金融政策总体上还是“一刀切”，难以面面俱到地照顾周全，在分配金融资源方面难免有所偏差。

二是地方和中央在金融发展和管理上的诉求不同。地方发展金融的主要目的是为了要促进地方经济社会发展，中央则对金融体系的安全、效率有更多关注。在这种情况下，中央和地方在金融发展和管理的某些方面会产生一些矛盾，进而影响到金融政策的贯彻实施和金融监管的配合协调。特别是当地方金融产业发展与金融监管出现明显的矛盾时，中央必然自觉不自觉地向金融监管方面倾斜，忽略地方金融产业发展；而地方则更倾向于当地金融发展，对中央的金融货币政策采取选择性配合，在一定程度上增加了宏观调控和维护金融稳定的运行成本。

三是地方政府在防范金融风险中缺乏足够的手段和能力。由于金融资源过度集中于中央，地方政府虽然承担了处置非法集资、打击非法证券、监管小额贷款公司、规范民间借贷等职责，但一方面，由于法律法规不健全，地方政府在行使金融职能时缺乏相应的制度支持，例如对小额贷款公司管理权的依据只是国家有关部委文件，当小额贷款公司出现违规情况时，地方金融管理机构没有执法权，不能直接处罚；另一方面，地方对经济金融信息缺乏及时全面的了解，对金融风险无法进行监测和预判，也缺乏风险处置的能力。比如对民间金融问题，在现有条件下地方政府往往难以进行及时监控，出了风险，也难以凭自身的力量单独处理。

四是地方金融产业发展和金融服务不相匹配。严格的垂直集中金融监管模式，一方面在一定程度上抑制了地方金融发展的活力，地方金融产业发展滞后于地方金融服务需求，地方性金融机构特别是中小金融机构发育不足，数量、规模和覆盖面有限，不能满足多层次的金融服务需求；另一方面，这种分业监管的金融模式也不可避免地存在监管“盲区”，一些领域的金融服务存在薄弱甚至缺失现象，突出表现在“三农”领域、“小微企业”领域的金融服务上，地方金融服务供给不足、中小企业和县域经济融资难的问题和矛盾越来越突出。也正因如此，造成近年来民间金融迅猛发展，但由于民间金融组织发展不足，管理不规范，其间隐藏的金融风险更是不容忽视。

金融监督和管理体制是促进金融业健康安全运行的前提和基础。针对当前体制存在的上述问题，未来的改革需要重点考虑以下方面：

一是加强中央对地方金融改革发展的政策性指导和管理。我国目前与金融有关的工作事项可以归结为三个方面，即货币政策、金融监管以及金融改革发展。但是一直以来金融改革发展没有明确负责机构，现有的“一行三会”既是金融监管部门，又是金融主管部门，既负责行业的监管，又负责行业的改革发展，造成在职能行使上的定位不清，对地方金融改革发展更是缺乏政策指导性。而且，由于中央层面没有专门负责金融改革发展的机构，地方金融办在中央没有主管部门，在职能配备上又没有统一要求和规定，造成各地金融办职能各异，没有统一定位，工作随意性较大。因此，急需一个专门的负责机构来对地方金融工作进行指导和协调。

二是给予地方更多的金融监管权限和灵活监管的自由度。目前省级金融办虽然承担了小额贷款公司、融资性担保公司等准金融机构的监督管理职责，但由于缺乏相应的法律支持，不具备执法主体地位，极大地削弱了监管效力。一方面，应通过完善相关法律制度，充实监管力量，逐步增强地方金融办的监管职能，解决中央金融监管机构管不到、管不了、管不好的三不管问题。另一方面，通过合理分配监管职能，全国性大金融机构由中央政府监管，地方性中小金融机构则由地方政府监管，以此更好地兼顾各地经济发展及金融需求的差异性，促进国有和地方法人金融机构共同发展，提高货币政策、金融监管、金融服务的有效性。

三是加强地方和中央监管机构的全方位合作。在金融风险防范上明确各方面的责任和义务，特别是要明确地方政府在地方金融法人机构管理和风险处置方面的责任，促进地方金融办、金融监管机构、商业性金融机构在信息交流、业务推进、风险防范等方面的有效合作，形成合力，共同防范和化解地方金融风险。

四是推动民间金融阳光化、正规化。在民间金融问题上坚持“开前门、关后门”，鼓励和引导民间资本进入金融服务领域，有效引导民间资本健康合理有序流动。大力发展小微金融机构，建立规范民间金融发展的管理制度体系。探索成立民间资本管理服务机构，为民间借贷双方提供相关的信息、公证、结算等综合服务。

### （四）统筹对外开放和金融安全

加入 WTO 以来，我国金融业全面履行对外开放承诺，对外资金融机构实行国民待遇，积极引进境外战略投资者。中资金融机构通过设立海外分支机构、并购等方式，稳妥布局境外市场。金融对外交往合作继续深化，积极参与国际金融标准和准则制定与修改，推动国际金融监管改革，中国金融业的国际地位和话语权不断提升。

1. 深入推进金融业对外开放

我们要继续统筹国内国际两个大局，坚持“以我为主、循序渐进、安全可控、竞争合作、互利共赢”的方针，正确处理“引进来”和“走出去”的关系，不断推动金融业对外开放向纵深发展。

一是扎实推进汇率市场化改革。自 2005 年 7 月 21 日起，我国开始实行以市场供求为基础、参考一揽子货币进行调节、有管理的浮动汇率制度，汇率市场化改革迈出历史性的一步。2012 年 4 月，将汇率浮动区间由 0.5%进一步扩大至 1%，同时大幅减少了外汇干预，让市场供求在汇率形成中发挥更大的作用。未来，要按照主动性、渐进性、可控性原则，根据国际形势变化、国内经济发展需要和经济金融改革整体进展等，不断完善以市场供求为基础、参考一揽子货币进行调节、有管理的浮动汇率制度。要大力推进外汇市场建设，为以市场供求为基础的人民币汇率形成机制提供制度支持；要不断健全人民币汇率间接调控体系，逐步增强汇率弹性，保持人民币汇率在合理均衡水平上的基本稳定；要加强跨境资金监管，防范短期套利资本流入。

二是适时开放人民币资本项目可兑换。资本可兑换是金融改革开放的重要突破口，是人民币国际化的基本条件，能释放出巨大的改革红利。目前，资本项目可兑换的条件已经具备，金融稳定、热钱流入、反洗钱、逃税、反腐败、国有资产流失等方面的风险或者可控。要深化资本项目外汇管理改革，建立完善简明清晰的、符合资本项目可兑换原则的资本项目外汇管理法规体系，以资本市场和个人资本项目对外开放为重点，促进贸易和投资便利化。要建立健全统一的跨境资本流动数据采集、监测、分析和预警体系，防范大规模资本跨境流动可能带来的不利影响。

三是完善外汇储备管理机制。从目前来看，总量巨大、增速过快是我国外汇储备管理面对的现实难题，而汇率风险是外汇储备管理面对的最大风险。要着力做好全部外汇储备资产长期科学配置的顶层规划。在合理设计法律地位和业绩考核的前提下，促进投资主体的多元化和投资方式的多样化。在投资主体方面，中投公司、开发银行、进出口银行、商业银行等要在资金供求和风险承担上形成分层次的合作关系，保证一定的收益率。在投资方式方面，要加强币种管理，促进储备货币多元化；要明确区分政策性项目和商业性项目，完善政策性项目的监督约束机制，控制道德风险；要统筹规划石油等一些战略性矿产资源投资，加大对提升我国综合竞争能力所需的战略性物资的投资。

2. 着力维护金融安全

在深入金融对外开放的进程中，我国金融市场将暴露在国际金融体系的动荡之中，外部金融风险可能更迅速、更直接地对金融安全形成巨大冲击。因此，要把握好对外开放的时机、力度和节奏，警惕并积极应对金融开放过程中存在的各种风险，使金融对外开放与我国经济发展水平、市场发育程度和金融监管能力相适应，不断形成科学发展、安全发展的良好局面。

在判定我国金融是否安全方面，我认为主要有三个标准：

一是我国金融产业是否受到外部力量的干扰。金融开放以来，外资金融机构陆续进入我国金融市场开展业务，但从总体看，外资金融机构在我国的发展速度低于早前预期，总体规模偏小，还不能对中资金融机构构成明显的生存威胁。首先，我国国家主权和金融主权完整，金融监管机构有能力掌控外资金融机构的行为。其次，外资金融机构受制于本土化战略，在企业文化、客户资源、人才储备、产品开发、服务网络等方面并不存在绝对优势，现阶段只能在细分金融市场上有所作为。考虑到这两种因素并不能在短期内发生根本变化，可以预计，我国金融机构尽管面临的市场竞争会日趋激烈，但将在较长的时期内占据主导地位，并始终具备相当的生存和发展空间。

二是我国金融市场功能是否受到严重损害。从金融市场最基本的资金融通功能看，我国银行体系和资本市场是承担资金融通功能的主体。首先是银行体系。由于我国银行的资产负债表总体健康，银行流动性充裕，至于在信贷投放中出现的偏差和企业甄别现象，这只是历史遗留的体制问题，与金融开放并不直接相关。其次是资本市场。我国资本市场具有较强的波动性，伴随资本市场的低迷和高涨，企业直接融资的规模和速度也会出现起伏，这与金融开放也不存在直接的关系。总体而言，我国金融市场功能的扩张和萎缩与否，其主要影响因素不在于外部冲击，而在于我国金融市场深层次的体制机制问题。

三是我国金融资产是否遭受重大损失。由于资本项目的管制，我国企业和居民的金融资产主要在国内配置。在金融市场周期性波动中，金融资产只会发生本国内部的转移和再分配。在对外投资方面，一般居民和企业金融资产的境外配置规模有限，不会出现大的资产损失。我国面临的焦点问题在于，以政府为实质主体的对外投资风险值得关注，这集中反映在国家主权基金投资和外汇储备资产配置上。当前，我国已经是全球最大的外汇储备国，在资产配置范围有限的情况下，如何避免对外间接投资和外汇储备出现大的缩水，是需要深入研究的问题。

维护金融安全，还需要明确三个战略基点：

一是必须基于提高国内居民福利。维护金融安全，目的是提高本国金融市场的运行效率，确保本国金融资产的保值增值。而这归根结底，就是要提高本国居民的福利水平。从这个意义上讲，金融安全和金融稳定之间既有联系，又有区别。首先，金融安全的前提是金融稳定，没有金融稳定，金融市场运行出现问题，金融安全自然就无从提起。其次，金融稳定只是金融安全的表象，而不是实质。如果过于追求金融稳定，在推进金融对外开放和金融市场化过程中裹足不前，过度的金融管制将导致金融市场运行效率低下，金融功能难以充分发挥，这种条件下的金融安全也失去了意义。国际金融危机爆发以来，美国诸多金融机构资本金不足，美国国会被迫进行大规模的注资援助，其筹资来源是大量发行国债，最终成本将分摊到其国内居民，从而导致其国民福利的巨大损失。

二是必须全面理解“以我为主”的开放原则。在金融开放过程中，我国坚持了“以我为主”的基本原则，符合我国金融开放和金融发展的实际。从更深的意义上讲，“以我为主”意味着我国必须按照自身需要，独立选择金融开放的路径和开放领域。在对外谈判中，对待他国提出的金融开放要求，我国接受与否，必须以是否有利于促进本国金融发展、是否有利于提高本国居民福利、是否有利于维护国家根本利益为评判标准。

三是必须着眼长远。金融安全是一种有利于防范和抵御外部冲击的良好态势或局面，这种局面能否持续，归根结底还是要依赖于金融市场的微观基础，即金融机构的稳健。如果金融机构的治理结构不完善，就很难在瞬息万变的金融市场竞争中获得生存能力和发展能力，即便有国家信用的强大支撑，有严格的金融管制，良好的金融安全态势也很难保持，或者只能是通过牺牲效率来维持金融市场低层次的稳定。改革开放以来，我国以市场为导向的改革方向早已明确，塑造合格的金融市场主体是我国整体改革的重要内容。我们必须坚持金融对外开放和市场化改革的方向不动摇，通过改革化解风险，从根本上提升我国金融体系抵御风险的能力。

基于上述“三个标准”和“三个基点”的讨论，我们认为，在继续推进对外开放，维护金融安全的实践中，还要坚守“两个原则”：

第一，坚持审慎的对外开放策略。当前，一些发达国家政府多次向我国施压，焦点在于人民币汇率自由化和资本项目开放两个方面。对于这个问题，我们必须有清醒的判断。从全球和我国金融发展的趋势看，资本账户开放是参与经济金融全球化必行的一步，没有资本管制一定程度上的放松，就谈不上资本自由流动，也就谈不上真正的经济全球化。因此，资本账户开放将是我们的一个长期目标和必然趋势。但是，总结其他国家金融开放的经验教训，集中到一点，就是在金融体系脆弱的情况下，过快放开了资本项目尤其是短期资本项目的管制，避免金融危机恶化和传导的关键闸门没有起到有效的阻隔作用。因此，我国在汇率制度选择、资本项目开放等关键领域，需要坚持审慎、独立的金融政策。

第二，不放弃采取必要的金融管制措施。在金融开放过程中，对于部分关键领域的开放进程，我国可以视情况做出延缓、停止或恢复管制的决策。同时，对外资的必要管制需要有不断完善的法律予以配合。目前，我国相关法律体系还比较薄弱，涉及经济金融安全的外资审查程序、标准也未建立。随着我国国力增长和国际地缘政治环境的变化，我国金融开放的意图将发生部分改变，即从单纯的利用逐步转变为既利用又限制，使金融开放不仅要直接为我国经济发展服务，也必须为国家长远和全局性目标服务。与此相适应，建立完备的法律保护制度，设立严格的审查标准和程序，将是我国金融开放中面临的紧迫任务。

# 第五章　发展大文化，铸就中国梦

薛松岩

▶▶ 薛松岩，男，现任新闻出版总署信息中心主任，全国青联委员。1994年7月于北京大学历史学系毕业后留校工作，先后在北京大学团委、北京大学党办校办任职。2001年，调到新闻出版总署办公厅工作，曾任办公厅署长办公室主任、办公厅副主任。

中华文明是世界上最古老的文明之一，更是世界上持续时间最长的文明。从黄帝时代算起，已绵延五千多年。在漫长的历史岁月里，中华民族世代栖息于华夏大地这片广袤而丰饶的土地，创造了举世瞩目的灿烂文化，以独特风姿屹立于世界民族之林。

当今世界正处在大发展大变革大调整时期，文化在综合国力竞争中的地位和作用更加凸显。深化文化体制改革，推动社会主义文化大发展大繁荣，进一步兴起社会主义文化建设新高潮，已经成为夺取全面建成小康社会新胜利、开创中国特色社会主义事业新局面、实现中华民族伟大复兴的必然要求。文化不仅是民族的血脉和人民的精神家园，更是中国梦不可或缺的一部分。

## 一、中华文化承载着民族的梦想

文化是梦的源泉。梦想为文化创造提供灵感。悠远浩博的中华文化有如奔腾不息的长河，今天我们离开长河源头数千年，再回头去看，可以更加清晰地仰察中华文化发展的基本轮廓。在梦想的指引下，中华文化在古代历经辉煌，在近代屡受挫折，非但没有沉沦湮灭，更在现代步入了顽强摸索、重新崛起的道路。

### （一）中华民族古代文化悠久灿烂

每一种文化，都承载着一种梦想。中华民族在几千年文明发展的历程中，创造了灿烂辉煌的优秀文化，在波澜激荡中成功地实现了自我延续和更新，以自强不息的精神不断登上人类文化创造的高峰，逐渐演化成民族梦想经久不绝的传承。

史前文明的绚烂开创了古代文化的先河。中国是世界文明的发源地之一，与古埃及、古巴比伦、古印度并称为“四大文明古国”。中华民族的史前文化时间久远、内容丰富、领域广泛。黄河流域的磁山文化、仰韶文化、龙山文化、大汶口文化、马家窑文化，长江流域的彭头山文化、大溪文化、河姆渡文化、崧泽文化、马桥文化，东北地区的赵家沟文化、红山文化，南方地区的石峡文化，西藏地区的曲贡文化，台湾地区的卑南文化，等等，都是史前文化的典范，都有无法复制的特点，都是民族梦想的渊源。经过几千年的发展，这些文化延绵曲折、融会贯通，一起构成中华民族绚丽多姿的史前文明。

传统思想的源流奠定了古代文化的根基。春秋战国时期，随着社会变革，文化传播和学术发展日益繁盛，出现了儒家、道家、墨家、法家等“百家争鸣”的文化包容局面，成为古代文化发展的一个高峰。儒学醇厚，墨学谨严，道学超逸，法学冷峻，诸子百家和而不同，为中华民族文化心理的建构提供了充足的思想资料。先秦思想家的宝贵实践和卓越理论贡献，成为中华文化的宝贵资源，同时也孕育了中华文化的包容品格和博大情怀。特别是儒家思想，逐步发展成为中国传统文化的主体，对中国社会的演进影响深远，直至当今。

文学成就的积淀丰富了古代文化的内涵。中国三千年前就已经有了文字，几千年来，流传下来的典籍浩如烟海，其中尤以文学作品成就最高、对人类贡献最大，成为中华文化的重要组成部分。这些文学典籍一定程度上反映了古代劳动人民的生活、斗争、思想、感情，折射出中华民族世代相传的众多优秀品质，是我们增强民族自豪感、提升精神境界、完善人格、陶冶心灵的巨大精神财富，为中华文化的源远流长作出了不可磨灭的贡献，推动着中华文化的永续发展。

艺术形式的多样展现了古代文化的魅力。中国古代的各种艺术形式丰富多彩、成就非凡，展现了不同时期人类的内心世界，丰富了不同时期文化的内涵，直到今天还是我们提升思想修为、激发内在能量、提高审美意识和深入认知世界的重要依托。

科学技术的创新推动了古代文化的延伸。文明的进步需要科技的支持，文明的孕育就发源自古人对外部世界的探索。我国古代科技在多个领域成就卓越，为人类文明进步提供了阶梯，是文化的重要组成部分。科学技术创新推动着文化的发展，文化也在影响着科学技术的发展，二者相辅相成，不可分割。中华古代科学技术全方位推进的过程，也正是社会不断发展、文化不断进步的过程。科技发展不仅为社会提供了丰富的物质基础，还使人类对世界的认知不断提升，促进了文化的辉煌。

### （二）中华民族近代文化艰辛探索

随着 19 世纪西方科学技术和工业革命的迅猛发展，中西文化的互动进入了崭新的历史阶段。在西方文化的冲击下，近代中华文化遭受了史所未有的摧残，却在民族梦想的激励下走出沉沦，经过中国共产党人的艰难探索，最终破茧而出。马克思主义中国化既是历史的继承，也是时代的创新，产生了这个时期最重要的思想理论成果，基本勾勒出民族梦想的轮廓，开启了民族复兴波澜壮阔的前进道路。

政治思潮的涌现指导近代文化的转型。鸦片战争之后，随着学习西方的洋务运动的兴起和发展，一批维新思想家掀起了新的社会政治思潮，对后来的资产阶级维新变法运动起到了一定的先导作用。辛亥革命推翻帝制后，民主、自由、平等、博爱等思想得到传播，成为建立民主共和国的重要指引。新民主主义时期，以马克思主义科学世界观和方法论作为思想核心，以毛泽东为代表的中国共产党人将马克思主义与中国革命实践相结合，形成了这一时期最重要的智慧结晶，同时也奠定了新时期文化的理论、方针和政策基础。

文学艺术的发展促进社会体制的变革。旧民主主义革命时期，很多书籍让人们看到了旧制度的弊端，学会了开眼看世界。新民主主义革命时期，新文化运动推动文学艺术朝着与大众结合的方向发展，不断洗涤几千年沉积的精神污垢，在丰富人们精神生活的同时，也加速了社会进步历程，为中华民族以崭新风貌在世界东方重新崛起鸣奏出隆重的序篇。

文化事业的兴起带动时代发展的步伐。凤凰涅槃在烈火中才能完成，文化更新也需要社会变革的力量。无论主动还是被动，无论经受了多少困惑与挣扎，中华民族终究要从困境中解脱，去吸收新鲜的养料，使生机勃勃的新细胞在传统文化肌体内繁殖。这一时期，书院改制，学堂开办，国内外商办报陆续创刊，近代出版社、报社也逐渐登上历史的舞台，图书馆、博物馆开始涌现，这些具有现代色彩的文化设施、文化部门不断发展与完善，使中华民族在传播思想、培育人才、提高素养、改变精神面貌、促进时代觉醒、推动历史进步等方面有了输送养分的管道。

### （三）中华民族当代文化重铸辉煌

文化探索本身就是一场寻梦之旅。新中国成立后，新民主主义文化逐步向社会主义文化过渡。在现代文明演进中，社会主义作为一种文化现象，将人类社会文明和文化发展推向新的高度，也架起了中华传统文化走向现代文明的桥梁，使民族梦想找到了准确的定位。

“双百”方针的提出使得当代文化逐渐复苏。三大改造完成后，建设社会主义成为中国共产党面临的重大问题。建设社会主义的关键环节，就是文化建设。党和国家在这一背景下提出了“百花齐放、百家争鸣”的“双百”

方针，给文化发展提供了一个宽松的政策环境。知识分子迎来了文化创作的春天，中国的文化事业呈现出一片欣欣向荣的局面，各种文化形式开始出现并逐步发展起来，小说、诗歌、话剧、戏剧、电影、绘画等领域涌现出一批大家。尽管“双百”方针曾因“文革”而中断，但拨乱反正后，中国的文化生命力得到重现，更多的文化形式被激活，新中国文化事业重新步入正轨。

体制改革的探索使得当代文化硕果累累。十一届三中全会的召开，确立了解放思想、实事求是的思想路线，中国的改革开放从此揭开序幕。十六大以后，科学发展观逐渐形成，我国文化体制改革的步伐明显加快，邓小平理论、“三个代表”重要思想以及科学发展观等重大战略思想与毛泽东思想一脉相承，中国特色社会主义理论体系逐渐成熟与完善。文化体制改革彻底解放和发展了文化生产力，改变了文化领域的面貌，调动了广大文化工作者的积极性，激发了全社会参与文化建设的热情。波澜壮阔的改革实践有力地证明，以高度的文化自觉和文化自信全面深化文化体制改革，是解放和发展文化生产力的必由之路，是促进社会主义文化大发展大繁荣的根本途径。

文化产业的繁荣使得当代文化走向辉煌。目前，全国580多家出版社、3 000多家新华书店、850家电影制作发行放映单位、57家广电系统所属电视剧制作机构、38家党报党刊发行单位等已全部完成转企改制。全国2 103家承担改革任务的国有文艺院团中，完成改革任务的有2 100家，占总数的99.86%；全国3 388种应转企改制的非时政类报刊已有3 271种完成改革任务，占总数的96.5%。全国共注销经营性文化事业单位法人6 900多家、核销事业编制29万多个。转企改制激发了市场活力，推动了产业繁荣发展。2011年全国共出版图书369 523种、期刊9 849种、报纸1 928种。2010年，北京市全市82家营业性演出场所实现演出收入10.9亿元，多家转制院团演出场次比转制前翻了一番多，营业收入比转制前增加了两倍多。

当代世界正在发生前所未有的变化，文化与经济、政治的分立随经济全球化而被逐步打破，正在走向融合。在全面建成小康社会过程中创造和享受丰富的精神生活，是我国人民的热切愿望。当前全民族正在投入到建设社会主义文化强国的伟大实践中，文化建设展现出一片生机勃勃的景象。

## 二、中国梦的实现呼唤文化的复兴

每个人都有理想和追求，都有自己的梦想，每个国家和民族也都有梦想。2012 年 11 月 29 日，习近平总书记在参观中国国家博物馆“复兴之路”展览时指出，实现中华民族伟大复兴，就是中华民族近代以来最伟大的梦想。这个梦想，凝聚了几代中国人的夙愿，体现了中华民族和中国人民的整体利益，是所有中华儿女的共同期盼。

### （一）中国梦是时代的强音和人民的期盼

每个国家都有自己的梦想，在经济全球化和区域竞争日趋激烈的今天，每个国家在国际的舞台上都要找到适合自己的角色。“美国梦”强调个人通过自我奋斗去创造自己的价值，实现自己的梦想。世界上其他国家曾一度着眼于美国梦，以寻求启示和指南。由于国情的不同、社会制度的不同、文化的不同、发展水平的不同，以及时代背景的不同，实现“中国梦”一定要走我们自己的路，就是必须走中国道路，必须弘扬中国精神，必须凝聚中国力量。从广义上讲，中国梦是指中华民族在实现强国富民的同时，为世界作出贡献的美好愿望。从狭义上讲，中国梦是指渴望成功的中国人希望凭借自己的勇气、智慧和创造精神去争取美好生活的愿望和梦想。中国梦的内涵就是要实现全面建成小康社会、建成富强民主文明和谐的社会主义现代化国家的奋斗目标，实现中华民族伟大复兴，国家富强、民族振兴、人民幸福，既体现了今天中国人的理想，也反映了先人们不懈追求进步的光荣传统。

### （二）文化中国梦是中国梦的有机组成部分

谈及中国梦，就不能不提及“文化中国梦”。在我国五千多年的文明发展历程中，各族人民紧密团结、自强不息，共同创造出源远流长、博大精深的中华文化，为中华民族发展壮大提供了强大的精神力量，为人类文明进步作出了不可磨灭的重大贡献。新中国成立后，中国文化迎来了发展的春天，特别是改革开放之后，中国社会全面高速发展，中国文化呈现出百花齐放的巨大活力，社会主义核心价值体系建设取得显著成就，文化市场体系基本建立，文化产业健康发展，文化事业全面繁荣，人民文化权益得到有效保障，文学艺术创作活力不断迸发，多种文化媒介共荣共生，展现出前所未有的生机，中国文化进入了历史上从未有过的繁荣时期。中华民族的伟大复兴必然伴随着中华文化的崛起，实现中华民族伟大复兴的中国梦，必须实现中华文化复兴和崛起的文化中国梦。

## （三）中国梦的实现离不开文化的繁荣发展

文化标志着一个民族的精神状态，昭示着一个国家的综合实力。在当前国际竞争中，谁占据了文化发展的制高点，谁就能够掌握主动权。人类文明进步的历史充分表明，没有先进文化的积极引领，没有人民精神世界的极大丰富，没有全民族创造精神的充分发挥，一个国家、一个民族不可能屹立于世界先进民族之林。

文化繁荣兴盛是中国梦的应有之义。实现中国梦必须走中国道路。中国文化是中国特色社会主义的重要组成部分，中国特色社会主义文化道路是对中国特色社会主义道路的坚持和拓展。党的十五大提出要建设有中国特色社会主义文化。党的十七届六中全会提出，要坚持中国特色社会主义文化发展道路，努力建设社会主义文化强国。中国特色社会主义文化，是凝聚和激励全国各族人民的重要力量，是综合国力的重要标志。

实现中国梦必须弘扬中国精神，必须弘扬以爱国主义为核心的民族精神、以改革创新为核心的时代精神。中国传统文化的基本精神，从实质上说，就是中华民族的民族精神。中华民族在悠久的发展历史中，积淀和形成了自己独特而伟大的民族精神，自强不息、勤劳勇敢、矢志不渝、刚健有为，“天行健，君子以自强不息；地势坤，君子以厚德载物”，集中体现了中华民族坚韧不拔、奋发向上的民族精神和积极进取的创新精神。中华文化也蕴含着社会主义核心价值观。儒家文化作为东方文明的源头之一，不仅在历史上产生过巨大影响，在今天仍然发挥着不可替代的作用，其主张的“君子和而不同”、“己所不欲，勿施于人”、“得道多助，失道寡助”等中华传统文化，是中国特色社会主义核心价值观的重要渊薮。博大精深的中国文化深深印在整个民族的记忆中，凝聚成中国精神，为实现国家富强、民族振兴、人民幸福指引着前进的方向。

实现中国梦必须凝聚中国力量。中国力量就是中国各族人民大团结的力量，而文化恰恰是熔铸民族生命力、创造力和凝聚力的重要因素。温家宝同志曾经说过，如果经济发展改变的是一个国家的面貌，那么文化繁荣则可以化育一个民族的风骨。国家的发展和民族的振兴，不仅需要强大的政治力量和经济力量，更需要强大的文化力量。

文化崛起是实现“中国梦”的重要支撑。从历史角度看，世界大国身份的获得及其存续时间的长短，很大程度上取决于该国所拥有的文化实力及其对世界的影响。如果一个大国不能为国际社会提供一种先进且成熟的文化形态，形成具有引导力的价值观念和文化理念，不仅难以被世界上其他国家认可，其自身的可持续发展也将成为问题。英国首相丘吉尔有这样一句名言：我宁愿失去一个印度，也不愿失去一个莎士比亚。这句话的表面意思是，宁可失去一块殖民地也不愿失去一位伟大的作家，但其深层含义却揭示出，对于一个国家，一位伟大的作家所带来的精神上的凝聚力和文化上的影响力，其作用远大于一块富饶的殖民地所带来的物质财富。同样，中华民族的崛起不能只是物质财富的剧增、政治经济的强大，还要有社会主义核心价值观的传播、中华文化和中国精神的弘扬。党的十八大报告指出，全面建成小康社会，实现中华民族伟大复兴，必须推动社会主义文化大发展大繁荣，兴起社会主义文化建设新高潮。从“建设小康社会”到“建成小康社会”，是实现中华民族伟大复兴的关键节点，在这个承上启下的关键时期，文化越来越成为民族凝聚力和创造力的重要源泉、越来越成为综合国力竞争的重要因素、越来越成为经济社会发展的重要支撑，文化软实力越来越成为争夺发展制高点的关键所在。中国特色社会主义的文化，渊源于中华民族五千年文明史，又根植于有中国特色社会主义的实践，是人民形成文化自觉与文化自信的精神支撑，具有强大的民族凝聚力。没有文化精神的支撑，中国梦将会成为一盘散沙。

中国梦的本质属性要求文化繁荣发展。中国梦的本源是中国深厚的文化底蕴、中华民族五千年的文明历史。正是不平凡的历史经历造就了现在坚忍不拔的人民、奋起发展的国家。没有深厚的历史文化积淀，就没有现在得来不易的生活，也谈不上去追求民族复兴的中国梦。文化无论在过去还是现在，都是人们生活、国家发展的精神支柱，是国家富强、民族振兴的生命之源，也是人民幸福的重要保障。中国梦归根到底是人民的梦，必须紧紧依靠人民来实现，其最终目的也是为人民服务。一个国家的文化崛起，也来源于每个个体的文化崛起。美国黑人民权运动领袖马丁·路德·金曾说过：一个国家的前途，不取决于它的国库之殷实，不取决于它的城堡之坚固，也不取决于它的公共设施之华丽，而在于它的公民的文明素养，即人们所受的教育、学识、开明和品格的高下，这才是利害攸关的力量所在。文化对国家发展的影响作用，最终是通过对人的影响来实现的。对于先进文化的热切渴望发乎内心，是人们对提升自身素质、激发个体创造活力的需求，必将会聚成推动民族复兴的伟大力量。中国梦要实现人民幸福，就要在日益满足人民物质需求的基础上，提供更加丰富的精神文化生活。

### （四）中国梦的提出为中国文化大发展大繁荣提供了良好契机

中国梦的提出为文化发展提供了坚实的经济基础。文化与经济相互影响、相互交融，文化生产力已经成为经济发展的重要因素。同时，文化的发展阶段和水平也受经济发展制约。一方面，经济为文化的发展和进步提供物质基础和丰富的创作源泉；另一方面，经济为文化的发展和进步提供动力和流通市场。经济是基础，为文化的发展奠定物质条件，文化的发展归根到底要受到物质文明发展水平的制约。文化作为上层建筑，总是奠基于一定的经济基础之上。在通常情况下，经济发展的性质决定文化发展的性质，经济发展的水平决定文化发展的水平，经济发展的质量决定文化发展的质量，经济发展的趋势决定文化发展的趋势。中国梦把经济崛起作为重要因素，同时也为中国文化发展提供了巨大的想象空间。

中国梦的提出为文化发展提供了良好的外部环境。十七届六中全会提出深化文化体制改革，加快发展文化产业，推动文化产业成为国民经济支柱性产业；十八大再次强调要解放和发展文化生产力，走中国特色社会主义文化发展道路，建设社会主义文化强国。党中央国务院对繁荣发展我国文化作出重大战略部署，提高文化软实力已经成为国家发展战略，为文化复兴提供了强有力的保障和良好的政策环境。在物质生活得到基本保障的条件下，人民对于精神文化的追求越来越强烈，文化生活匮乏、价值信仰迷失的问题也越来越突出。人民希望得到更多让其具有归属感的文化产品，以提升素质、净化心灵。中国梦的提出，为大众打开了一扇寻求本源、追寻自我的门。

从另一方面来看，民族复兴需要国际社会的认可，文化则是让世界了解中国的一面旗帜。中国梦的提出，为文化发展提供了广阔的世界舞台。当前，中国热、中文热十分普遍，越来越多的留学生来中国学习汉语，越来越多的外国学者对中华文化痴迷。大型美食类纪录片《舌尖上的中国》第一个月就卖到 15 万美金，全年超过 200 万美金，不但成功打入澳大利亚主流媒体、非洲黄金时间，而且卖到中国台湾、马来西亚的价格也可媲美英国广播公司与探索频道的节目。而 2012 年莫言获得诺贝尔文学奖，更是让中国文学的世界影响达到一个巅峰。中国梦需要世界的认识和了解。中华文化在世界舞台上已经有了不能忽视的位置和越来越多的话语权，中华文化必将托起中国梦的舞台，孕育出民族新的希望。

实现中国梦的过程将提升文化生产力。实现中国梦必须弘扬以改革创新为核心的时代精神，改革和创新是放飞中国梦不可或缺的一对翅膀。改革和创新是进一步解放和发展生产力的必然要求。文化本身也是生产力，中国梦的实现过程，将进一步解放和发展文化生产力，逐步增强中国文化产品和文化服务在世界主流文化市场的影响力，推进中国文化产业繁荣发展。

在市场经济条件下，文化产业和文化事业构成文化生产力的两个方面。深化文化体制改革是文化事业和文化产业发展的根本动力。中国梦的提出，能够推动文化体制改革的深化，破除阻碍文化发展的体制机制障碍，为经营性的文化企业单位带来活力，为公益性的文化事业单位带来动力。

创新是文化的本质特征，是文化繁荣发展的制胜之道。我们拥有五千年文化传统，但蕴含经典中国文化元素的"花木兰"、"功夫熊猫"却被国外拍成电影并成功占领中国市场。这样的尴尬事实，凸显了我国文化发展中缺乏文化创新的动力和活力。中国梦的提出，为生产文化产品提供了广大的想象空间，使生产文化产品的方向有了更加丰富、多元的选择，使更多的人参与到生产文化产品的活动当中，创造属于自己的那一个中国梦。

## 三、新时期文化建设面临的新形势与新问题

中华文化从来没有像今天这样繁荣，中国文化软实力从来没有像今天这样空前提升，中国人民享有的文化权益从来没有像今天这样丰富。但是，在看到辉煌成就的同时，我们也必须清醒地认识到，中国也从来没有像今天这样迫切需要加强文化建设。

### （一）新时期文化建设面临的新形势

近年来，我国文化产业发展生机勃勃，新兴业态不断涌现，与相关产业的融合日益加深，对经济社会发展的拉动作用明显增强，已经具备了发展成为国民经济支柱性产业的巨大潜力。与此同时，我国文化建设仍然相对落后，存在四个方面的"不适应"。

一是同人民日益增长的精神文化需求不完全适应。国际经验表明，人均国内生产总值达到 3 000 美元时，居民消费进入物质消费和精神文化消费并重时期。现在，我国人均国内生产总值已经达到 4 200 美元，居民消费正由生存型、温饱型，向小康型、享受型转变，人民群众精神文化需求呈"井

喷”之势。根据测算，我国每年的文化消费能力应该在4万亿元左右，而2012年文化消费仅有1万亿元。消费要靠生产来引导和创造。人民群众消费能力的不断增强和鉴赏水平的不断提高，既为文化建设注入了强大动力，也使文化产品的供需矛盾更加突出。我们的文化产品无论是数量上还是质量上，都还不能很好地满足人民群众日益增长的需求，文化领域已经成为我国少数几个总供给不能满足总需求的领域之一。

二是同推动科学发展与建设和谐社会的要求不完全适应。随着社会主义市场经济体制的逐步完善，文化赖以生存的体制环境发生了深刻变化，文化与市场的接轨已经成为文化发展的必然趋势。这一方面提高了文化资源配置的质量、效益和速度，拓展了精神文化产品创作、生产、流通和消费的空间；另一方面，也对现有的文化生产和管理体制带来巨大冲击。传统的文化体制已经不能适应社会主义市场经济体制的要求，推动科学发展与社会和谐要求我们必须深化文化体制改革。

三是同扩大对外开放形势不完全适应。经济全球化必然带来文化产品与服务的全球化。我国对外开放的不断扩大，既为我们更好地学习借鉴世界优秀文化成果，推动我国文化走向世界提供了有利条件，同时也使我们面临着西方文化资本、文化产品和价值观念的严峻挑战，面临着既要推动中华文化“走出去”，又要守住国内文化阵地的双重任务。文化影响力关系到国家的生存空间，武力的强大是暂时的，文化的强大才是长久之计。唯有积极吸收各国优秀文化成果，壮大本国文化发展主体，才能切实维护国家文化安全。

四是同科学技术迅猛发展的新形势不完全适应。数字技术、信息技术、网络技术的迅猛发展和广泛应用，深刻改变了人们获取知识、传递信息、鉴赏文化的渠道和方式，既极大地增强了文化的创造力和传播力，为催生新兴文化业态和新的表现形式提供了广阔空间，同时也对我们有效占领新兴文化阵地、运用现代传播技术加快文化发展提出了新的要求。必须尽快建立与现代传播技术迅猛发展相适应的体制机制，促进文化与科技融合，加快构建以企业为主体、市场为导向、产学研相结合的文化技术创新体系，催生新的文化业态，用先进技术传播先进文化，才能不断增强我国文化整体实力和竞争力。

### （二）当前文化建设面临的突出问题

在文化改革发展步伐不断加快的同时，文化领域也存在一些突出矛盾和问题。这其中既有工作层面的具体问题，也有客观存在的社会现象，但都与文化建设紧密相关。正视并解决这些问题与矛盾，才能实现文化的科学发展。

一是对文化建设的重要性和必要性认识不够。把发展社会生产力与提高全民族文明素质结合起来，是我们党领导改革开放和现代化建设的重要理念。改革开放之初，邓小平同志就指出，建设社会主义国家，不但要有高度的物质文明，而且要有高度的精神文明。党的十二届六中全会上明确提出，精神文明建设的目标是要培养“四有”新人，提高全民族思想道德素质和科学文化素质。党的十七届六中全会提出了“建设社会主义文化强国”的战略目标；十八大将文化软实力显著增强作为全面建成小康社会和全面深化改革开放的目标。但是，党和国家的高度重视与基层的贯彻执行之间还存在一定的差距。一些地方和单位对文化建设的重要性和必要性认识不够，文化在推动全民族文明素质提高中的作用亟待加强。

二是建设社会主义核心价值体系任重道远。当前社会，一些领域道德失范、诚信缺失现象严重，一些社会成员的人生观、价值观也发生了扭曲。古人讲“人而无信，不知其可也”，“三杯吐然诺，五岳倒为轻”，“一言既出，驷马难追”，“言必信，行必果”，诚信作为中华民族重要的传统美德和基本道德规范，在现实中正面临巨大挑战，导致整个社会道德基础被削弱。用社会主义核心价值体系引领社会思潮十分紧迫，巩固全党全国各族人民团结奋斗的共同思想道德基础任务艰巨。

三是网络舆论引导能力亟待加强。互联网为人们提供了全新的沟通方式，使信息由单向流动变成了双向沟通，公众由受众变成了传播者，并且逐渐成为思想文化的集散地和社会舆论的放大器。据统计，全国 35 家中央、地方重点新闻网站和 8 家主要商业网站，吸引了国内互联网访问量的 95%。整体上看，网上言论逐渐趋于理性，但是随着 QQ、博客、微博客、微信等新兴社交方式的出现，舆论的管控难度不断加大，网络舆论问题已经成为我党在新时期执政面临的新挑战。2010 年以来，山西地震、抢盐风波、军车进京、京温女孩跳楼等网络谣言，都在社会上引起了不同程度的恐慌。对政府而言，如果能够积极主动应对网络舆论，可以使之为我所用，发挥正面作用；如果置若罔闻，网络也可能被各种力量用来作为传播不良信息、淫秽色情内容，乃至煽动暴力犯罪活动的便利工具，使党和政府的工作陷入被动局面。

四是优秀文化产品“供不应求”。现在是一个呼唤文化精品的年代。但是，正如《人民日报》2010年6月发表的《文艺精品别成仓库垃圾》一文所指出的那样，很多文化产品不管政府如何投入、专家如何评奖，却大多不能真正受到人民群众的市场青睐，或压根不能走进市场，成为仓库垃圾。目前文化产品供求矛盾突出，没有人气，归根结底在于生产机制上出了问题。作品创作生产往往是以领导为本、以资本为本，而唯独不愿意以人民为本，以文化生成、传播、化育的自身规律为本，导致许多文化产品不能被人民群众真正享受，更难以承载“以文化育人”的功能。有影响的精品力作相对较少，文化产品创作生产引导的力度仍须加大。

五是文化发展的不平衡问题较为突出。当前，我国公共文化服务体系建设虽然取得了相当大的进展，但仍然存在一些困难和问题，其中最主要的是文化事业经费投入不足，尚未建立比较完善的基层公共文化服务运行经费保障机制，城乡差距和区域差距较大。虽然国家已经出台了广播电视村村通工程、全国文化信息资源共享工程、农村电影放映工程、农家书屋工程等文化惠民工程，但是与城镇居民文化生活相比，在农村、偏远地区和农民工、残疾人等特殊群体中，可供消费的文化产品还相当匮乏。

六是束缚文化生产力发展的体制机制问题尚未根本解决。不少观点认为，人类现在已经进入第三次工业革命时代，生产方式发生了巨大改变。其中，新材料和新科技的不断出现，是促成第三次工业革命的关键因素。科技作为先进生产力，代表着未来文化发展的方向；文化和文化产业的科技含量，在一定程度上决定了其国际竞争力。科技进步与体制机制创新都是加快文化发展的强大动力，科技进步往往还会引发文化体制机制的创新和改革，极大地提升文化和文化产业的创新力、影响力、表现力、传播力和吸引力，但是我国文化产业整体上缺乏核心技术和自主创新能力，产业规模、结构和国际竞争力、国际影响力同我国经济实力不相称，文化市场体系和产业体系尚不完善，还有不少束缚文化产业发展的体制机制障碍亟须破除。

七是中华文化的国际影响力仍待提高。与发达国家文化产业相比，我国文化产业由于规模不大、体制不合理，国际影响力亟待提升。以演出市场为例，我国具有国际水平的演出团体出国演出每场的平均收入不到4 000美元，即使是海外演出价最高的杂技芭蕾《天鹅湖》，每场也只有3万美元的收入，而柏林爱乐乐团在上海的演出价达到每场33万欧元；我国全部海外商业演出的年收入不到1亿美元，不及加拿大太阳马戏团1年的海外演出收入。我国文化产品和服务出口的渠道还比较狭窄，输出的文化产品单价还远远低于引进的同类文化产品，贸易逆差十分严重，同我国总体对外贸易大量顺差的局面不相适应。文化产业全面适应激烈的国际文化竞争尚需时日，开拓国际文化空间的能力亟待提高。

八是文化人才队伍建设亟须加强。“问渠哪得清如许，为有源头活水来。”文化产业是创意产业，创意产业的关键在于人才，在于特定人群的创造力。因此，增强“软实力”的当务之急是建设一支优秀的现代文化人才队伍，培育现代文化人才群，着力打造一批重点支柱性文化企业和文化品牌。但是，当前文化发展高端领军人才，尤其是善于开拓新领域的拔尖创新人才、掌握现代传媒技术的专门人才、懂经营善管理的复合型人才、适应文化“走出去”需要的国际化人才依然缺乏，制约文化事业和文化产业繁荣发展的人才问题亟待解决。

## 四、文化大发展助力实现中国梦

十六大以来，我们党始终把文化建设放在党和国家全局工作的重要战略地位，促进文化事业和文化产业共同发展，文化建设不断取得新成就，走出了中国特色的社会主义文化发展道路。文化淬炼时代精神，文化凝聚奋斗力量。党的十七届六中全会决定和党的十八大报告，充分展现了我们党的高度文化自觉和政治远见卓识。推进社会主义文化强国建设，实现文化大发展大繁荣，必将对中华民族伟大复兴的中国梦产生巨大的推动作用。

### （一）深入开展中国特色社会主义宣传教育，奠定实现中国梦的思想基础

一是深化十八大精神和中国梦的宣传教育。开展中国特色社会主义宣传教育，当务之急是深化十八大精神和中国梦宣传教育。2013 年 3 月，刘奇葆同志在江苏、山东调研时强调，要将学习宣传贯彻十八大精神作为宣传思想文化战线第一位的任务。作为文化新闻单位，可以结合各自特点和优势，通过出版书报刊、拍摄影片、制作电视广播节目、开展文化主题活动或交流等丰富多彩的形式，宣传十八大精神和中国梦，并使之与中国特色社会主义教育结合起来，从而坚定中国特色社会主义共同理想，会聚起追梦圆梦的正能量，弘扬中国精神，凝聚中国力量。

二是扎实推进社会主义核心价值体系建设。社会主义核心价值体系是兴

国之魂，是社会主义先进文化的精髓。用社会主义核心价值观引领社会思潮，是建设文化强国的重要方面。要坚持马克思主义指导地位，引导党员干部群众深入学习贯彻党的基本理论、路线、纲领、经验，学习马克思主义经典著作，系统掌握马克思主义立场、观点、方法。要深入开展理想信念宣传教育，引导干部群众自觉把个人理想融入中国特色社会主义共同理想之中，最大限度把广大人民团结和凝聚在中国特色社会主义伟大旗帜之下。更要广泛开展民族精神和时代精神的宣传教育，大力弘扬爱国主义、集体主义、社会主义思想，增强民族自尊心、自信心、自豪感，同时引导干部群众始终保持与时俱进、开拓创新的精神状态，以思想不断解放推动事业持续发展。

三是提高社会思想引导力和正面凝聚力。开展中国特色社会主义宣传教育，最重要的是要牢牢掌握意识形态工作领导权和主导权，壮大主流思想舆论，从整体上提升公民的思想道德素质。一方面，要深入开展社会主义荣辱观宣传教育，弘扬中华传统美德，弘扬真善美、贬斥假恶丑，推进公民道德建设工程，加强社会公德、职业道德、家庭美德、个人品德教育，评选表彰道德模范，学习宣传先进典型，引导人民增强道德判断力和道德荣誉感，在全社会形成知荣辱、讲正气、作奉献、促和谐的良好风尚。另一方面，要坚持马克思主义新闻观，牢牢把握正确导向，坚持团结稳定鼓劲、正面宣传为主，提高舆论引导的及时性、权威性和公信力、影响力，宣传党的主张，弘扬社会正气，通达社情民意，引导社会热点，疏导公众情绪，保障人民知情权、参与权、表达权、监督权。通过整合党报党刊、通讯社、电台电视台等各类宣传资源，构建统筹协调、责任明确、功能互补、覆盖广泛、富有效率的舆论引导格局。尤其是要通过打造一批在国内外具有较强影响力的综合性网站和特色网站，培育一批网络内容生产和服务骨干企业，加强网上思想文化阵地建设，加强网上舆论引导，唱响网上思想文化主旋律。同时，依法查处有害信息，惩处传播有害信息行为，深入推进整治网络淫秽色情和低俗信息专项行动，严厉打击网络违法犯罪。

### （二）加快发展文化产业，促进“五位一体”总体布局的实现

中国梦本质上是复兴梦、强国梦。我们追求的民族复兴、国家强盛，就是经济、政治、文化、社会、生态文明五位一体协调发展。文化强国，作为中国梦不可或缺的组成部分，事关两个一百年奋斗目标能否顺利实现。必须加快发展文化产业，在更好满足人们多样化、个性化精神文化需求的同时，

最大限度地实现商业价值与经济效益相统一，加快推进社会主义文化强国建设。

一是建设推动经营性文化产业科学发展的产业新格局。当前，我国正处于社会主义初级阶段，以公有制为主体、多种所有制经济共同发展的经济格局将长期存在。发展文化产业，必须适应经济基础，毫不动摇地支持和壮大国有或国有控股文化企业，毫不动摇地鼓励和引导各种非公有制文化企业健康发展，既突出公有制的主体作用，又给其他所有制以充分的发展空间，进一步解放文化生产力，增强文化市场，推动文化产业发展繁荣。

二是建立符合市场经济规律与文化发展规律的行业分布格局。当前文化产业的分布格局仍须进一步调控优化，要注意不同行业门类的协同发展，在发展壮大出版发行、影视制作、印刷、广告、演艺、娱乐、会展等传统文化产业的同时，加快发展文化创意、数字出版、移动多媒体、动漫游戏等新兴文化产业。要发挥东中西部地区各自优势，实施重大文化产业项目带动战略，规划建设文化产业园区，加强文化产业基地建设，发展文化产业集群，提高文化产业规模化、集约化、专业化水平。要树立大文化产业概念和格局，注意发展旅游文化产业、体育文化产业、信息文化产业、建筑文化产业，提高文化附加值，延伸文化产业链。

三是加快推动科技创新与文化产业发展的深度融合。科技创新是文化发展的重要引擎。实现文化产业发展转型升级，必须充分发挥文化和科技相互促进的作用。要实施科技带动战略，以全局性、战略性重大科技课题为抓手，加强核心技术、关键技术、共性技术攻关，以先进技术支撑文化装备、软件、系统研制，加快科技创新成果转化，提高我国出版、印刷、传媒、影视、演艺、网络、动漫等领域技术装备水平，增强自主创新能力和核心竞争力；依托国家高新技术园区、国家可持续发展实验区等建立国家级文化和科技融合示范基地，把重大文化科技项目纳入国家相关科技发展规划和计划；健全以企业为主体、市场为导向、产学研相结合的文化技术创新体系，培育一批特色鲜明、创新能力强的文化科技企业，支持产学研战略联盟和公共服务平台建设。

### （三）大力发展公益性文化事业，进一步提高全民族综合素质

满足人民基本文化需求是社会主义文化建设的重要任务，更是“以人为本”的中国梦的重要诉求。必须坚持政府主导，按照公益性、基本性、均等

性、便利性的要求，加快发展公益性文化事业，让人民共享文化发展成果，提升全民族的综合素质。

一是鼓励创作生产更多优秀文化产品。要牢记为人民服务、为社会主义服务的神圣职责，坚持正确的文化立场，把学术探索和艺术创作融入实现中华民族伟大复兴的事业之中。要把创新精神贯穿于文化创作生产全过程，把弘扬民族优秀传统文化和弘扬改革开放的时代精神相结合，增强文化产品的时代感和吸引力。要在社会生活中汲取素材、提炼主题，创作生产出思想性艺术性观赏性相统一、人民喜闻乐见的优秀文艺作品。国家要大力发展哲学社会科学，使之更好地发挥认识世界、传承文明、创新理论、咨政育人、服务社会的重要功能。要大力发展文学、电影、电视、音乐、舞蹈、美术、摄影、曲艺，使各艺术门类都加入到讴歌时代和人民的热潮之中。要继续实施精品战略，组织好"五个一"工程、重大革命和历史题材创作工程、重点文学艺术作品扶持工程、优秀少儿作品创作工程等国家重大文化工程，不断推出文艺精品，抵制低俗之风。

二是进一步完善公共文化服务体系。加强公共文化服务是实现人民基本文化权益的主要途径。要继续推进以公共财政为支撑，以公益性文化单位为骨干，以全体人民为服务对象，以保障人民群众看电视、听广播、读书看报、进行公共文化鉴赏、参与公共文化活动等基本文化权益为主要内容，完善覆盖城乡、结构合理、功能健全、实用高效的公共文化服务体系建设。要加强文化馆、博物馆、图书馆、美术馆、科技馆、纪念馆、工人文化宫、青少年宫等公共文化服务设施建设，特别是加强社区等基层的公共文化服务设施建设，完善面向妇女、未成年人、农民工等特殊群体的文化设施建设，为人民群众的文化活动提供便利。要鼓励社会力量积极参与，按照多方筹资、全民共建的原则，放宽准入限制，拓宽筹资渠道，多渠道、多形式筹集社会资金，发展公益性文化事业。

三是加快构建技术先进、传输快捷、覆盖广泛的现代传播体系。要加强党报党刊、通讯社、电台电视台和重要出版社建设，进一步完善采编、发行、播发系统，扩大有效覆盖面，提高社会主义先进文化辐射力和影响力。进一步整合有线电视网络，加快推进电信网、广电网、互联网三网融合。加快传统文化产业的数字化转型，依托国家数字图书馆等工程，发展数字出版等新兴产业，丰富文化的生产方式与表现形式，提高文化生产传播效率。发挥各类信息网络设施的文化传播作用，实现互联互通、有序运行。建立统一联动、安全可靠的国家应急广播体系。

四是有效解决地区、城乡文化发展不平衡问题。要以农村和中西部地区为重点，加强县级文化馆和图书馆、乡镇综合文化站、村文化室建设，深入实施广播电视村村通、文化信息资源共享、农村电影放映、农家书屋等文化惠民工程，扩大覆盖、消除盲点、提高标准、完善服务、改进管理，加快城乡文化一体化发展。加大对革命老区、民族地区、边疆地区、贫困地区文化服务网络建设支持和帮扶力度。深入开展全民阅读、全民健身活动，推动文化科技卫生“三下乡”、科教文体法律卫生“四进社区”、“送欢乐下基层”等活动经常化，让全体人民共享文化发展的成果。

### （四）深化文化体制改革，推动文化成为国民经济支柱性产业

当前，我国已经进入全面建设小康社会的关键时期和深化改革开放、加快转变经济发展方式的攻坚时期，党中央作出了深化文化体制改革的重大决策，目标就是突破束缚文化生产力发展的制度性障碍，充分发挥市场在文化资源配置中的基础性作用，确立文化市场主体，健全文化市场体系，完善文化产业政策，推动文化成为国民经济支柱性产业。

一是继续推动文化事业单位转制或改制。培育合格的市场主体，是文化体制改革的中心环节，也是加快文化产业发展的充分必要条件。经过近十年的探索，在推动图书报刊出版单位出版和发行、电影生产及发行和放映等改革方面成效显著，国有经营性文化单位转企改制任务基本完成，公益性文化事业单位内部机制改革不断深化。今后应加大对文艺院团、非时政类报刊社和电台电视台制播分离等领域的改革力度，将文化体制改革进一步推向深入。

二是继续推进文化宏观管理体制改革。以发挥市场在文化资源配置中的积极作用为目标，文化管理体制改革已经迈出了实质性步伐，初步实现了从“办”向“管”，从管微观向管宏观，从以行政管理为主向综合运用法律、经济、行政、技术等手段管理为主的转变。但同时，文化市场行业分割、区域分割问题仍然十分突出，必须做好“大文化”产业的谋篇布局，鼓励文化企业跨地区、跨行业、跨媒体经营。在行政管理体制上，随着新闻出版总署与国家广电总局的合并，解决文化行政管理部门职能交叉问题进入实质性阶段，综合管理正成为未来文化宏观管理体制改革的方向。

三是加快文化资源的调整和整合。骨干企业决定着产业的发展水平和未

来走向。文化体制改革将一大批经营性文化单位转为企业、推向市场，出版、发行、电影等先行改革的行业中，一些文化企业已经初步具备了骨干企业的特征，部分文化企业在上市融资方面也收到很好成效。但比较来看，已上市公司体量仍然较小，大量优质文化资源与资产尚未进入上市公司，股市中只有文化“类别”，尚未形成文化产业“板块”。今后应重点培养一批骨干企业，鼓励企业通过转变经营方式和发展模式，实现上市融资，达到跨越式发展；进一步拓宽非公有资本和外资进入文化市场领域的范围，引导非公有资本进入文化产业做大做强。

### （五）加快中国文化“走出去”，推动中华文化走向世界

文化是一个国家民族精神与历史传承的展现。近年来，伴随着中国经济的高速增长，中国的文化事业也在蓬勃发展，并开始逐步走向世界。各种文化产品通过不同渠道和载体走出国门，向世界展示中华民族灿烂辉煌的民族文化，完美地呈现了中国充满活力、走向复兴的国家形象。中华文化在世界范围内传播推广，除了自身推出精品力作之外，也离不开政策服务的完善、交流平台的搭建、输出模式的转型与国际化人才的培养。

一是要大力推出精品力作。优秀的文化作品传承社会文明，记载社会变迁，推动社会进步。大量优秀文化作品的产生是文化繁荣的标志，也是文化繁荣的支撑。应加快推出一批有国际影响力的精品力作，以当代实力派作家及其作品为主体，打造有国际影响力的中国文学作品；以传播当代中国主流文化为主要内容，打造中国优秀主题影视节目与曲艺作品；以让国外读者学好汉语为目标，打造对外汉语优秀教材与视听节目；以弘扬中国优秀传统文化为核心，打造一系列与文化相关的优秀作品。此外，还应以在国际上有优势的学术领域为基础，加大力度培育优秀学术期刊与专题讲座；以重要学术期刊文献数据库、知识创新点数据库、影视节目数据库、曲艺文化数据库、非物质文化遗产数据库等为重点，打造优秀的数字产品。只有优秀的文化才能长久屹立于世界民族之林，只有将基础打好，大力推出精品力作，中华文化迈出国门、走向世界的夙愿才会成为可能。

二是要不断完善政策服务。目前，国家各部门制定的“走出去”扶持政策还较分散，没有形成合力，承担“走出去”责任的部门经费不足，现有政策在支持力度、配套体系、可操作性等方面与“走出去”的现实需要存在一定差距，有关部门出台的扶持文化企业“走出去”方面的财政、金融、税收

和保险等相关政策，需要进一步细化和完善。国家文化产业发展专项资金、文化出口中央奖励资金、国家电影事业发展专项资金、国产动画发展专项资金、国家出版基金、舞台艺术专项资金、国家重点文物保护专项补助资金、中小企业扶持资金等各种文化相关扶持资金的落实情况有待进一步整改和提高。另外，数字产品出口情况、中外合作的产品、著作权人和民营策划公司向境外输出的版权、非国有文化企业在境外销售的产品均未纳入“走出去”统计范畴，中介服务组织功能未充分发挥，“走出去”信息服务体系与服务平台有待进一步健全。

三是要努力搭建交流平台。在文化“走出去”过程中，应发挥政府主导作用，不断丰富文化交流主体，积极搭建交流平台，实施文化“走出去”工程，为中国文化“走出去”创造机会。通过举办并参加国际图书博览会、国际电影文化节、国际艺术文化节等各类文化活动，并积极开展以中国为主宾国的各种国际文化节展，加强对外文化宣传，增进世界对中国文化的了解与接受，进一步扩大中国文化的亲和力与影响力。通过在全球范围设立中华文化教育机构，宣传推广汉语和传播中国文化，搭建“走出去”教育交流平台。孔子学院是中国文化“走出去”的一个成功案例。截至2013年，孔子学院总部已经在108个国家和地区建立了400所孔子学院和500多个孔子课堂，成为中国文化国际传播的有效渠道。在研究自身诉求与国外接受的前提下，搭建好文化交流平台，是增进国际社会对我国基本国情、价值观念、发展道路、内外政策的了解和认识，展现我国文明、民主、开放、进步形象的必要途径。

四是要切实推动模式转型。据不完全统计，2009—2011年，我国主要文化产品都已经实现了对外输出，但是输出产品各类别之间却存在极大的不平衡。动漫、网游产品出口发展迅速，而演艺、新闻出版、电视等却增长缓慢，出版物版权出口、电视节目版权出口、海外商演等仍有较大的增长空间。近年来，贸易出口方式已经逐渐从简单的劳务和产品输出，转向版权输出，有的企业已经开始尝试与国外出版商、电影公司、动漫游戏公司进行合作出版、合作拍片、合作研发，更有部分企业积极拓展海外市场，通过直接投资、收购兼并等形式，在海外市场建立自己的根据地，实现文化产品出口模式由贸易式向投资式转型。输出模式的转型，将极大改变中华文化“走出去”的现有态势，加快我国文化走向世界的前进步伐。

五是要更加注重人才培养。实现文化“走出去”的发展战略，建立起良好的文化生态环境，需要高度重视对外文化传播人才的培养。要从战略高度制订并实施文化“走出去”人才培养计划，构建“走出去”人才培养、培训、使用和储备的长效机制。以文化为主体，以高等院校为依托，充分利用国内外高校两种资源、国内外文化企业两个平台，对文化产业人才和产业后备骨干人才加大培养力度。重点培养具有国际视野、通晓东西方文化、熟知国外受众思维方式及语言特点的文化跨国经营管理人才、版权贸易人才、影视艺术人才、高级翻译人才，加大复合型国际化人才培养力度。注重对外文化传播人才的培养，可以增进对国际市场需求和发展趋势的把握，增进对文化产品国际化运作的判断，增进对国际化贸易规则的认知，是推动中华文化走向世界不可或缺的重要环节。

和平、和谐、包容、开明、革新、开放是中华文明发展历程带给我们的重要启示，是促进中华文化繁荣发展的内在基因。我们一旦认清了文化建设在推进社会主义现代化建设、构建社会主义和谐社会、实现中华民族伟大复兴实践中的重要战略意义，就应该把一心一意谋求文化改革发展，作为追求中国梦实现的重要任务和光荣使命。

**参考文献**

徐辉，编．中国梦学习辅导百问．北京：研究出版社，2013.

王英梅，王晋京．中国梦党员干部读本．北京：研究出版社，2013.

冯天瑜，何晓明，周积明．中华文化史（第3版）．上海：上海人民出版社，2010.

徐根初，编．中华战略文化的传承与发展．北京：时事出版社，2008.

谢放，主编．中外文化发展历程．长春：长春出版社，2013.

张昭军，孙燕京，主编．中国近代文化史．北京：中华书局，2012.

楼宇烈．中国的品格．海口：南海出版公司，2011.

俞思念，魏明，等．当代中国文化发展战略．武汉：华中师范大学出版社，2010.

蒋建国．用阅读点亮中国梦．人民日报，2013-04-23.

中国“文化梦”路径解读——访北京大学中文系教授张颐武．人民网，2011-11-09.

郭全中．非时政类报刊转企改制亟待解决的八大难点．人民网，2012-03-20.

李亚杰，华春雨，白瀛．向社会主义文化强国奋勇进发——从党的十七届六中全会看中国文化发展前景．新华网，2011-10-19.

新华社信箱．如何认识推动社会主义文化大发展大繁荣既具备许多有利条件 也面临一系列新情况新问题？新华网，2011-11-03.

姜天骄．文化强国托起中国梦．经济日报，2013-04-17.

程惠哲．谋划科学合理的文化产业格局．中国文化报，2013－04－24.

王均伟．文化自信助推中国梦想．瞭望·中国，总第189期．

于浩．文化“中国梦”，期待浓墨重彩．中国人大杂志，2013（7).

任仲平．文化强国的“中国道路”——论推动社会主义文化大发展大繁荣．光明日报，2011－10－17。

高彩云，穆海涛，甘洪倩．把握文化建设的重要着力点．经济日报，2013-04-26.

郑酉午．中国是不是超级大国（下).共识网，2011－08－22.

刘峰．中国梦的文化根基．中华励志网，2013－05－19.

唐晓燕．浙江经济发展的文化力和文化发展产业化——从文化与经济双向互动的视角．绍兴文理学院学报，2008（4).

张福海．新闻出版走出去的七个“什么”．中国新闻出版报，2013－06－20.

张志成．本土人才国际化与国际人才本土化——谈出版走出去与出版人才培养．中国出版，2013（4).

# 第六章　新世纪以来中国行政管理体制改革：回顾与展望

杨雪冬

▶▶　杨雪冬，男，现任中央编译局世界发展战略研究部副主任，“全球治理与发展研究中心”执行主任，全国青联委员，全国宣传文化系统“四个一批”人才。北京大学政治学与行政管理学博士。兼任中国政法大学、西南政法大学兼职教授，中国政治学会理事。此外还是中央马克思主义理论研究和建设工程“经典作家基本观点研究”课题组、《比较政治制度》（教材）课题组、《中国马克思主义与当代》（博士必修课）大纲编写组主要成员，哈佛大学肯尼迪政府学院访问研究员。主要研究方向为中国政治、西方社会政治理论、全球化与全球问题。

行政管理改革一直是我国改革事业的重要组成部分，“是推动上层建筑适应经济基础的必然要求”①。新世纪以来，随着工业化、城市化、信息化、经济全球化的加速，社会主义市场经济体制的不断完善，社会经济条件的快速变革，行政管理体制改革任务更加紧迫艰巨。2008 年，中共中央《关于深化行政管理体制改革的意见》对未来 12 年的改革进行了明确的部署，强调“行政管理体制改革是政治体制改革的重要内容”，将贯穿我国改革开放和社会主义现代化建设的全过程，改革的目的是建设服务政府、责任政府、法治政府和廉洁政府。党的十八大为进一步深化行政体制改革指明了方向，提出要“按照建立中国特色社会主义行政体制目标，深入推进政企分开、政资分开、政事分开、政社分开，建设职能科学、结构优化、廉洁高效、人民满意的服务型政府”。回顾新世纪以来的行政管理体制改革，既可以让我们更全面地认识已经取得的成就，也有助于更清醒地面向未来，坚定改革创新的决心。

## 一、创新行政管理改革理念

科学发展观的提出，给中国的行政管理改革与创新提供了一套更为系统的理论指导。与过去 10 多年来陆续提出的、与行政管理改革创新有关的各种价值理念以及创新目标（见表 1）相比，科学发展观有两个突出特点：其一，它是价值观与方法论的有机统一，既提出了行政改革追求的目标，也指出了政府改革成功必须遵循的方法论（全面协调可持续的发展方法）。其二，它是目标与过程的有机统一，既明确了“以人为本”是社会发展的根本目标，也指出了实现这个目标的现实路径。政府改革作为社会发展系统工程中的组成要素，也服从科学发展观所做的目标规定，遵循它指出的现实路径。科学发展观的这两个突出特点，使其对行政改革有着天然的指导性，因为任何一种行政改革都是公共权威为了实现良好治理而进行的实践活动和实践过程。②

---

① 胡锦涛：《坚定不移沿着中国特色社会主义道路前进　为全面建成小康社会而奋斗》，见 http：//cpc. people. com. cn/18/n/2012/1109/c350821-19529916. html。

② Alan A. Altshuler，Marc D. Zegans. 1997. “Innovation and public management：Notes from the state house and city hall，” in Alan A. Altshuler，Robert D. Behn eds. *Innovation in American Government：Challenges，opportunities，and dilemmas*. Washington，D. C.：Brookings Institution Press. pp 68 - 82. 俞可平等：《政府创新的理论与实践》，杭州，浙江人民出版社，2005。

**表 1　行政管理改革的八种价值被采纳的时间（大致时间）**

| 公共管理的价值 | 被公共权威采纳的时间 |
| --- | --- |
| 安全 | 1990 年 12 月 24 日，邓小平在谈话中提出“稳定压倒一切”；1992 年，十四大报告提出“社会政治稳定”是不断前进的条件之一；后来江泽民多次论述了稳定的重要性，以及稳定与改革、发展三者的关系，认为稳定是“前提”。 |
| 民主 | 这是一直坚持的价值。改革开放之初，邓小平在《坚持四项基本原则》中提出“没有民主就没有社会主义，就没有社会主义的现代化”①；2002 年，十六大报告提出“党内民主是党的生命”；2004 年提出“民主执政”；2007 年，十七大提出“人民民主是社会主义的生命”。 |
| 法治 | 改革开放初期使用的是“法制”的概念；1997 年，十五大将“依法治国”、“建设社会主义法治国家”确定为治国的基本方略，并于 1999 年修宪时写入宪法；2004 年，国务院发布《全面推进依法行政实施纲要》。 |
| 廉洁 | 改革开放以来一直就强调防止腐败。1992 年后对腐败问题更加重视；1999 年的政府工作报告提出要建设廉洁政府；2008 年发布《建立健全惩治和预防腐败体系 2008—2012 年工作规划》。 |
| 透明 | 1998 年开始在农村普遍实行村务公开和民主管理制度；2008 年《政府信息公开条例》施行。 |
| 参与 | 2000 年十五届五中全会通过的《中共中央关于制定国民经济和社会发展第十个五年计划的建议》中首次明确提出“扩大公民有序的政治参与，引导人民群众依法管理自己的事情”；2007 年召开的十七大提出：“从各个层次、各个领域扩大公民有序政治参与，最广泛地动员和组织人民依法管理国家事务和社会事务、管理经济和文化事业。” |
| 服务 | 从 1992 年开始，加强政府的服务职能开始得到重视；1994 年，山东省烟台市建委率先推行服务承诺制；2005 年的中央政府报告提出建设“服务型”政府。 |
| 责任 | 从 2003 年开始，不断强调加强政府责任；2005 年，在联合国成立 60 周年的首脑会议上，胡锦涛主席提出中国在建设和谐世界中要成为负责任的国家；2006 年 9 月 4 日，温家宝总理在“加强政府自身建设，推进政府管理创新”电视电话会议的讲话中，明确提出要建设责任政府。 |

① 《邓小平文选》，2 版，第 2 卷，168 页，北京，人民出版社，1994。

续前表

| 公共管理的价值 | 被公共权威采纳的时间 |
| --- | --- |
| 合作 | 2004年，十六届四中全会通过的《中共中央关于加强党的执政能力建设的决定》提出的“党总揽全局、协调各方”的原则可以被看作“合作”理念出现的端倪；后来又陆续通过发展“协商政治”、“社区建设”、参与国际合作等行动表达了这个理念。 |
| 和谐 | 2002年，十六大提出“社会更加和谐”是小康社会的目标。2006年，十六届六中全会通过《关于构建社会主义和谐社会若干重大问题的决定》，把“和谐”与富强民主文明并列为现代化国家建设的目标 |

对于行政管理改革来说，科学发展观提供的指导包括以下四个方面的内容[①]：

（1）“以人为本”是政府改革的根本目标。这既是政府权力来源的本质要求，也是改革开放成功的经验总结。对于各级政府来说，实现“以人为本”的目标有两个层次的含义：一是政府的权力来源于人民，政府要为人民服务，要实现好、发展好、维护好最广大人民的根本利益。二是政府要充分尊重人民的主体地位，发挥人民的首创精神，保障人民的各项权益。在社会发展过程中，政府固然由于其特殊的地位发挥着重要作用，但是人民的力量更有持续性和基础性。值得注意的是，“以人为本”不仅要求各级政府继续维护人民的整体利益，还要关注各个个人、各个阶层的利益诉求，并为他们的利益表达、利益维护以及利益整合创造制度环境，提供制度渠道。因此，“以人为本”要求政府谋划发展思路向人民群众问计，寻找发展中的问题听人民群众意见，改进发展措施向人民群众请教，落实发展任务靠人民群众努力，衡量发展成效由人民群众评判。

（2）坚持推动发展是实现政府改革的现实路径。对于中国来说，发展依然是解决中国一切问题的“总钥匙”，因此，行政改革必须紧扣社会发展这个主题，来寻求创新的领域、突破口，解决社会发展过程中遇到的难点问题、人民群众关心的热点问题。要真正推动社会的协调全面可持续发展，政

① 国外学者把科学发展观的内容归纳为两点：政府理性化和可持续发展。这种概括虽然并不全面，但是把政府改革作为科学发展观的主要内容之一说明了政府改革创新的重要性，以及它与科学发展观的密切关系。（参考 George J. Gilboy and Benjamin L. Read. Political and Social Reform in China：Alive and Walking. *The Washington Quarterly* ，31：3 pp. 143-164）。

府改革创新就不应该只停留在口头上；也不能只重视短期利益、局部利益而牺牲了长期利益、整体利益；更不能只重视经济增长，忽视了社会政治文化建设以及生态保护。行政改革所推动的发展，应该是协调的、全面的、可持续的发展。

（3）协调、全面、可持续既是发展成功的基本标准，也是政府改革成功的核心要素。政府改革的核心内容是利益关系的调整，因此必须要坚持协调的原则，充分考虑相关利益方的意见要求，减少不必要的阻碍。由于政府的公共权威地位，许多政府改革会产生全方位的影响，因此，政府改革也要通盘考虑。政府改革创新不是权宜之策，必须努力实现可持续，才能取得真正的效果，这就意味着要提高行政改革的制度化水平，并且为改革寻求更广泛而持续的社会支持。

（4）统筹解决的重要关系也是政府改革的重点领域。各级政府要紧密围绕统筹城乡发展、区域发展、经济社会发展、人与自然和谐发展、国内发展和对外开放，统筹中央和地方关系，统筹个人利益和集体利益、局部利益和整体利益、当前利益和长远利益这九大关系，从治理本辖区的观念思路、方式方法、体制机制、政策等多个方面进行改革创新，增强政府的活力、效率、能力、开放度。对于各级政府来说，也许这九大关系并不都是它们需要面对并解决的关系，却是它们安排工作、寻找突破口都必须遵循的思路。

## 二、行政管理体制改革的主要内容

行政管理体制作为上层建筑的重要组成部分，其改革的推进不仅是由社会经济发展水平所决定的，更会在现实运作中受到上层建筑，尤其是政治体制的限定和制约。尽管如此，行政管理体制由于直接关涉到政府实际运行的机制、程序、手段等，与公民、企业等社会经济主体有着密切联系，所以其改革推进的步伐更大、层次更深。进入新世纪以来，行政管理体制改革主要有以下内容：

1. 确定了行政管理改革的路线图

2020 年是中国改革发展进程的重要时间点，诸多改革的时间表都是围绕它制定和实施的。针对 2020 年设计国家和社会发展的远景目标开始于 2005 年，当时颁布了《国家中长期科学和技术发展规划纲要（2006—2020）》，提出了到 2020 年建成创新型国家的目标。在这个纲要中，把“有利于解决重大公益性科技问题，提高公共服务能力”作为确定优先主题的原则之一，并把人口与健康、城镇化和城市发展，以及公共安全这三个与政府管理直接相关的领域作为重点发展的领域。2006 年，中央做出《构建社会主义和谐社会若干重大问题的决定》，提出了到 2020 年构建和谐社会的目标和主要任务，提高政府管理和服务水平是其中的组成部分。2007 年中国共产党第十七次代表大会的报告将 2020 年全面建成小康社会的目标进一步具体化，其中包括建成人民享有更加充分民主权利、具有更高文明素质和精神追求的国家，各方面制度更加完善、社会更加充满活力而又安定团结的国家等内容。

在这些远景规划的基础上，2008 年 3 月颁布的《关于深化行政管理体制改革的意见》对政府改革进行了更加清晰的定位。政府管理体制改革是政治体制改革的重要内容，其改革的目标是：到 2020 年建立起比较完善的中国特色社会主义行政管理体制。通过改革，实现政府职能向创造良好发展环境、提供优质公共服务、维护社会公平正义的根本转变，实现政府组织机构及人员编制向科学化、规范化、法制化的根本转变，实现行政运行机制和政府管理方式向规范有序、公开透明、便民高效的根本转变，建设人民满意的政府。今后 5 年，要加快政府职能转变，深化政府机构改革，加强依法行政和制度建设，为实现深化行政管理体制改革的总体目标打下坚实基础。① 中

① 参见《关于深化行政管理体制改革的意见》，见 http：//news. xinhuanet. com/newscenter/2008-03/04/content _ 7717219. htm。

国共产党十七届五中全会通过的《中共中央关于制定国民经济和社会发展第十二个五年规划的建议》明确提出，进一步转变政府职能，深化行政审批制度改革，加快推进政企分开，减少政府对微观经济活动的干预，加快建设法治政府和服务型政府。继续优化政府结构、行政层级、职能责任，降低行政成本，坚定推进大部门制改革，在有条件的地方探索省直接管理县（市）的体制。健全科学决策、民主决策、依法决策机制，推进政务公开，增强公共政策制定透明度和公众参与度，加强行政问责制，改进行政复议和行政诉讼，完善政府绩效评估制度，提高政府公信力。

2. 积极推进大部制改革与整体政府建设

中国的政府管理体制具有高度动员性，尽管在危机面前具有行动一致的优势，但是由于计划经济体制的历史痕迹，在日常管理中，依然存在着部门林立、相互分割、难以相互协调的问题。换句话说，中国的政府体制自上而下的垂直动员能力远远强于相互之间的水平协调能力。随着市场经济体制的建立和逐步完善，社会经济生活扁平化和网络化，政府部门之间的水平协调能力必须得到增强，以提高各个层级政府整体行动的自主能力。“大部门制”的改革就试图达到这个目的。

回顾1982年到2008年以前的5次国务院机构改革，部门的合并、撤销和新建实际上已经蕴含了“大部门制”的萌芽，因为这些变化都是为了适应市场经济发展的需要，减少政府对经济的过多干预，强化政府在经济调节、市场监管、社会管理和公共服务方面的职能。2007年党的十七大报告指出，要“加大机构整合力度，探索实行职能有机统一的大部门体制，健全部门间协调配合机制”。2008年进行的第六次国务院机构改革，明确提出了国务院机构改革的主要任务是：围绕转变政府职能和理顺部门职责关系，探索实行职能有机统一的大部门制，合理配置宏观调控部门职能，加强能源环境管理机构，整合完善工业和信息化、交通运输行业管理体制，以改善民生为重点加强与整合社会管理和公共服务部门，成为这次改革的主要内容。① 2013年进行的第七次国务院机构改革，国务院组成机构减少到25个，紧紧围绕转变职能和理顺职责关系，稳步推进大部门制改革，实行铁路政企分开，整合加强了卫生和计划生育、食品药品、新闻出版和广播电影电视、海洋、能源管理机构。

---

① 参见《国务院机构改革方案》，见 http：//www.gov.cn/2008lh/content_921411.htm。

根据第十二届全国人民代表大会第一次会议审议的《国务院关于提请审议国务院机构改革和职能转变方案》的议案

## 改革后国务院设置组成部门

1. 中华人民共和国外交部
2. 中华人民共和国国防部
3. 中华人民共和国国家发展和改革委员会
4. 中华人民共和国教育部
5. 中华人民共和国科学技术部
6. 中华人民共和国工业和信息化部
7. 中华人民共和国国家民族事务委员会
8. 中华人民共和国公安部
9. 中华人民共和国国家安全部
10. 中华人民共和国监察部
11. 中华人民共和国民政部
12. 中华人民共和国司法部
13. 中华人民共和国财政部
14. 中华人民共和国人力资源和社会保障部
15. 中华人民共和国国土资源部
16. 中华人民共和国环境保护部
17. 中华人民共和国住房和城乡建设部
18. 中华人民共和国交通运输部
19. 中华人民共和国水利部
20. 中华人民共和国农业部
21. 中华人民共和国商务部
22. 中华人民共和国文化部
23. 中华人民共和国国家卫生和计划生育委员会
24. 中国人民银行
25. 中华人民共和国审计署

● 根据国务院组织法规定，国务院组成部门的调整和设置，由全国人民代表大会审议批准。国务院其他机构的调整和设置，将由新组成的国务院审查批准

新华社发

3. 推进民生导向的服务型政府建设

“为人民服务”一直是中国各级政府工作的宗旨。按照毛泽东的说法，“我们共产党人区别于其他任何政党的又一个显著的标志，就是和最广大的人民群众取得最密切的联系。全心全意地为人民服务，一刻也不脱离群众；一切从人民的利益出发，而不是从个人或小集团的利益出发”①。2003 年 SARS 危机爆发后，加强政府的公共服务职能成为从中央到地方各级政府关注的重点。温家宝总理在随后的多次讲话中，都提到要把建设服务型政府作为改革的目标。2004 年 2 月 21 日，温家宝总理在省部级主要领导干部“树立和落实科学发展观”专题研究班结业式上的讲话中，进一步明确了公共服务的内容：“就是提供公共产品和服务，包括加强城乡公共设施建设，发展社会就业、社会保障服务和教育、科技、文化、卫生、体育等公共事业，发布公共信息等，为社会公众生活和参与社会经济、政治、文化活动提供保障和创造条件，努力建设服务型政府。”在同年的全国人代会上，政府工作报告提出了“服务型政府”建设的五项具体内容：管理方式、行政效率、部门协调、群众参与、政务公开。至此，公共服务型政府在官方文本中得到了系统阐发。

解决民生问题是推进服务型政府建设的抓手。从 2004 年以来，国家财政和地方财政一直在解决民生问题上给予优先投入，不断提高投入，积极推进社会保障体系、公共医疗体系、义务教育、保障性住房等方面的建设。

要保证如此大规模的投入达到预期目标，符合社会的需求，就必须有效地扩大公共参与。公共参与能够起到两个基本作用。一是利益相关者通过参与可以充分表达意见，有利于提高投入的针对性；二是利益相关者的参与也有利于提高投入的透明度，减少项目实施中的腐败现象。

近年来，中央政府一直在大力推动政务公开活动。2008 年《政府信息公开条例》开始实施。2008 年全国人大把“进一步扩大公民对立法工作的有序参与”作为工作要点之一，提出：对“食品安全法”等与群众利益密切相关的法律草案，要向社会全文公布，广泛听取各方面尤其是基层群众的意见；进一步加强立法中有关重大问题的协调，对“社会保险法”等草案中涉及的法律关系复杂、专业性较强的问题，要通过立法论证会等形式，广泛征求意见，深入研究论证。发扬民主，集思广益，使制定和修改的法律充分反映人

① 毛泽东在 1945 年 4 月 24 日中国共产党第七次全国代表大会上作的《论联合政府》报告。

民群众的意愿，符合我国国情和实际，经得起历史检验。①

从各地的做法和措施来看，"以民主促民生"的核心是扩大民众的参与权，使民生问题的对象——民众真正成为解决问题的主体，而不是被救助的对象。通过扩大参与，使民众与政府加深了相互了解，增强了相互理解和信任，从而提高了民生问题解决的效果和效益。但是，在扩大公众参与的过程中，一定要避免三个问题。首先，在发挥党委政府的主导作用的同时，要充分发挥公众参与的主动性，提高他们的自主性，防止党政部门的主导压倒公众参与的自主。其次，在推动有序参与的同时，要防止一些党政部门为了工作便利或者害怕出现问题而采取选择性参与，即根据自己的好恶制定有利于自己的选择标准，把参与权给予特定的公众或群体。最后，要在有效利用网络这种新兴互动性媒体来扩大参与的同时，继续坚持"从群众中来，到群众中去"的工作方法，加强与公众的面对面接触和交流。网络参与也有不平等性，并不是所有群体都能够利用。更重要的是，只有经常性地深入公众中去，才有可能了解到更客观全面的信息，也有利于缩小政府与公众之间的信任距离。

*4. 加强法治政府与责任政府建设*

建设法治政府与责任政府是行政管理改革的重要目标。随着政府与市场、社会关系的复杂化，建设法治政府和责任政府的重要性日益突出，更重要的是，法治与责任政府之间的关系也更加密切。法治是责任政府建设的基础，责任政府是实现依法行政的主体。

经过多年的法制建设，中国政府履行的各项责任有了明确的法律依据，政府权力也有了具体的法律限制。这促使各级政府以及职能部门要依法办事，广大公民也可以运用法律工具维护自身的利益，避免行政权力滥用的伤害。因此，依法行政不仅要充分发挥政府掌握的公共权力，更要防止权力的滥用。在改革的过程中，除了制定了新的《宪法》、《地方各级人民代表大会和各级人民政府组织法》等规范各级政府职责的一般性法律外，还制定了职能部门依法履行责任的专门法律、法规以及约束行政权力的各类法律、法规。2004 年国务院发布《全面推进依法行政实施纲要》，在谈到依法行政时说："行政机关依法履行经济、社会和文化事务管理职责，要由法律、法规

① 参见《全国人大常委会 2008 年工作要点》，见 http://www.npc.gov.cn/npc.xinwen/rdyw/wj/2008-04/23/content_1425385.htm。

赋予其相应的执法手段。行政机关违法或者不当行使职权，应当依法承担法律责任，实现权力和责任的统一。依法做到执法有保障、有权必有责、用权受监督、违法受追究、侵权须赔偿。”经过多年建设，中国政府依法行政情况有了明显改善。

行政问责制度不断完善。2003 年 SARS 事件出现后，整个社会对行政问责更为关注。2003 年 5 月出台的《突发公共卫生事件应急条例》针对政府官员提出，不得（授意他人）虚报、瞒报、谎报事件实情。这被看作问责制建设的启动。随后，中共中央出台了《党政领导干部辞职暂行规定》，对官员辞职和问责的内涵、情形以及追究方式给予了更为详尽的规定。各地也在完善问责制方面进行了探索。重庆、长沙、南京等地相继出台了关于行政过错责任追究的专项规定。2006 年初，国务院正式把建立和推行行政问责制列入政府工作议事日程。随着问责制的完善和加强，一些官员也受到了相应的惩处。

政府内部的绩效评估机制逐渐建立起来。绩效评估机制借鉴了西方国家的经验，经过近 10 年的发展，目前已经取得了四个方面的成果：一是对于地方政府进行总体性评估的指标体系在内容上更为平衡全面，增添了社会公平、节约能源、保护环境、地理生态和行政改革等方面的指标，适当降低了经济增长方面的权重。① 二是一些政府职能部门建立了适应本部门特色的评估体系和机制。比如，浙江衢州公安局建立了对各级警员的评估体系。广东顺德市南海区从 2004 年开始推行财政预算绩效评估，范围已经从信息化项目扩大到除人员经费、公用经费以外的全部财政专项资金。三是评估机制的运行更具有开放性，有了更广泛的社会参与。例如，福建安溪开展了政府绩效社会评议调查；上海徐汇区进行了政府绩效群众满意度测评；青岛市改进了绩效管理中平衡记分卡的应用方式；四川绵竹市增大了社会公众参与政府

① 例如，2006 年国务院作出《关于加强节能工作的决定》明确规定，要将能耗指标作为地方政府领导干部和国有大中型企业负责人的重要考核内容，实行节能工作问责制。在具体落实方面，福建省在经济增长率、恩格尔系数、社会保障率、环境质量指数等指标体系基础上，又增加了资源消耗指数、高新技术产业化指数等反映经济增长方式转变和自主创新能力的指标。山东省把污染物总量减排指标完成情况、重点河流跨界断面水质情况纳入地方领导干部政绩考核。江苏省无锡市在领导干部考核评价体系中将“城乡居民收入”列为首位，其次是“万元 GDP 能耗”和“主要污染物排放削减完成率”。北京、上海、云南、内蒙古等省市区政府绩效评估指标体系，则增加了电子政务、信息化建设等方面的指标。浙江省则取消了“招商引资”这个评估指标。安徽、江西等省将民生指标纳入政府考核。

绩效评估的比率；安徽淮南市面向社会招聘群众评估员，并建立评估人才库；湖北省财政厅聘请相关专家成立财政支出绩效评价专家库；湖南冷水江市邀请各界代表对政府进行绩效测评，等等。四是评估结果的使用更为合理，放弃了急功近利、不分场合地推行一票否决、末位淘汰等不科学的做法，注重将评估结果与干部任用、奖惩和资源配置相衔接。

5. 加强“阳光政府”建设

让权力在阳光下运行，是预防腐败的根本措施。更加积极主动地推进政务公开，加强与广大民众的双向沟通，是政府改革的重要内容。行政过程的开放和透明化主要体现在三个方面：

第一，政策法律日益完善。行政过程的开放和透明化得到了一系列政策和法律的推动与支持。《行政诉讼法》、《行政复议法》以及《行政许可法》的制定使政府具有法律义务来提高行政过程的开放与透明，并为公众维护自己的权利、免受行政权力的侵害提供了法律依据。《档案法》、《保守国家秘密法》对保密范围与时限的适度放宽推动了行政公开内容和范围的扩大。

第二，制度可操作性不断提高。这得益于行政程序改革和技术手段的利用。“一个窗口对外”、行政管理公示、服务承诺制、“政务大厅”、“政务超市”、向公众开放政府档案和红头文件、离任审计等最初只是一些地方创新，但现在已经在全国推广，简化了程序，提高了管理的透明度。以计算机和网络为技术支持的电子政务不仅提高了管理的效率，而且加快了行政信息的流动，大大提高了信息的流量，降低了行政过程开放的成本。目前，我国各级政府都建立了政府门户网站，并通过政府门户网站以及其他形式，强化政务公开，实行阳光行政。

第三，行政内容和过程的开放范围逐步扩大，从最初主要集中在经济管理领域扩展到社会管理领域，从主要围绕资本投资转变为关注普通公民的日常生活。从2011年开始，中央部门公布了部门预算和决算，人们普遍关心的“三公经费”也得到公开。此外，各级政府十分重视立法听证、价格听证、决策听证等形式，问政于民、问需于民、问计于民，倾听民情民意。普通公民对行政过程的开放和透明有了更高的要求，不仅敢于对政府提出自己的意见和怀疑，而且也学会运用法律赋予的权利，把官员和政府送上法庭。

2013年7月，国务院办公厅印发《当前政府信息公开重点工作安排》，要求重点推进九个方面的政府信息公开：行政审批信息公开；财政预算决算和“三公”经费公开；保障性住房信息公开；食品药品安全热点问题、重点整治工作、执法检查等信息公开；环境保护信息公开；安全生产信息公开；价格和收费信息公开；征地拆迁信息公开；以教育为重点的公共企事业单位信息公开。

6. 创新社会管理体制

2003 年“非典”疫情发生后，社会管理作为社会主义市场经济条件下政府的一项主要职能被确认下来，现有社会管理的缺陷和问题开始引起各级党委政府的广泛重视，一些改革创新也在逐步展开。2011 年，胡锦涛同志在省部级主要领导干部社会管理及其创新专题研讨班开班式上发表重要讲话，提出要“扎扎实实提高社会管理科学化水平，建设中国特色社会主义社会管理体系”，并对如何加强和创新社会管理提出了具体的要求。2011 年 5 月 30 日，政治局就社会管理进行了专题学习。习近平、周永康等围绕这个问题先后发表了重要文章。2011 年 7 月，《中共中央国务院关于加强社会创新管理的意见》出台，成为社会管理创新的指导性文件。此后，各省市自治区以及中央国家机关也开始制定相应的文件，抓紧落实《意见》的具体要求，全国上下掀起社会管理创新热潮。

围绕提高社会管理科学化水平，主要有以下几方面的创新改革：

首先，各级党委政府以及相关职能部门高度重视社会管理创新，积极制定相关政策措施，推动了社会管理体系的完善。这些政策措施分为两个层次：第一个层次是地方根据本地实际情况，制定了《中共中央国务院关于加强社会创新管理的意见》的《实施意见》或者《决定》。比如四川省委政府制定的《实施意见》提出要把城乡社区管理作为加强和创新社会管理的重要切入点，加快建立社会管理重心下移新机制。广东省委政府制定了《关于加强社会建设的决定》，提出推动各级政府加大对社会建设领域的人力、物力、财力投入，加大向社会简政放权力度，坚持先行先试，鼓励探索创新。深圳市人大常委会表决通过了国内首个社会建设法规——《深圳经济特区社会建设促进条例》。第二个层次是一些职能部门根据本部门在社会管理体系中的定位制定的具体实施政策。比如最高人民检察院制定了《关于充分发挥检察职能参与加强和创新社会管理的意见》，要求强化法律监督职能，切实发挥执法办案在检察机关参与加强和创新社会管理中的基础性作用。民政部制定了《关于加强社会工作专业人才队伍建设的意见》，提出了培养社会工作专业人才的系统思路和政策措施。这些政策文件起到了落实中央精神，明确本地区、本部门社会管理创新重点，规划今后工作进程，并且相互协调配套的作用。

其次，理顺社会管理的领导体制，明确相关部门的具体职能，为社会管理创新的推进提供组织保障。社会管理作为政府的一项主要职能，涉及许多部门，但是从现有的政府编制看，并没有一个专门的协调组织社会管理的部门，这在很大程度上制约了社会管理创新的推进和深化。为了解决这个结构性问题，一些地方开始进行改革探索，比如北京等地成立了社会工作委员会或者和谐社会建设协会，来协调部分社会管理工作。2011 年 9 月，中央社会治安综合治理委员会更名为中央社会管理综合治理委员会，被赋予协调和指导社会管理工作的重要职能，成员单位从 40 个增加到 51 个，人大、政协都参与进来。这是完善社会管理格局的一项重要举措。各省市区综治委也进行了相应的更名，并调整了领导班子。此外，一些地方在加强社会管理综合治理委员会的作用的同时，还进行了其他方面的机构改革调整。比如广东省成立了社会工作委员会，由省委常委、纪委书记担任主任。社会工作委员会既是省委的工作部门，又是省政府的职能机构，24 个相关部门作为成员单位。广东省还将这个体制设计贯彻到地方各级党委政府。海南省则成立了群众工作部，将信访局升格，并与群众工作部合署办公，将党的群众工作与信访工作结合在一起。新的机构部门的设立，有利于理顺社会管理领导体制，协调相关部门的工作，为推动政府职能转变提供有力的支撑。

第三，积极鼓励和引导地方在社会管理方面进行创新，以社会管理创新带动党委政府其他工作的推进。客观地说，社会管理对于各级党委政府来说，是一项新工作、新职能，无论是工作机制，还是措施手段，特别是工作主体和对象，都没有现成的模式可以依循，必须开拓思路，大胆创新。为了推动社会管理创新，“试点—推广”工作方式被各级党委政府广泛采用。比如，在2010年，中央综治委确定了9个副省级城市、7个地级城市和19个县（市、区）共35个社会管理创新综合试点，并且制定了《全国社会管理创新综合试点指导意见》，细化了社会管理创新的主要内容。民政部则将杭州、无锡、铜陵、日照等地确定为“全国社区管理和服务创新实验区”。各地也根据本地的具体情况，确定了创新试点，鼓励和推动一些具体创新。比如广东省就确定了23个社会管理创新项目，在地级市范围进行推广。江苏省南通市围绕创新社会服务保障、社会矛盾纠纷大调解、现代社会防控、基层基础建设、专业队伍、组织领导机制、社会管理手段等“十大体系”确定了26个项目任务。安徽省合肥市确定了23个社会管理创新项目，每个项目都由市领导牵头负责，确定一个牵头单位。四川省德阳市确定了191个社会管理创新建设项目，计划投入52亿元。

第四，地方各级党委政府以及有关职能部门按照中央部署，在社会管理领域中进行了多种形式的探索创新。我国是一个社会经济变化迅速的人口大国，社会管理任务不仅艰巨繁重，而且影响深远。社会管理的基本任务是协调社会关系、规范社会行为、解决社会问题、化解社会矛盾、促进社会公正、应对社会风险、保持社会稳定。因此，就社会管理的内容来说，非常丰富多样，包括：人口服务管理，非公有制经济组织建设管理，社会组织发展管理，互联网等信息网络建设管理，群众权益维护机制，社会治安防控体系，社会诚信制度建设，精神卫生的监测、预警、疏导、救助机制等。各地、各个部门根据实际情况，在这些方面进行了不同方式的创新探索，并且总结出了许多具有推广价值的经验做法。这些地方创新和部门创新不仅有效地解决了本地部门社会管理中遇到的具体问题，提高了管理和服务的效果，更重要的是，为推动社会管理体制机制的完善提供了有益的经验。从各地各部门的重视程度、投入力度以及工作效度来看，社会管理创新是新世纪以来我国体制改革完善过程中最具有系统性的一场改革。

第五，在诸多改革创新内容中，一些改革创新对于完善社会管理体制机制更具有影响。比如，如何在基层有效实现“党委领导、政府负责、社会协同、公众参与”的社会管理格局。在这方面，一些地方大力推进乡镇（街道）综治工作中心和村（社区）综治工作站建设，有效整合公安、司法、社保、民政、宗教、计生、教育、信访等资源和力量，打造基层社会服务管理平台。比如，如何建立起分类发展、分类监管的社会组织服务管理体制。广东、上海、江苏等地积极推动社会组织登记制度改革，通过购买服务、建立“公益园区”等方式鼓励和推动社会管理所需的社会组织的发展，并且根据社会组织的发展要求，建立合理有效的评估体系。再比如，如何适应信息网络的发展，建立起网络的综合管理体制等。各级党委政府主动适应网络发展，大范围地建立了政务微博，并且努力学习用网络语言来与网民互动，提高政府的亲和力和公信力。这些方面的改革创新之所以更具有影响，一方面在于其得到社会广泛关注，另一方面在于它们也是社会管理创新的难点，是亟须解决并且没有现成模式或经验可以借鉴的新问题。

*7. 鼓励地方政府改革*

改革创新不仅是过去 30 年整个国家治理变革的主题，也贯穿于各级地方的治理过程中。地方政府是非常活跃的创新主体。正如李克强同志指出的：“我国地域辽阔，地区之间经济社会发展很不平衡，中央和地方两个积极性都要发挥好，该下放给地方的要坚决下放。”①

中国地方政府改革具有以下六个突出特点：

首先，创新主体多、涉及领域广。多样化的创新主体包括各级地方政府以及广义的各个政府部门。在中国这个大国中，按照宪法，地方政府包括省、县、乡镇三级，但在实际的政治框架下，在省与县之间还有具有行政管辖职能的“地区级”，此外还有为了特殊目的专设的“亚层次级”市政府，比如“副省级”、“副地区级”。由于共产党的执政党地位以及由此形成的特殊的执政方式，中国的政府包括了党、国家以及具有政治管理功能的社会组织（比如政协、工会、青年组织、妇女组织等）三个层次的内容，这使得中国的政府部门不仅多样，而且独特。创新主体的多样化也说明了政府治理领域的广泛性。当然，创新涉及领域广更主要缘于政治权力对社会经济事务的全面干预。有学者称中国改革前的国家是“全能国家”。改革开放以来，虽然政治权力逐步退出了一些领域，但就创新领域而言，反而起到了拓宽的作用，使得行政改革分布在三个方向上，即：退出现有的治理领域，改革依然治理的领域，发展新的治理领域。

---

① 李克强：《在国务院机构职能转变动员电视电话会议上的讲话》，见 http：//news.xinhua.com/politics/2013－05/15/C_115767422.htm。

其次，政治创新与行政创新相结合。政治与行政是政府治理的两大形式。前者集中体现为政治权力的产生、分配和更替；后者体现为政治权力在管理社会事务过程中的运用。中国正处于转轨过程中，政治改革和行政改革一直是整个改革事业的重要组成部分，在不同改革阶段被赋予了不同的任务。许多创新就是在改革过程中产生的。政治创新的根本目的是解决权力来源于民的问题，行政创新则重点解决权力服务于民的问题。近些年来，政治创新的代表是选举体制改革，比如村民选举、乡镇政府选举以及人大代表选举；行政创新的典型更多，尤其是加入 WTO 以后，行政管制领域改革进展迅速。从近期和中期来看，行政创新的内容和数量肯定要多于政治创新；从长期来看，政治创新必然需要根本性的突破，以为行政创新提供宏观制度保障。

第三，制度创新与技术创新相结合。中国社会正处于转轨过程中，制度创新对于整个制度的调整和重建非常关键。但随着科学技术的发展，尤其是众多技术手段在政府治理中的应用，技术创新的重要性也日益增强。在某些领域，比如社会管理领域，即使是细微的技术性调整都能起决定性作用。当然，技术创新必须事先得到制度保证才能发挥应有的效果。还必须注意的是，中国所拥有的后发优势在制度创新和技术创新中得到了突出的体现。通过对国外一些相关制度的学习和移植，可以缩短制度创新的时间，降低创新的成本。在某种意义上说，制度模仿与制度创新同样重要。技术创新中的后发优势更为明显，典型代表就是网络在治理中的运用。中国地方政府在治理的基础设施、技术手段等方面已经大大缩小了与发达国家的差距。

第四，中央倡导与地方主动相结合。这是多层次集中体制变革的必然结果。一方面，控制了主要资源的中央一直推动着改革；另一方面，多层次的地方政府也希望通过创新来争取中央的支持，并在与其他政府的竞争中获得优势。从上个世纪 80 年代以来，中央一直积极倡导和推动创新，这无疑给地方行政改革提供了有利的宏观环境。地方改革试点是中央推动创新的代表性手段，地方政府之间的竞争也在加剧。为了加快本地的发展，各地地方政府试图通过各种努力来获得竞争优势，这样既可以得到上级乃至中央的重视，获得包括政策、资金等在内的资源投入，也可以吸引社会资金的进入，从而形成“投资洼地”。当然，中央倡导的创新并非总能获得地方的主动回应，因为中央倡导的创新往往是原则性的，需要深入的理解；同时也常常是艰巨的，需要创新的勇气。另外，地方的主动创新也并非总能得到中央的正面回应，尤其是某些政治领域的创新，因为它们具有一定的敏感性和不可测性。但总的来说，中央并不会公开否定或批评地方创新，除非创新直接挑战了现有的法律或制度。这种默许和宽容成了除积极提倡之外的另一种推动地方创新的方式。

第五，社会要求与创新者相结合。理论上，满足社会的要求是行政改革取得成功的关键，因为政府治理的根本目的是服务社会。在中国，相对于强大的国家和政府来说，社会还处于发育之中，其主动提出要求的能力有限，并且也缺乏足够的渠道把这些要求和意见输入政府系统。但这并不表示社会对行政改革没有要求，而是说它的要求需要被发现并引导。这样，创新者的重要性就凸显出来。他们是社会潜在要求的发现者、汇集者以及回应者。他们不仅包括政府官员，还包括社会中的积极分子。就地方行政改革而言，作为创新者的地方官员发挥了关键作用。这些人出于各种原因，站到了改革的前列，成为追求稳定的官员文化中的“不安定分子”、官员中的“企业家”。而这些人的政治命运又直接决定了创新的命运。

第六，提高执政能力是创新的核心目标。从某种程度上说，这是中国行政改革的最有特色之处。中国的各级行政改革都是在执政党的领导和主导下进行的，创新不仅要符合社会发展的要求，也要实现提高党的执政能力的目的。2004年中国共产党第十六届四中全会通过的《关于加强党的执政能力建设的决定》明确提出了加强执政能力建设的主要内容，即驾驭社会主义市场经济的能力、发展社会主义民主政治的能力、建设社会主义先进文化的能力、构建社会主义和谐社会的能力、应对国际局势和处理国际事务的能力。对于地方行政改革来说，这些能力要求也同样适合它们。

## 三、行政管理改革的成就与展望

新世纪以来，中国的行政改革作为政治体制改革的重要组成部分，因应社会经济发展的要求，不断推进深化，取得了明显的成就。具体体现为：

1. 服务型政府建设目标得以明确

在市场经济条件下，服务型政府的提出起到了两个基本作用。一是划定了政府行为的范围，明确了政府应该做什么、不应该做什么、不仅为摆脱“全能主义政府”的束缚指出了方向，更重要的是，扭转了改革开放以来政府工作重点过度“经济化”，只重视短期经济利益的倾向。二是政府内部结构以及资源投入结构进行了相应的调整。在中央政府层面，从1998年后，社会事务类组织在机构总数中所占的比例超过了经济管理类组织，并且存在的时间最长。① 相应地，政府的人力资源以及财政资源的投入也向社会管理领域倾斜，政府的社会管理和服务职能得到了加强。

2. 政府管理活动的法治化水平逐步提高

2004年3月，国务院颁布了《全面推进依法行政实施纲要》。② 提出用十年时间，基本实现建设法治政府的目标。③ 2008年《关于深化行政管理体制改革的意见》把建设“法治政府”作为今后政府改革的目标之一。法治化水平的提高说明了公共管理的理性化程度也在提升，这是市场经济发展的必然要求。尤其重要的是，在公共权力与公民权利严重不对称的情况下，法治建设起到了限制前者、赋权后者的双重作用。而公民权利的提升是实践公共管理中的“民主”、“参与”、“合作”、“责任”等价值的主体前提。

3. 政府管理的民主化程度不断提升

行政民主是民主建设的重要内容。随着社会结构的多元化和公民权利意识的增强，公共管理活动不能只局限于提供服务和产品，还要注重回应民意，从而提高公共管理活动的回应性和针对性。从制度层面上看，这种路径的推进主要采取的是自上而下的方式，而提高透明度和扩大公民参与是同步进行的。2004年的《关于加强党的执政能力建设的决定》从提高决策科学化、民主化的角度提出了多种实现参与的方式，包括听证、论证会、咨询、公示、质询等。2006年的《关于构建社会主义和谐社会若干重大问题的决定》以及2007年的十七大提出要“保障人民的知情权、参与权、表达权、监督权”。2008年《政府信息公开条例》的施行标志着政务透明有了法律的规定，成为公共权力的义务、公共部门的责任。政府信息公开是现代政府的内在必然要求，是推进依法行政、打造“阳光政府”、提升政府公信力的重要举措。

---

① 参见何艳玲：《中国国务院（政务院）机构变迁逻辑——基于1949—2007年间的数据分析》，载《公共行政评论》，2008（1）。

② 1999年，国务院曾发布了《关于全面推进依法行政的决定》（国发〔1999〕23号），首次提出了在各级政府全面推行依法行政的任务和要求。

③ 参见国务院发布的《全面推进依法行政实施纲要》（国发〔2004〕10号）。

4. 政府公共责任不断加强

解决公共问题是政府的基本任务，但是哪些公共问题需要优先解决则取决于公共权力的价值判断和社会要求的强烈程度。2003年SARS事件的发生对于恢复政府的“公共性”起到了转折点的作用。服务型政府和责任政府先后被确定为政府改革的基本目标。前者主要表现为政府管制的减少，加大对社会事业的资源投入，提高公共支出的均等化水平，使政府承担更多其应该承担的公共服务责任；后者表现为加强政府内部责任机制建设，特别是行政问责制的完善，确保政府承担的公共责任能够有效完成。此外，政府的应急体制也建立了起来，应急能力不断提升。

5. 多元治理机制有了一定的发展

中国市场经济的发展也是一个培养多元治理主体的过程。多元治理主体的发育从三个方面推动了多元治理机制的发展。首先，公共管理过程的参与主体在数量上增多了，在主动性上增强了。无论是作为组织，还是公民个体，这些参与者都对自身的权益有了更明确的认识，并且希望通过参与公共管理来维护它们。其次，市场经济中的一些机制、措施被引用到公共管理活动中，推动了相关问题的解决。这集中体现为各级政府改革带有不同程度的新公共管理色彩。最后，一些具有能力的新兴治理主体承担起某些领域中的公共管理职能。值得注意的是，多元治理机制的发展似乎与行政层级的高低成反比，越是在基层，多元治理机制越有发展的机会。同时，在社会管理领域，多元治理机制也得到了官方的承认。

6. 政府管理日益专业化和精细化

这种变化直接回应的是社会经济生活的理性化、信息化以及公民个人权利意识的增强。公务员制度是提高公共管理专业化的基本制度。2005年，《公务员法》正式颁布。公务员制度的建立不仅杜绝了个人对政府工作人员录用的任意干扰，有利于控制公务员队伍的规模，还为公共管理活动提供了具有相应素质和能力的工作人员。公共管理的精细化主要体现在政府内部管理中，目的是加强政府内部的管理，提高政府运行效果。社会管理创新对提高政府管理的专业化和精细化提出了新的要求，开辟了新的领域。

十八大胜利举行后，中国的行政改革进入了新阶段，目标更加明确、措施更加全面、步伐更加稳健。在2013年5月召开的“国务院机构职能转变动员电视电话会议”上，李克强同志指出把职能转变作为核心，把行政审批制度改革作为突破口和抓手，是政府改革思路的进一步创新。“转变政府职能，就是要解决好政府与市场、政府与社会的关系问题，通过简政放权，进一步发挥市场在资源配置中的基础性作用，激发市场主体的创造活力，增强经济发展的内生动力；就是要把政府工作重点转到创造良好发展环境、提供优质公共服务、维护社会公平正义上来。”围绕转变政府职能进行的各项改革措施将为中国经济社会的协调发展、中国梦的实现提供有力的制度支撑，并将随着社会经济发展水平的提升而不断深化。

# 第七章　结构转型：走向“中国梦”

许高峰　　薛　白

▶▶　许高峰，男，现任中国储备粮管理总公司副总经理，全国青联委员。管理学博士，经济学博士后。历任中国机械进出口（集团）有限公司宁波贸易有限公司副总经理，国际招标公司副总经理、常务副总经理，中国工艺美术（集团）公司总裁助理兼中金招标有限责任公司总经理兼集团招投标办公室主任，中国化工建设总公司副总经理兼中化建国际招标有限责任公司董事长、总经理，中国海洋石油总公司中海石油化学股份有限公司副总裁，中央企业团工委书记（正局级），中央企业青年联合会主席、国有重点大型企业监事会巡视员。

▶▶　薛白，男，现就职于中信银行总行资产负债部。经济学博士，研究领域涵盖经济增长理论及政策、金融市场行为等。曾参与中央领导交办课题、世界银行委托项目、国家社科基金课题、国家科技支撑计划课题、广东省重大决策项目等多项课题研究，在《财政研究》等期刊发表学术论文多篇。

党的第十八次全国代表大会勾画出到2020年全面建成小康社会的宏伟蓝图。在建党百年之际全面建成小康社会目标的基础上，习近平同志同时强调富强民主文明和谐的社会主义现代化国家目标的实现和中华民族伟大复兴梦想的实现。“中国梦”的本质内涵即实现国家富强和中华民族的伟大复兴，在此过程中实现人的全面发展和社会和谐。实现“中国梦”必须走中国道路，走中国特色的社会主义道路。中国近代社会经历了由半殖民地半封建社会到社会主义社会、由社会主义计划经济到社会主义市场经济两次转型。前者实现了民族解放和民族独立，建立了人民当家作主的社会主义新中国；后者实现了中国经济的腾飞。回顾举世瞩目的历史成就，身处伟大的时代转折点，我们仍需清醒地认识到，国内外环境的新变化使中国传统发展路径难以为继，社会转型迫在眉睫，择时深化重要领域改革是实现“中国梦”的重要保障。

## 一、建国以来两次社会转型回顾

社会转型，简单来讲即伴随着传统因素和现代因素的此消彼长，人类社会由一种形态转向另一种形态的急剧变迁的过程。采用两分法将社会划分为传统与现代两种基本类型，进而将社会转型路径归结为从传统社会向现代社会的转变，这种简单易懂的表述方式却无助于探寻社会转型的本质及中国社会转型的特殊性。著名社会学家李培林在国内首次系统地对社会转型进行了论述，他将其界定为“持续发展中的一种阶段性特征”，“它不仅意味着经济结构的转换，同时也意味着其他社会结构层面的转变，是一种全面的结构性过渡”①。

### （一）第一次社会转型：建国30年

放眼于历史长河，中国社会转型始于1840年鸦片战争，列强入侵打破农耕文明的自给自足自然经济，使中国从封建社会步入半殖民地半封建社会。内忧外患之下，民族资本主义的兴起和西方思潮的涌入使中国被迫开始社会转型之路，具有历史意义的转型探索如太平天国运动、戊戌变法、洋务运动、辛亥革命等；而1919年五四运动开启的新民主主义革命开创了无产

---

① 李培林：《另一只看不见的手：社会结构转型》，载《中国社会科学》，1992（5）。

阶级主导下的中国社会转型探索。我们将1949—1978年称为建国以来第一次社会转型，以1949年中华人民共和国成立和1956年三大改造基本完成为标志，确立社会主义公有制为中国现代社会转型要走的道路。

土地制度改革是农村社会转型的核心。从1949—1952年地主土地所有制的废除和农民土地所有制的形成，到1953—1958年农村合作社集体所有制的建立，再到1959年后土地所有权和经营权高度合一的人民公社集体合作制的确立，农村经营方式发生了巨变，这为战后农业生产恢复和国民经济发展提供了重要支撑。农产品价格方面，1953年推行《关于实行粮食的计划收购和计划供应的命令》，开始了粮食市场的统购统销政策。

城市方面，手工业社会主义改造方式与土地制度改革类似，经历了由手工业生产合作小组到手工业供销合作社，并最终形成手工业生产合作社的发展。资本主义工商业社会主义改造采取“和平赎买”政策，通过国家资本主义形式将资本主义私有制企业逐步改造成社会主义公有制企业。在此基础上，生产资料私有制基本得以消灭，社会主义经济成为国民经济的主导成分，中国建立起高度集权的社会主义计划经济体制，生产什么、生产多少、为谁生产均在中央政府调控指导下实现。

意识形态立国理念深入政治、经济、文化、外交等各个领域。思想改造“是我国在各方面彻底实现民主改革和逐步实行工业化的重要条件之一”①。在高度集权的政体模式下，通过农村与城市的二元分割和农产品与工业品的剪刀差完成资本的原始积累，为工业化和城镇化打下坚实基础；通过以“超英赶美”为基本姿态的社会主义计划经济体制，初步建立中国现代化工业体系，初步奠定现代科学技术基础；通过文化垄断，保障政治经济体制的稳定性。

### （二）第二次社会转型：改革开放30年

随着时间的推移，高度集权政体模式弊端日益显现，政企不分和计划为纲的生产方式难以适应社会化大生产的需求，平均分配方式降低了劳动积极性和扩大再生产的动力，加之“‘文化大革命’把社会生活政治化并使社会变成了军事化共同体，出现了现代化和逆现代化的双重变奏”②。基于此背

---

① 《毛泽东文集》，1版，第6卷，184页，北京，人民出版社，1999。

② 武经伟：《中国社会转型：路径、文化与文明的历史变迁》，载《思想战线》，2011（5）。

景，以 1978 年党的十一届三中全会为标志，中国开始了建国以来第二次社会转型，实现社会主义计划经济向社会主义市场经济的转变。

1978 年安徽凤阳小岗村“大包干契约”拉开了农村改革的序幕，联产承包责任制的兴起极大地调动了农民的积极性，在坚持土地集体所有制的前提下理顺了农民和集体的关系。其后，农产品收购价格逐年提升和农副产品统购派购制度取消，理顺了农业生产与市场需求的关系。“废除人民公社，又不走土地私有化道路，而是实行家庭联产承包为主，统分结合、双层经营，解决了我国社会主义农村体制的重大问题。八亿农民获得对土地的经营自主权，加上基本取消农产品的统购派购，放开大部分农产品价格，从而使农业生产摆脱长期停滞的困境，农村经济向着专业化、商品化、社会化迅速发展。”“乡镇企业异军突起，是中国农民的又一个伟大创造。它为农村剩余劳动力从土地上转移出来，为农村致富和逐步实现现代化，为促进工业和整个经济的改革和发展，开辟了一条新路。”①

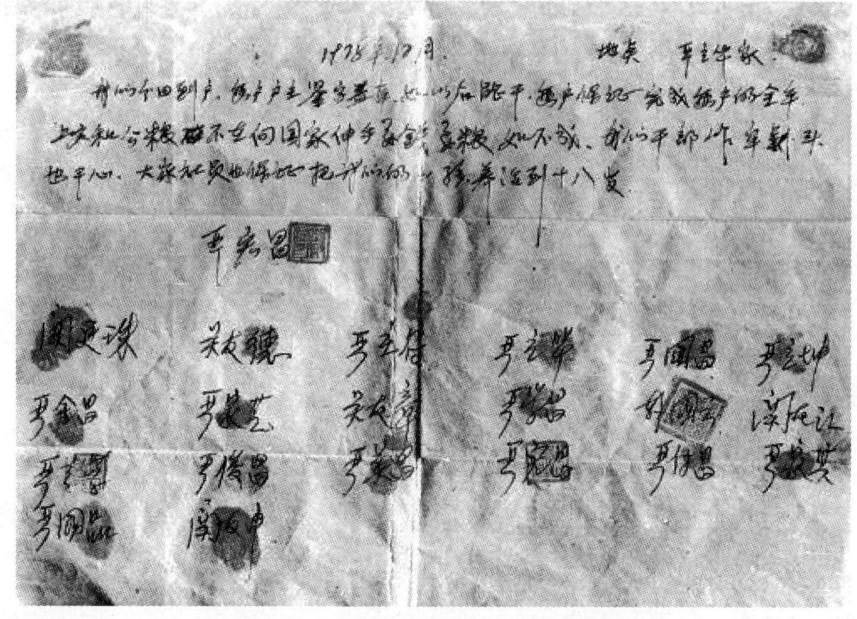

1978年12月　　地点　严立华家

我们分田到户，每户户主签字盖章，如以后能干，每户保证完成每户的全年上交和公粮，不在向国家伸手要钱要粮。如不成，我们干部作牢杀头也甘心，大家社员也保证把我们的小孩养活到十八岁

**小岗村“大包干契约”揭开农村改革序幕**

① 江泽民：《加快改革开放和现代化建设步伐，夺取有中国特色社会主义事业的更大胜利》，见 http：//cpc. people. com. cn/GB/64162/13490218092276. html。

城市方面以扩大企业自主经营权为切入点，自 1984 年中国共产党十二届三中全会《中共中央关于经济体制改革的决定》提出公有制基础上的商品经济理论后，国营大中型企业开始实行多种形式的承包经营责任制。1992 年，国企改革进入以建立现代企业制度、理顺产权关系为核心，以建立社会主义市场经济体制为方向的新阶段。其后，上世纪 90 年代末集体企业改革启动，2002 年国有资产管理体制改革启动，2005 年上市公司股权分置改革启动，中国逐步形成股份制及合资的多种形式，实现所有制结构由单一模式向多元模式转变。

“不搞政治体制改革，经济体制改革难于贯彻。”[①] 邓小平在 1980 年《党和国家领导制度的改革》中提出政治体制改革的任务：理顺党组织和人民代表大会、政府司法机关、群众团体、企事业单位及其他社会组织的关系；进一步下放权力；改革政府工作机构，对企业由直接管理为主转向间接管理为主；改革人事制度，废除领导干部职务终身制，建立国家公务员制度；建立社会协商对话制度；完善社会主义民主政治若干制度等。

在开放性环境下，中国充分融入全球分工体系，利用国内国外两个市场进行资源配置，使经济效益得到显著提升、经济结构不断优化升级、文化呈现出多元繁荣发展的态势。

## 二、中国社会发展环境的新变化

改革开放 30 余年，中国社会主义市场经济体制基本建成，经济总量位居全球第二，人民生活水平显著提高，民主法制建设迈出新步伐，这为全面建成小康社会和实现“中国梦”打下了坚实基础。但中国发展环境出现的新变化使现有政治经济体制难以有效化解改革开放以来积累的诸多社会问题，传统的摩擦不断积累，新兴的风险逐渐显现。

### （一）土地：农村、城市、政府关系亟须新定位

土地制度改革是中国建国以来历次社会转型的核心。从 1959 年以来土地所有权和经营权高度合一的人民公社集体合作制，到 1978 年的土地联产承包责任制，社会转型无不体现出农民与土地、市民与土地、政府与土地等

① 《邓小平文选》，1 版，第 3 卷，177 页，北京，人民出版社，1993。

关系的变迁。在农村土地集体所有制和城市土地国有制并存的土地制度下，依附于土地之上的社会关系出现的新变化致使制度性缺陷日益显现。

城市土地过度市场化和农村土地不完全市场化所造成的土地价格扭曲及附着于土地之上不同利益集团间的矛盾是现阶段面临的核心土地问题。

城市土地方面，1998 年、2004 年两次《土地管理法》的修订和 2002 年国土资源部《招标挂牌拍卖出让国有土地使用权规定》的出台作为土地制度改革的分水岭，确立了市场对国有土地使用权的配置功能。此后，一系列政策微调加快了我国城市土地要素的市场化改革进程。市场经济体制框架下，土地的稀缺性和土地需求的刚性使其出让价格持续攀升。1994 年财政分权体制改革赋予地方政府独立利益主体的地位，强化了地方政府自身相对独立的行为模式和利益诉求；而中央政府对地方政府官员考核机制的设计使地方政府过于关注短期经济增长指标而非长期经济发展情况。作为土地资源的垄断供应方，地方政府在一定程度上可以通过影响土地出让价格促成这一目标。具体表现在，地方政府可以通过改善基础设施、优化区位条件等方式拉动商业用地和居住用地价格的上升，从而扩大土地出让收入以及与此密切相关的经济部门的税收收入，该过程能够降低地方政府的财政约束；地方政府也可以通过压低工业用地出让价格吸引流动性税基进入本区域，以短期内的土地出让收入损失换取长期的稳定税收来源，该过程有利于地区经济总量的增加和政府官员“政绩工程”的凸显。工业用地和居民及商业用地间的土地价格的政府因素干扰导致房地产价格持续攀升、工业用地使用效率偏低等问题。

农村土地方面，首先，土地所有权与经营权的分离在创造农民自由流动条件的同时，也在一定程度上削弱了农民的土地支配权利，由此产生土地征收权滥用等问题。城市土地价格和农地转用价格存在巨大落差，在所有权归集体、经营权以承包的形式归农户的制度安排下，政府热衷于通过土地所有权由集体所有向国家所有的转换，获取土地财政收入和城市扩张空间。然而，在集体土地征收过程中，农户权益和集体权益间的差异使单个农户难以通过法律制度获得相关权益保障；且土地所有权转变过程中的土地收益更多地流向地方政府和相关企业而非农户；加之失去土地的农民面临缺少未来生活基本保障的风险，由此导致此类群体性事件的增加。其次，第二次社会转型率先进行改革的农村家庭联产承包责任制在实施初期提高了农民积极性和生产效率，但现阶段农村土地改革的效用递减特征逐渐显现。在工业化和城市化双重驱动下，农用机械和化学品的使用极大地解放了农村劳动力，但农村城市“剪刀差”的存在使农民收入难以通过农业生产率提高而获得大幅提升，更多农民涌入城市以期获得更多非农收入。在此背景下，靠天吃饭和精耕细作的以单个农户为单位的传统农业难以满足社会化大生产的矛盾开始凸显。单个农户在信息获取和信息转化方面尚不具备优势，难以根据国内外市场供求变化及时调整农业生产活动，由此造成“谷贱伤农”等农业资源错配现象频频发生，通过农业生产获得的收入增长难以抵御市场环境变化。

### （二）人口红利衰减背景下新经济增长引擎何在

中国人口红利业已开始衰减，劳动人口占比在 2010 年达到峰值 74.47％后下降。[①] 考虑到农民工超时工作常态化，且随着年龄增长获得工作的难度加大，这使部分适龄劳动人群提前退出就业市场；加之城市内退制度的存在，不难得出劳动人口占比拐点业已出现的结论。人口红利衰减伴随着劳动力供给增速缓慢下降和劳动力成本快速上升。从农村—城市劳动市场来看，农民工收入增速持续高于名义经济增速[②]，中西部地区农民工月平均收入增速持续高于东部地区，区域之间收入差距的缩小使农民工由中西部流入东部趋势放缓，东部地区用工矛盾有所加剧。这解释了为何在 2008—2009 年金融危机冲击下出现大量农民工返乡现象，而在 2011 年经济下行背景下普通劳动市场却出现用工荒和工资持续上涨的现象。

中国加入 WTO 对中国经济的拉动效应正在减弱。人口红利衰减和劳动成本上涨对劳动密集型行业造成冲击，考虑到中国人民币汇率持续升值，出口导向型和劳动密集型企业受到的影响更为严峻。劳动比较优势对国际资本的吸引力减弱，自 2009 年以来，多家跨国公司劳动密集型生产线由中国向东南亚转移。[③] 此外，中国与美国、欧元区国家、日本等主要贸易国的贸易摩擦日益增加，这在当前金融危机时期表现得更为显著。

传统劳动成本优势减弱和技术优势尚未形成并存，经济转型迫在眉睫。

---

① 根据国家统计局统计标准，人口按 0～14 岁、15～64 岁、65 岁以上年龄段划分为少年儿童人口、劳动人口和老年人口。

② 根据国家统计局数据，2011 年农民工月平均收入增速达 21.24％，而同期名义 GDP 增速仅为 17.45％。

③ 主要涉及纺织服装、通信设备、家用设备、物流、商贸零售行业等。中国与东南亚国家劳动工资差异是导致跨国流出的主要原因，以纺织业为例，中国员工月平均工资为 188～300 欧元，而孟加拉国、越南仅在 80～120 欧元，中国平均劳动成本是东南亚国家的两倍左右。

根据主导力量不同，可以将经济增长方式转变分为市场自发演进型和政府主导强制型两类。市场自发演进型经济增长方式转变指市场自发力量主导所引致的经济增长方式转变（如美国、英国等）；政府主导强制型经济增长方式转变特指发展中国家（或转型国家）政府依据先进工业国家经济增长方式演进的经验采取一系列措施推动增长方式转变，该转变具有部分确定性目的导向。中国现阶段经济增长方式转变属于典型的政府主导强制型，其主要导向是从粗放型经济增长方式转向集约型经济增长方式。受资源环境承载能力的限制，以高投入、高能耗、低效率、低循环为特征的粗放型经济增长方式不能满足中国国际竞争力的提升和可持续发展的战略要求，而集约型经济增长方式主要体现在依靠技术进步和制度变迁优化要素配置以提升增长的效率和质量，这种内涵式经济增长方式更强调经济系统的可持续和循环功能。①

然而，经过改革开放30多年的追赶，中国经济结构与发达国家经济结构已基本同质化，这使中国政府主导强制型的经济增长方式由于导向缺失难以为继，被迫转向市场自发演进型经济增长。进入21世纪，土地市场化后，房地产业凭借其投入产出链优势成为中国经济支柱产业，拉动钢铁、汽车、机械等行业的经济增长和2006—2007年的经济繁荣。但房地产业膨胀带来的社会财富分配失衡和社会摩擦在积累，在次贷危机和美国房地产泡沫破裂后更是引起中央政府的警示。政策调控基调下房地产业的经济主导地位不断衰落，但战略性新兴产业尚未形成规模，难以发挥对经济增长的拉动作用，这是中国和美国所共同面临的问题。

另外，中国内部需求潜力尚未转变为实际需求。在新的主导产业缺失和传统产业竞争优势下降的背景下，新的经济增长引擎何在是现阶段中国经济转型亟须解决的问题。

### （三）市场失灵和政府失灵并存：社会问题深化

市场机制遵循效率原则，而由于外部性、信息不对称的客观存在，市场机制在部分领域无法有效、合理地进行资源配置和产品分配，这需要政府的力量加以弥补；但政府对市场的不当干预同样会导致市场价格扭曲和市场配置效率的下降。增强市场的力量是第二次社会转型的主要方向，但由于我国

① 参见薛白：《基于产业结构优化的经济增长方式转变》，载《管理科学》，2009（5）。

市场经济体制建设根源于计划经济体制，制度上的不完善导致市场失灵和政府失灵在部分领域并存，这制约着社会福利水平的改善。

社会保障存在普遍供给不足的现象。[①] 首先，农民工职业城镇化和福利农村固化之间的矛盾表现得尤为突出。中国现有户籍制度以及附着于户籍之上的社会福利制度致使市民和农民间的权利存在巨大鸿沟。农民工在城市工作的同时难以在培训就业、子女上学、生活居住等公共服务上享有与市民同等的待遇。其次，住房方面存在市场力量过度而政府力量缺失的问题。自1998年住房实物分配制度废除和2002年土地市场化之后，市场机制在住房资源的配置方面起到主导性作用。上世纪80年代婴儿潮带来的需求增长和商品房供给不足致使21世纪前10年房地产价格持续攀升并超过居民收入可承受能力，中低收入群体难以满足基本生活住房需求。第三，养老方面，城市退休人员养老金入不敷出的现象较为普遍，且现行的医疗社会保险制度采取社会统筹加个人账户形式，这难以抵御大病支出的风险。农村养老面临的问题更为严峻，农村社会养老保险不具备社会保险性质，且资金少和覆盖面窄，难以保障农村居民的基本生活。第四，医疗服务方面，看病难、看病贵广受社会诟病。医疗科研及医疗服务具有公共品或半公共品属性，这使得仅依靠市场力量难以满足社会需求。然而，我国政府对医疗服务的干预并未能有效解决供给问题，医疗服务市场准入条件的行政审批带来广阔寻租空间，价格管制致使新药替代旧药，公立医院主导地位致使医疗服务垄断与低效率并存。

社会保障供给不足制约居民消费潜力的变现，并导致社会经济风险的积累。以住房为例，房地产价格位居高位迫使中低收入居民增加储蓄以积攒购房资金或偿还贷款，基本住房难以保障使购房者、房地产开发商、依赖于土地财政的地方政府三者间摩擦增加；而假若房地产泡沫破灭导致房价下降超过一定幅度，依赖于贷款的购房者、依赖于金融机构融资的房地产商、发放较多房地产抵押贷款项目的银行等金融机构、依赖于土地出让金收入的地方政府四者均将面临资产负债表恶化的风险，同样会使不同利益主体之间面临摩擦增加的风险。

市场失灵和政府失灵同样表现在收入分配结构不合理和贫富差距扩大

---

① 国内众多学者对此做过有益的研究，如：景天魁（2012）；郑秉文（2012）；郭凯明、张全升、龚六堂（2011）；贾凌民、吕旭宁（2007）；夏杰长、张晓欣（2007），等等。

上。制度改革不彻底或政府对经济的过多干预导致寻租空间的存在，由此导致财富在寻租方和设租方之间的不合理流动。“政府通过行政手段和市场手段深度介入微观经济，建立了以政府权力为核心，依次是国有企业、集体企业、民营企业的市场‘差序格局’，进一步消除了公平竞争，扭曲了价格体系和利润体系”①。以中国企业联合会“中国企业500强”排名数据为例，2009年民营企业排名居首的江苏沙钢集团在销售收入、利润、资产等指标上仅是国企排名居首的中国石油化工集团的0.10、0.63和0.10倍。收入分配结构不合理导致中国贫富差距日益扩大。中国基尼系数自2000年开始超越0.4的警戒线，处于极不平等区间，且此系数仍呈现逐年上升态势。

此外，市场失灵和政府失灵还表现在经济发展与生态环保之间的权衡上。随着居民生态环保意识的提升，高污染高能耗类企业或生产线在地方上马面临的争议较为激烈（甚至演变为群体性事件），以牺牲环境换取增长的不可持续社会经济发展方式难以持续。

### （四）开放性带来政府治理和文化理念的新挑战

开放性首先体现为信息化革命。信息要素高速有效流动在降低经济活动交易成本的同时，也对政府治理和文化理念提出了新的挑战。

微博等网络媒体工具的流行是把双刃剑。一方面，负面的或消极的信息传递更为迅速，使政府治理方式转变迫在眉睫。当前社会“发展中不平衡、不协调、不可持续问题依然突出……制约科学发展的体制机制障碍较多……城乡区域发展差距和居民收入分配差距依然较大；社会矛盾明显增多，教育、就业、社会保障、医疗、住房、生态环境、食品药品安全、安全生产、社会治安、执法司法等关系群众切身利益的问题较多，部分群众生活比较困难……一些领域消极腐败现象易发多发，反腐败斗争形势依然严峻”②。这些矛盾更易通过信息化渠道改变公众认知，不利于经济平稳增长、公平正义实现和社会福利改善。比较三组数据：1978—2008年，全国刑事犯罪由55.7万件增加至488.5万件，增长7.77倍；社会治安事件由123.5万件增加至741.2万件，增长5.00倍；群体性事件在1994年开始统计时仅1万多起，

---

① 陈剩永、李继刚：《后金融危机时代的政府与市场：角色定位与治理边界》，载《学术界》，2010（5）。

② 《坚定不移沿着中国特色社会主义道路前进 为全面建成小康社会而奋斗》，见http：//cpc.people.com.cn/18/n/2012/1109/c350821-19529916.html。

而至2008年增加至9万多起；群体性事件的增长率显著超过前两者。[①] 如若社会摩擦中反映出的问题未能及时有效解决，长期积累必将导致政府公信力和社会稳定性的减弱。另一方面，网络信息的传递更易发挥民主监督的积极功能，促使政府及时发现社会发展和改革中的新问题，以解决问题为导向和以顺应社会最广大民众合理需求为目的进行政治转型和政府治理方式调整。

开放性同样体现在国别之间的全方位竞争关系，国内外政治、经济、文化等紧密联系，使外部冲击较易传导并影响到国内。首先是西方政治模式和文化观念带来的冲击。中国特殊的国情决定政治改革不能通过直接照搬西方政治模式进行。与中国经济体制改革相似，中国政治模式改革也是在结合社会主义特有属性基础上进行"摸着石头过河"，这种渐进式的试错过程无形中增添了改革的非系统性风险产生的概率。开放性环境使这种非系统性风险加大，改革开放以来社会分层多元化致使不同群体利益诉求多元化，认知差异使小部分群体全盘接受西方政治模式和西方文化的宣传，由此增加中国政治转型的难度。其次，在充分融入世界分工体系的同时，中国经济金融体系遭受到更多的外部冲击。中国经济周期和国际经济周期的趋同和叠加使国内货币政策和财政政策有效性受到冲击，增加了政策制定和执行的难度。尽管中国资本管制尚未完全放开，但国际资本对中国金融体系的冲击仍通过地下市场、国际贸易与投资、汇率市场等途径涌入，增加了中国资本市场和资产价格体系的波动性。而且，伴随着综合实力的增强，国际上"中国威胁论"论调的盛行也使中国面临的外部环境更加严峻，有形或无形的贸易壁垒设置一方面使中国难以进口高技术等战略性稀缺商品或服务，另一方面也使中国劳动密集型产品出口面临更多贸易调查（如倾销等）。此外，钓鱼岛、黄岩岛等领土争端频发使中国和平崛起面临挑战，对外信号发送不明确导致外交问题复杂化，领土争端挤压了中国与邻国间的外交空间，迫使中国外交政策转型。

## 三、结构转型：社会转型新范式

著名社会学家陆学艺测算发现，当前中国经济结构处于工业社会中期阶

① 参见陆学艺：《当前中国经济社会形势与社会建设》，载《新视野》，2011（5）。

段水平，而社会结构仅处在工业社会初期阶段水平，社会结构大约滞后于经济结构 15 年时间，这种失衡是造成诸多社会经济矛盾难以解决的根源。[①] 置身于现代化、工业化和信息化时代背景下，中国各种失衡与矛盾更为突出，这使社会转型表现出独特的轨迹和路径。

### （一）转型与发展并重下的渐进式改革路径

中国社会转型是在中国共产党领导下的社会主义制度的自我完善。“革命是一个共同体的被控制者颠覆控制者的行为，改革是一个共同体的控制者为了使共同体强大所做的调整共同体公共规则的行为。”[②] 中国建国以来第一次社会转型是在中国共产党领导下社会主义公有制制度的建立，第二次社会转型是在中国共产党领导下实现社会主义计划经济体制向社会主义市场经济体制转变。通过两次社会转型，实现中国由封闭半封闭社会向全方位开放社会转变、由传统农业社会向现代农业和工业化社会转变、由社会主义计划经济体制向社会主义市场经济体制转变、由伦理道德基础上的人治社会向社会主义民主法治社会转变。

中国社会转型是在转型和发展并重背景下的渐进式改革。著名经济学家厉以宁率先提出转型发展理论，即“在转型中发展，指的是在经济体制改革深化的过程中，创造经济发展的条件，以改革促进发展；在发展中转型，指的是在经济发展中不断深化改革，从而建立转型和发展的良性互动，以促进中国社会的可持续发展”[③]。

中国社会转型正是政府不断探寻制度创新去破除社会经济活动中现行制度约束的过程。以经济体制改革为例，期间经历了由 1978 年以来的“社会主义计划经济体制”，到 1978—1986 年的“计划经济为主、市场调节为辅”的机制，再到 1986—1991 年的“有计划的社会主义商品经济”，直到 1992 年以后才明确建立“有中国特色的社会主义市场经济”。邓小平“摸着石头过河”的渐进式改革模式正是在解决市场机制和制度约束之间的矛盾过程中不断试错的过程。这可通过下图加以描述。某一制度产生的初始时点（如 a 点）对应于社会经济的高度发展期（d—e 段），这是因为新制度对旧制度的

① 参见陆学艺：《当前中国经济社会形势与社会建设》，载《新视野》，2011（5）。

② 党国英、于莫：《中国改革的现代性解析》，载《读书》，2010（8）。

③ 厉以宁：《转型发展理论》，8～9 页，北京，同心出版社，1996。

取代或改进能够放松社会经济发展中的生产关系束缚，使其生产能力得到提高。但是，制度具有路径依赖特征，随着社会经济发展，新问题的出现使现行制度无法对其加以解决，即现行制度会对社会经济活动产生新的束缚，使其发展速度减缓（e—f 段），甚至出现发展的绝对下降（f—g 段）。当矛盾积累到一定程度，为适应社会经济发展需要，新的制度将被创造出来以取代原有制度（表现为制度 b 向 c 的跳跃），进一步放松社会经济发展的制度束缚。因此可以说，中国社会转型过程存在“制度约束—制度创新—新的制度约束—新的制度创新”的周期性渐进式制度变迁规律。[①]

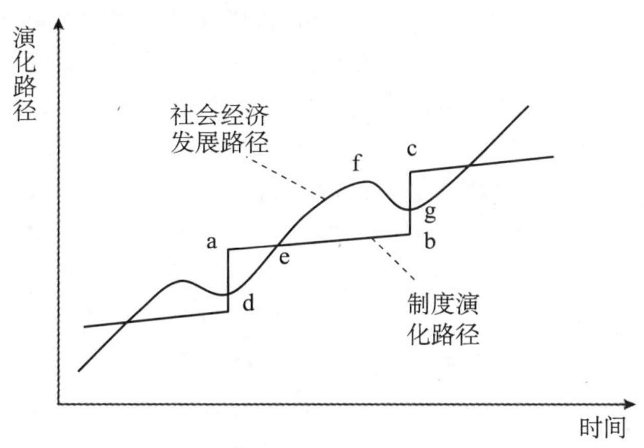


**制度约束、制度创新与社会经济发展**

### （二）社会分层固化与第三次转型的紧迫性

中国社会转型带来的社会经济变革使利益格局发生深刻调整，不同利益集团的利益诉求和社会分层带来的矛盾变得更加复杂化。计划经济体制下，户籍制度、劳动制度和干部制度固定和冻结了人们的身份结构，这造成代内代际流动率较低和社会结构“超稳定”。[②] 经济要素流动受限和经济效率缺失制约着社会财富增长和福利改善，且农民、工人和行政人员三者间社会分层的固化使不同群体难以满足其物质文化需求的增长。第二次社会转型带来的变革较好地解决了不同群体的物质文化利益诉求问题，改革开放打破了原有

① 参见许高峰、薛白：《民营经济与区域经济联动发展的耦合机制》，载《技术经济与管理研究》，2011（6）。

② 参见宋林飞：《中国社会转型的趋势、代价及其度量》，载《江苏社会科学》，2002（6）。

的社会分层，并通过国内外资源的流动形成新的社会分层。从计划经济向市场经济转变过程中，部分原社会角色难以在观念或理念上充分调整以适应社会变迁；部分原社会角色发生了转变，如外出务工或失去土地的农民转变为工人，原城镇职工由“铁饭碗”变成了合同工，部分国家行政人员转变为企业管理人员；部分新的社会角色产生，如民营企业主、专业经理人、外企工作人员、专业技术人员等。

在改革开放初期，物质财富的快速增长使各方利益诉求均能在一定程度上得到满足。但在经历30余年的经济高速增长期后，中国社会发展环境出现新的变化，如原有土地制度与农民、市民和政府之间利益诉求的冲突，劳动力优势下滑与新的经济增长引擎缺失，市场失灵和政府失灵并存下的社会问题深化，开放性环境带来政府治理和文化理念的新挑战等。

由于制度具有路径依赖特征，当前中国社会结构演变滞后于经济结构演变，由此导致社会分层的固化和多数群体新的利益诉求不能或者较难得到满足。首先，农民身份固化。当前中国社会转型并未打破传统的农村和城市二元结构根基。工业化和城市化催生数以亿计的农民工由农村流向城市，在创造大量经济增量的同时却并未获得应有的城市身份和生活；且由于长期离开农业生产，形成游离于农村和城市之外的新群体（即三元结构）。而且，农村集体土地变为国有土地后，失去土地的农民却难以分享土地增值收益。其次，普通劳动者身份固化。市场严峻竞争环境和天花板效应的存在，使大部分普通劳动者难以获得晋升空间。加之城市社会保障体系尚未完全建立，普通劳动者在教育、医疗、住房等方面面临较大生活压力。再次，民营企业和国有企业身份差异的存在。民营经济现已成为经济发展新的原动力。[①] 尽管国务院出台“非公36条”、“新36条”等措施降低民营资本的产业准入门槛和消除不平等待遇，但价格体制和金融体制的不完善使民营企业难以获得与国有企业同等的市场机会和融资能力。此外，政府公职人员身份固化使其可能难以及时和充分应对开放性环境带来的新变化和新挑战。

社会转型的根本目的是促进人的发展。而社会分层的固化难以使不同群体的正当利益诉求得到充分满足，新旧秩序并存产生的各种摩擦与冲突相互交织，引发不同利益群体矛盾和摩擦的增加。

---

① 参见许高峰：《从舟山实践看民营经济推进型的城市化》，载《中国党政干部论坛》，2010（4）。

## （三）由政府主导和市场主导向结构主导转变

“在世界上所有的政治制度中，大部分政治是经济性的，而大部分经济亦是政治性的。”[①] 在转型与发展并重的渐进式改革路径下，调整政府和市场（进而演化成政治制度和经济制度）之间的关系是中国社会转型的核心。但需要注意的是，“中国在转型和新旧体制交替过程中，很多微观领域出现了正式制度的空白和模糊状态，而这个空白由各种非正式制度填补。这些非正式制度由特定时空中的社会关系构成，成为影响中国经济社会生活的重要力量。所谓地方合作主义、社区自治规则、社会组织、第三部门等，都是结构转型的资源配置力量的表现形式。结构转型的力量，更重要的还表现在社会结构变动带来的巨大收益，中国较高的结构弹性成为一种‘比较优势’”[②]。

根据社会转型的驱动力的差异，可将其划分为政府主导型社会转型、市场主导型社会转型和结构主导型社会转型，由此形成社会转型的三种范式：政治转型、经济转型和结构转型。政府主导，即政府意志通过法律等正式制度得以贯彻（采取强制或说服等方式），经济活动中的生产与分配关系、政治文化中的社会分层关系更多地受到政治理念或政府行为指导。经济主导，即市场力量决定生产什么、生产多少、如何生产、如何分配等问题，由此衍生出社会分层的变迁，政府角色定位于保障市场机制的正常有效运转。而结构主导，更多地凸显非正式制度的作用。非正式制度是人们在社会经济活动中逐步形成并得到群体认可且恪守的行为准则，如意识形态、道德伦理、文化习俗、价值观念、信用准则等；在政府失灵和市场失灵的环境中，非正式制度所能起到的作用更为关键。非正式制度、政府正式制度和市场经济体系并非天然割裂，在一定条件下能够实现相互转化，如正式制度和市场制度可能源于先验式的非正式制度。非正式制度主导下的结构转型更多强调关系转型，如政府和市场的关系、社会参与主体之间的关系、发展与环境的关系、政治与文化的关系等。

据此划分标准，建国以来的第一次社会转型属于政府主导型社会转型，政治转型主导而经济转型和结构转型为辅是其主要特征。改革开放以来的第二次社会转型属于市场主导型社会转型，经济转型主导而政治转型和结构转

---

① ［美］林德布洛姆：《政治与市场》，9页，上海，上海三联书店、上海人民出版社，1992。

② 李培林：《东方现代化与中国经验》，中国社会学年会论文，2005。

型为辅是其主要特征。

市场力量重拾，经济形态市场化（自然经济和计划经济转向市场经济形态）和经济体制市场化过程中，中国社会实现由传统计划经济体制向社会主义市场经济体制的转变、由封闭型社会向开放型社会的转变，由此达到与经济运行规则和经济结构演变相一致的政府治理结构。然而，当前利益分化和社会分层固化使改革开放30余年形成的生产关系对生产力的束缚日益增加。公平与效率、增长与环境、经济与社会等不协调因素制约要素配置方式（如生产管理体制、价格形成机制、流通机制、分配机制）的优化和不同利益群体的社会福利帕累托改进。作为社会转型的助推器，开放性环境使这些摩擦表现得更为严峻，第三次社会转型迫在眉睫。结构主导型社会转型（以结构转型主导而政治转型和经济转型为辅是其主要特征）是必然选择。

结构转型的积极信号业已显现。例如，从2004年党的十六届四中全会和谐社会理念的提出，到2006年十六届六中全会通过《中共中央关于构建社会主义和谐社会若干重大问题的决定》指明“把构建社会主义和谐社会摆在更加突出的地位”，到2007年十七大《中国共产党章程（修正案）》把“经济建设、政治建设、文化建设三位一体的中国特色社会主义事业总体布局”修改成“经济建设、政治建设、文化建设、社会建设四位一体的中国特色社会主义专业总体布局”，再到2012年十八大报告“经济建设、政治建设、文化建设、社会建设、生态文明建设五位一体总体布局”，人的发展转变摆在更加重要的位置，“社会建设、生态文明建设”的表述正是非正式制度对社会经济转型诉求的体现。

## 四、结构转型：“中国梦”之必由之路

回首近代以来中国波澜壮阔的历史，展望中华民族充满希望的未来，十八大报告指出：全面建成小康社会，加快推进社会主义现代化，实现中华民族伟大复兴，必须坚定不移走中国特色社会主义道路。中国梦的实现“必须走中国道路”、“必须弘扬中国精神”、“必须凝聚中国力量”①。在转型与发展并重的中国特色渐进式改革路径下，结构主导型社会转型是实现“中国梦”的必由之路，更多地体现为非正式制度推动下的政治转型和经济转型。开放

① 习近平2013年3月17日在第十二届全国人大一次会议上的讲话。

性环境下，制度演化“惰性”带来的社会分层固化和利益集团诉求矛盾使社会转型更为复杂化。非正式制度推动的政治经济体制改革能够在充分考虑人民诉求的基础上，破除生产力和生产关系间的矛盾，从而推动社会流动和社会福利改善。

### （一）新型城镇化：结构转型之切入点

结构转型涉及诸多社会经济关系的打破与重构，选择适当的切入点是社会转型有序推进的保障。切入点的选择需满足以下条件：第一，广度，即涉及社会绝大多数利益群体间的关系构建；第二，深度，即影响到不同利益群体的核心矛盾；第三，自生性，即存在自我发展、自我演化的内生动力。

基于以上筛选标准，新型城镇化的推进可以作为结构主导型社会转型的切入点。

与工业化同步，我国城镇化自上世纪 90 年代以来呈现加速之势，城镇化率于 2011 年首次突破 50％分水岭。城镇化可分为土地城镇化和人口城镇化。土地城镇化的核心在于土地及附着于土地之上的关系和权益由农村属性转变为城市属性；而人口城镇化的核心在于社会角色及附着于社会角色之上的关系和权益由农村属性转变为城市属性。然而，传统城镇化凸显粗放特性，它实现了人口由农村流向城市，但未实现农民社会角色转换及相关权益的平等化；它实现了土地由集体所有变为国家所有，却并未实现土地所有制转变基础上的权益分配合理化；它实现了城镇的数量增长，却并未从根本上解决农村和城市区域的收入分配不平衡，财富增长不平衡和政治、经济、生态、文化之间的不平衡问题。

于是新型城镇化应运而生，实现了城镇化由粗放模式向集约模式的转变。新型城镇化的推进，关系到农村、城市和政府三者间土地关系的重新定位（涉及土地制度改革、户籍制度改革、社会保障制度改革等）；关系到人口红利衰减下经济增长新引擎的选择（涉及经济结构调整、经济增长方式转变等）；关系到市场失灵和政府失灵问题的处理（涉及市场经济制度完善、政府调控经济方式改变等①）；关系到开放性环境挑战下的政府治理和文化理念的调整（如政治体制改革、文化体制改革、军事外交策略改变等）。可见，

① 这里涉及房地产业定位、土地财政与政府财税体制改革、利率汇率市场化下的企业融资方式调整和国际分工结构改变等。

新型城镇化推进有利于社会分层结构固化的打破、社会经济发展束缚的破除，这对应于结构转型切入点筛选的深度和广度标准。此外，新型城镇化同样能够满足自生性筛选标准。城市空间优化和城市人口增长有利于集聚效应发挥和公共服务增长，具有内生的自我强化功能。我国城镇化率较发达国家70%～80%的水平仍有较大差距，东中西区域城镇化推进差异也较为明显。“城镇化是扩大内需最大潜力所在，是中国经济增长持久的内生动力”①。而且，新型城镇化对生态环境、民生工程的关注有利于政治、经济、生态、文化之间矛盾的缓解和居民福利的改善。

### （二）结构转型推动下的渐进式改革展望

“改革开放是我们党的历史上一次伟大觉醒，正是这个伟大觉醒孕育了新时期从理论到实践的伟大创造”，“现在我国改革已经进入攻坚期和深水区，我们必须以更大的政治勇气和智慧，不失时机深化重要领域改革”②。中国社会转型正是在这一转型与发展并重背景下的社会主义制度的渐进式改革和自我完善，结构转型主导的第三次社会转型更多地考虑人民的力量和非制度因素的作用，能够更好地推动信息化和工业化深度融合、工业化和城镇化良性互动、城镇化和农业现代化相互协调。

土地制度改革是结构转型推动的渐进式改革的核心。“不论是发展中国家的普遍性现象，还是中国的特殊性问题都已说明，促使劳动力结构向良性转换进而实现对国民经济整体结构的改造，不仅是实现工业化中的要害问题，而且是一个症结。”③ 土地制度改革是实现劳动力结构良性转换的关键。我国现已在土地制度改革方面进行了有益的尝试，如2008年开始的成渝统筹城乡综合配套改革实验区、2012年开始的深圳土地改革试点等。综合而言，土地制度改革的核心是：在不触及基本农田保护红线的基础上，统筹考虑土地流转各方的权益，提高土地配置效率和土地收益分配合理度；其中土地流转各方的权益涉及集体土地使用权变更为国有土地使用权过程中农民的

---

① 李克强同志对此进行过系统化表述：“十二五”主线在于转变经济发展方式，转变经济方式的主攻方向是经济结构战略性调整，结构调整的首要任务是扩大内需，而扩大内需潜力在于城镇化，扶持就业、保障房、医改、社会保障等重大民生工程的推进正是解决城镇化问题的体现。

② 习近平2012年12月7日至11日在广东省考察工作时的讲话。

③ 李克强：《论工业化进程中的结构转换——国际比较与中国经验》，38页，北京，北京大学博士论文，1994。

土地补偿、国有土地使用权流转过程中政府的土地财政收入、土地使用权获得方如房地产开发商的经济权益等。

基于此，土地制度的渐进式改革路径可大致构想为：农村方面，首先，完善集体土地征地制度，将维护农民权益置于首位，依法保障农民知情权、参与权和受益权，提高农民在土地增值收益中的分配比例。其次，坚持和完善农村基本经营制度，依法维护农民土地承包经营权、宅基地使用权，在土地确权基础上确保土地流转市场化推进，使集体建设用地和宅基地有条件进入土地流转市场，并最终形成政府供地和市场供地双轨制；使农业用地在不改变集体用地性质基础上内部流转，促进农业规模化生产，解决城市化进程中农村土地荒置问题。城市方面，首先，盘活存量闲置用地，增加流通领域土地供给，如闲置的存量工矿企业用地有条件突破用地限制，变更为住宅及商业用地。其次，改革土地“招、拍、挂”制度，减少土地价格在土地使用权出让评标体系中的权重；减少土地划拨及协议出让方式，更多转向土地有偿使用。

户籍制度改革是与土地制度改革相伴生的问题。农村土地流转使更多农民涌入城市或非农部门，但户籍制度带来的社会分层固化却阻碍了劳动结构的“良性转换”。因此，户籍制度改革的关键是消除农村和城市户籍的割裂，消除农村和城市户籍附着的教育、医疗、养老、住房等制度差异，实现基本公共服务均等化和全覆盖。

经济体制改革方面，调整政府和市场的关系是改革核心。具体包括在充分尊重市场规律、消除市场配置生产要素的制度性壁垒的基础上，增强政府在公共品和半公共品供给等市场失灵领域的作用；推进生产要素价格稳步市场化，提高劳动收入初次分配和二次分配的比重；改革国有企业垄断，消除民营经济进入绝大部分行业的制度壁垒和隐形壁垒；加快财税体制改革，解决中央和地方财权事权不匹配的矛盾，在构建中央税体系基础上推动教育、医疗、科技等领域和欠发达区域的支持，在构建地方税体系基础上推动基本公共服务均等化；加快金融体制改革和金融创新，建立多层次资本市场体系等。

政治体制改革方面，推进政府职能转变、建立健全权力运行制约和监督体系是改革核心。具体包括深入推进政企分开、政资分开、政事分开、政社分开，通过深化行政审批制度改革推动政府职能向创造良好经济发展环境、提供优质公共服务、维护社会公平正义转变；通过创新行政管理方式，提高政府公信力和执行力，在保障人民知情权、参与权、表达权、监督权的基础上，健全决策机制和程序，保障群众正当诉求的满足；推进权力运行公开化、规范化，健全质询、问责、经济责任审计、引咎辞职、罢免等制度，加强法律监督和人民监督。此外，完善基层民主制度也是人民依法直接行使民主权利的重要保障。

生态文明建设是现阶段结构转型的重要内容，是非正式制度融入经济制度和政治制度的充分体现。具体包括：完善官员考核体系，将生态环保和社会经济发展置于同等地位；建立国土空间开发保护制度，完善最严格的耕地保护制度、水资源管理制度、环境保护制度；深化资源性产品价格和税费改革，建立反映市场供求和资源稀缺程度、体现生态价值和代际补偿的资源有偿使用制度和生态补偿制度；健全生态环境保护责任追究制度和环境损害赔偿制度等。

**参考文献**

陈剩永，李继刚．后金融危机时代的政府与市场：角色定位与治理边界．学术界，2010（5）：5－16.

党国英，于莫．中国改革的现代性解析．读书，2010（8）：14－22.

邓小平文选（第3卷）．北京：人民出版社，1993.

郭德宏．中国现代社会转型研究评述．中国现代社会转型问题讨论会论文集，2002.

李克强．论工业化进程中的结构转换——国际比较与中国经验．北京：北京大学博士论文，1994.

李培林．另一只看不见的手：社会结构转型．中国社会科学，1992（5）：3－17.

李培林．东方现代化与中国经验．中国社会学年会论文，2005.

厉以宁．转型发展理论．北京：同心出版社，1996.

［美］林德布洛姆．政治与市场．上海：上海三联书店，上海人民出版社，1996.

陆学艺．当前中国经济社会形势与社会建设．新视野，2011（5）：16－20.

毛泽东文集（第6卷），北京：人民出版社，1999.

宋林飞．中国社会转型的趋势、代价及其度量．江苏社会科学，2002（6）：30－36.

武经伟．中国社会转型：路径、文化与文明的历史变迁．思想战线，2011（5）：42－48.

许高峰．从舟山实践看民营经济推进型的城市化．中国党政干部论坛，2010（4）：43－45.

许高峰，薛白．民营经济与区域经济联动发展的耦合机制．技术经济与管理研究，2011（6）：120－125.

薛白．基于产业结构优化的经济增长方式转变．管理科学，2009（5）：112－120.

# 第八章　成就梦想，教育为本

赵保国

▶▶　赵保国，男，现任北京邮电大学青年教师，全国青联委员。经济学博士，管理学博士后。北京市优秀教师，北京市青年五四奖章获得者，首都教育先锋标兵，北京市师德先进个人。早年曾在大型国有企业、外资企业，以及民营企业工作，经历过从一般员工到企业中层及高级管理者的不同职位，后来在高校专门从事教学科研工作。具有丰富的实践经验，善于理论结合实际，承接国家和企业研究课题多项，有著作5本，发表论文多篇。长期关心和关注贫困学生的成才成长，是学生的良师益友，在学生中有着很高的威望和影响力。

百年大计，教育为本。教育是强国之路、兴国之要，是提高国民素质、促进个人全面发展的根本途径，是国家发展的基石。中国拥有世界上最多的人口，是全球第二大经济体，面对十八大提出的最新发展目标，面对实现中华民族伟大复兴的奋斗目标，我国的教育应该朝着什么方向发展、教育改革需要做出哪些调整、应该如何权衡教育过程中的公平与效率，这都需要全社会共同探索和实践。推进教育改革，提高教育水平，巩固和强化教育的战略地位，对于全面建设小康社会、建设富强民主文明和谐的社会主义现代化国家具有决定性的作用和意义。

## 一、"中国梦"与教育改革

党的十八大提出了两个"百年"的目标：在中国共产党成立一百周年时全面建成小康社会，在新中国成立一百周年时建成富强、民主、文明、和谐的社会主义现代化国家。围绕这两个目标，为确保到 2020 年全面建成小康社会，教育将发挥至关重要的作用。

2012 年 11 月 29 日，中共中央总书记习近平带领新一届中央领导集体参观中国国家博物馆"复兴之路"展览。习近平总书记在参观现场指出，实现中华民族伟大复兴，就是中华民族近代以来最伟大的梦想。实现中华民族复兴的伟业对教育的发展提出了更高要求，中国特色社会主义教育是中国全面现代化的重要组成部分，教育需要为国家现代化建设提供人才和人力资源保障，教育需要为国家实施创新驱动发展的战略提供根本动力。教育现代化对全面实现社会主义现代化具有引领和支撑作用，教育现代化是实现两个"百年"目标的根本前提。

教育是推动经济发展、民族兴盛的最好途径，对中国这样的人口大国而言，教育是成为世界强国的基本条件和必然要求。要实现中国梦，首先要实现教育梦。教育是一个民族最根本的事业，也是一个国家最坚实的后盾，教育改变的不仅仅是某个人的命运，更是整个国家、整个民族的命运。只有优先发展教育，提高教育现代化水平，造就一代又一代创新型人才，推动创新型国家建设，才能为中华民族伟大复兴这一中国梦的实现提供坚实的基础。教育对于经济建设、政治建设、文化建设、社会建设和生态文明建设都具有支撑作用。因此，教育事业必须始终处于中国现代化进程中优先发展的地位，教育优先符合经济社会发展的客观规律。

强国必先强教。只有一流的教育，才能培养一流的人才，建设一流的国家。保证教育的科学发展不仅需要确立教育优先的发展战略，还需要做好教育内部的改革，更新教育观念，创新教育模式，改进教学方法，特别是在办学体制、管理体制等方面要持续深化改革。

改革创新是社会发展之根本源泉，教育改革是教育发展的根本动力。教育要发展，根本靠改革。教育发展的30多年也是教育改革开放的30多年，面对新的形势、新的要求、群众新的期盼，大力推进教育事业科学发展，必须继续解放思想、坚持改革创新。

## 二、中国教育的发展现状

党和国家历来高度重视教育事业的发展。新中国成立后，特别是改革开放以来，我国教育改革发展取得了举世瞩目的成就，尽管如此，我们仍然不能忽视中国教育体制中存在的诸多问题。教育作为提高人民素质、提升综合国力的根本，必然要求我们进一步深化这一领域的改革工作，教育改革仍需要全社会上下共同努力。

### （一）中国教育发展的成就①

经过全党、全社会几十年的探索和不懈努力，我国实现了从人口大国向人力资源大国的转变，保障了亿万人民群众受教育的权利。2012年，国家财政性教育经费支出占国内生产总值比重首次达到4%，支出总额超过2万亿元。教育的发展极大地提高了整体国民素质，并为推动经济发展、社会进步、科技创新和文化繁荣作出了不可替代的贡献。

1. 义务教育成就突出

党的十六大以来，我国义务教育迈入了巩固提高和全面普及的新阶段。经过不懈努力，在2011年取得了历史性的发展成果——全国“两基”人口覆盖率达到100%，小学学龄儿童净入学率达到99.79%，初中阶段毛入学率超过100%，青壮年文盲率下降到1.08%。我国初中及以上学历人口比例从1982年的24.87%，提高到2010年的61.75%，全国人口平均受教育年限从20世纪80年代初的不到5年，提高到2010年的9.5年。

---

① 以下数据均来源于教育部《2011年全国教育事业发展统计公报》。

2. 高中阶段教育规模稳步扩大，高等教育大众化水平进一步提高

2011 年高中阶段毛入学率为 84.0%，招生规模达 850.78 万人，比上年增加 14.54 万人，增长 1.74%；高中在校学生 2 454.82 万人，比上年增加 27.49 万人。高等教育大众化水平进一步提高，毛入学率从 2002 年的 15% 提高到 2011 年的 26.9%。全国招收研究生 56.02 万人，比上年增加 2.2 万人，增长 4.09%。普通高等教育本专科共招生 681.50 万人，比上年增加 19.75 万人，增长 2.98%。成人高等教育本专科共招生 218.51 万人，比上年增加 10.09 万人。

### （二）中国教育发展中存在的问题

当前，我国教育资源配置不均衡的问题仍然比较突出，城乡、地区甚至相邻学校之间在师资力量、基础设施、教学设备等资源配置方面差距悬殊。此外，虽然接受高等教育的国民人数在不断增加，但创造型人才极度缺乏。正如著名的“钱学森之问”所提出的那样：为什么我们的学校总是培养不出杰出的人才？因此，在肯定当前教育改革取得的伟大成就的同时，也要清醒地认识到长期存在的问题，要继续深化教育体制改革，推动我国教育事业健康发展。

改革开放 30 多年来，我国其实更加注重经济建设，而忽视对教育的实质性投入。例如，我国虽然鼓励地方和民间办校，但一些学校和教育机构却通过“计划外招生”来创造收入，而这些收入中能够真正投入到强化师资、改善教学设施设备、改善教师学生工作学习环境中的额度十分有限。更有人热衷于开办所谓的“贵族学校”，这就使得中国基础教育和高等教育出现良莠不齐的混乱局面。

要维持中国庞大的教育体系，所需要的成本是十分高昂的。表面上看教育没有被产业化，可实际上却被商业化了，这就是中国教育改革艰难的症结所在。

1. 教育发展不平衡，整体水平落后

从整体来看，中西部的教育水平明显落后于东部。由于经济相对落后，收入有限，能够投入到教育中的财力相对不足，中西部教育在发展水平、“两基”的普及、师资力量、基础设施建设以及教育教学设备的购置等软、硬件方面，都明显落后于东部。此外，同一地域的城市与乡村之间的教育差距、学校与学校之间的教育差距也较为明显，公办学校和民办学校、全日制

的学校教育和非全日制教育之间也存在关系不协调的问题。可见，我国的经济发展水平和教育发展阶段决定了教育资源配置的不公平。

2. 政府对教育经费的投入长期不足

教育投入是支撑国家长远发展的基础性、战略性投资，是教育事业的物质基础，是公共财政的重要职能。加大教育投入是实现教育优先发展的基础，也是国家教育改革发展规划的核心指标。中央政府在教育经费的投入上率先实现了4%的目标，取得这个历史性突破是非常不容易的。然而，我们也要看到一些地区在教育投入方面仍然存在不足，尤其是西部地区，那里经济欠发达，财政负担也很重。另一方面，我国目前的教育投入与发达国家相比，差距仍然较大，在世界仍处于较低水平。我国确实有进一步提高教育经费比例的现实需要，许多地方高校教师待遇较低，成为困扰教育系统、影响教师工作状态和队伍稳定的关键所在，经费投入严重不足依然是我国教育事业面临的主要发展瓶颈。

3. 基础教育投资比例不合理

我国正处在社会主义初级阶段，应首先以普及义务教育为重。通常来看，基础教育应是国家投资的重点，其次才是中等教育和高等教育。但我国在高等教育和基础教育方面的投资比例并不是很合理，有限的教育经费过多地投向了高等教育领域。而我国适龄儿童人口基数大，人均获得的教育经费很少，这不符合义务教育的需要。

4. 高等教育课程设置不合理，学科和专业结构失调

首先，在我国各类高校，特别是非重点院校的课程设置中，公共课、基础课和专业课的比例不够优化，这种课程设置模式造成了毕业生既没有专业特色，同时知识口径也比较狭窄的局面。随着我国经济转型以及企业体制改革的深入，人才市场开始出现从供不应求到供大于求的转变，用人单位的需求同高校培养目标之间的距离逐渐拉大。目前，中小企业在迅速成长，民营经济在各个领域拓展，相应的企业管理者对人才的要求也在逐渐改变，他们普遍希望毕业生能够具备较高的专业知识和职业技能以及社交能力。因此，就目前高校的课程设置而言，已经不能适应经济社会的发展，必须加以调整。其次，根据对历届招生和毕业生分配情况的分析，在我国高等教育专业机构中：（1）专业设置比例失调，与产业结构不一致，特别表现在现有的专业设置已无法满足服务业、信息产业发展对人才的需求。（2）在研究生、本科生的培养中，理工科内容偏多，专业结构也严重失调。如文科专业中，基

础类学科学生人数较多，应用型文科学生人数偏少；工科专业中，轻工类、土建类专业学生偏少。(3) 适应时代发展的新兴学科和边缘类学科也比较薄弱，复合型、应用型学科少。(4) 专业划分过细，知识口径过窄，相同或相似专业被大量重复设置。这些问题造成高校教育投资的产出效率极低，甚至使本来就很有限的高等教育资金、资源出现浪费的现象。

5. 职业教育的发展和投入存在不足

我国职业教育在经历了几十年的不断发展后，取得了不小的进步和成果，但就当前而言还不能完全适应新形势下经济社会发展的需要，还存在一些不足和尚待改进的地方，主要表现在：一是中等职业教育与高等职业教育之间、职业教育与普通教育之间的沟通和衔接不够；二是职业教育发展力度不足，在专业设置和教学内容安排上与社会实际需求以及就业现状及趋势之间的联系不够紧密，技能型人才的培养还不能很好地适应我国经济社会发展的需要；三是缺乏公共财政投入，由于投入不足，大多数职业院校没有足够的资金来购置实习实训设备，更没有力量建设实践基地，导致实践基地数量不足、条件落后，因而很难培养出高素质的技能型人才。

## 三、中国教育改革发展之路

### (一) 基础教育

基础教育作为培养人才和提高国民素质的奠基工程，在各国面向 21 世纪的教育改革中都占有重要地位。对于我国而言，如何将人口负担充分转化为人力资源优势，取决于基础教育所起到的基础性、重要性作用。

基础教育领域的不公平现象正严重影响着中国梦的实现，中华民族的复兴之路不仅需要大量优秀的高端人才，更需要全民族科学文化素质的提高。因此，接受良好的基础教育是全民族的基本权利，而不是特定的某一类人群或某一阶层的特殊权利。基础教育公平的缺失一方面会影响我国综合竞争能力的提升；另一方面也会继续拉大城乡差距、贫富差距，导致社会结构不合理，社会阶层固化，进而产生许多社会矛盾，直接影响到和谐社会的建设。所以，必须采取各种有力措施，加大对基础教育的投入，让教育资源更加公平、更加合理地得到配置，这是全社会的职责与义务。

1. 基础教育的重要性

基础教育是由政府提供的最基本的合格、规范教育，所保障的是广大人民群众的基本人权和发展权利。[①] 改革开放初期，以“效率优先，兼顾公平”为导向的基础教育改革在经济文化较为发达的地区率先开展起来，同时也兼顾农村地区和贫困地区的教育发展。这一时期的基础教育改革，有助于促进教育资源的优化配置，提高办学效率。但同时，以“效率优先，兼顾公平”为导向的基础教育改革也导致整个社会教育资源分配不公，区域、城乡间的教育发展失衡，在教育质量、教育规模等方面的差距不断扩大，反过来制约着教育公平的进一步实现。

而在更加关注教育公平的导向下，基础教育改革不断深化，效果显著：基础教育入学率进一步提高，社会群众接受教育的机会进一步增加；对弱势群体教育的关注度不断上升；各类学校都在积极创新教育模式，提高教育教学质量，满足人民群众对教育的基本需求，全民族科学文化素质大幅提高。

当然，我们也要清醒地看到，虽然我国基础教育工作目前取得了伟大成就，但现实情况依然不容乐观：素质教育有待进一步发展；应试教育模式尚未打破；区域、校际间的教育水平和质量差距仍然很大；城乡教师待遇差距悬殊。总之，我国基础教育的改革任重而道远。[②]

2. *改革方略*

党的十八大提出了坚持教育优先发展的战略，而在坚持教育优先发展的同时，要把教育公平放在重中之重的位置，尤其是在基础教育阶段。教育资源分配要重点向农村、边远、贫困、少数民族地区倾斜，缩小农村教师和城镇教师在能力和待遇上的差距。

十二届全国人大一次会议通过的《政府工作报告》掷地有声地提出，要着力推动义务教育均衡发展，进一步促进教育公平；要在财政性教育经费支出实现占国内生产总值4%，总额超过2万亿元的基础上，继续增加。

（1）合理分配教育资源。在加强基础教育改革的过程中，要把教育公平放在首要位置，教育资源分配要重点向农村、边远、贫困、少数民族地区倾斜。中央政府在教育经费的投入上率先实现了占GDP 4%的目标，但仍有部分地区的教育经费不能满足实际发展需求。中央及地方政府应继续加强对教育资源分配的重视程度，特别要进一步加大对农村、边远、贫困、少数民族

---

① 参见范先佐：《关于教育领域公平与效率的抉择》，载《江苏教育》，2009（14）。

② 参见吴莹：《从“教育效率优先”到“更加注重教育公平”——基于30年来中国基础教育改革的政策视域》，载《教育探索》，2010（11）。

地区教育事业的投入，争取早日实现区域间、城乡间教育资源的合理化配置。政府在加大教育投入的同时，要积极探索对教育融资渠道及经费管理机制的创新，促进城乡教育经费的科学化统筹配置。

（2）树立正确的教育观念。教育取向决定着我国的人才结构，而当前教育观念的偏差直接导致了我国创造型人才的缺乏。高等教育后劲不足，难以培养出尖端人才，这在很大程度上是由于青少年在基础教育阶段学习压力过大，应试教育的机械式训练任务过重，以及各个学校、教师间的不当评比等造成的，同时也因为缺乏真正意义上的素质教育以及道德修养教育而使学生缺乏崇高理想和责任心。因此，在基础教育阶段，除了要做好知识的普及工作，更要在全社会树立起正确的教育观念，更加重视青少年综合素质的提升、道德及良好行为习惯的养成、创造力和兴趣的培养等。

（3）重视师资队伍的建设。要推进基础教育改革，努力提高教育质量，除了加大基础教育资金和资源的投入力度之外，最重要的就是建设好师资队伍。国家应努力提高教师地位，改善教师待遇，积极向各地区，尤其是农村、边远、贫困和少数民族地区的教师们提供培训和进修的机会，不断提高教师的专业水平和道德水平；培养教师爱岗敬业、关爱学生的良好职业道德，努力打造一支师德高尚、专业素质高的教师队伍。

（4）形成惠及全社会的教育公平局面。按照基本公共服务普及普惠的要求，努力扩大和保障人民公平接受教育的机会，均衡发展义务教育，基本普及高中阶段教育，重点加强中等职业教育，建立起范围更广的学前教育体系，努力让广大人民群众共同享有更加均等化的基本公共教育服务。同时，要完善教育资助政策，着力保障进城务工人员子女、残疾儿童少年等弱势群体，以及家庭经济困难群体接受教育的机会和权利。

### （二）高等教育

我国是一个发展中国家，也是一个人口大国，这就决定了我们必须利用有限的资源办全世界人口规模最大的教育。因此，需要通过提高效率来促进高等教育的发展，从而使更多人有接受高等教育的机会，有效推动我国高等教育水平和公平程度的提高。另一方面，党和政府提出了加快建设中国特色社会主义现代化事业的步伐，全面建设小康社会，建设创新型国家的宏伟目标，这就对高等教育在人才培养、科学研究和服务社会等方面提出了新的要求。因此，现阶段我国的高等教育政策应该坚持效率优先、促进公平的原则。如果一味地强调公平而牺牲效率，那我们得到的只能是低水平的公平。党的十八大报告提出，要“推动高等教育内涵式发展”，反映了中央对当前我国高等教育改革发展阶段性特征的深刻判断，也进一步明确了高等教育改革发展的新方向。

1. 高等教育的重要性

高等教育的快速发展以及高等教育规模的不断扩大，在推动经济社会发展的同时，也扩大了实现教育公平的空间，使更多人享有了接受高等教育的机会，在一定程度上满足了广大人民群众接受高等教育的需求和渴望。高等教育不再是只有少部分人能够接受的精英式教育，而是朝着大众化普及化的方向发展着，高等教育的公平性有了显著提高。

但我们也应该看到，我国现阶段高等教育的质量较之精英式阶段也出现了大幅度的下降，这与我国高等教育的规模不断扩大有关。一方面，教育规模的扩大幅度超过了教育资源的有效供给能力，导致了教育资源的不足，从而引起教育质量的下降。另一方面，由于不断扩大招生规模，使更多人有机会接受高等教育，也就使高等教育在入学条件方面降低了门槛，入校学生的质量在一定程度上下降了，而学生自身素质的下降也导致了最终教育质量的下降。当然，提高教育质量和效率、培养创造型人才，还是需要人才评估、管理与激励等诸多因素的综合作用。①

我国正处于现代化建设的关键时期，推进高等教育大众化是社会发展的必然要求，只有实现高等教育的大众化发展，才能够使我国沉重的人口负担转化为人力资源优势。同时，时代在培养高精尖人才、创新型人才方面也赋予了高等教育重大的历史使命，高等教育有责任为培养经济、政治、科技和社会各领域的人才提供支持，从而推动科技进步、经济增长和社会发展。

2. 改革方略

我国的经济发展水平和高等教育的发展模式决定了高等教育资源在配置上必然存在不合理之处，只有处理好高等教育中公平与效率两者的关系，尽量使效率与公平兼顾，才能满足构建和谐社会的需要。

（1）将提高效率作为实现高等教育公平的前提。

随着国民经济的快速发展，在全社会为高等教育创造更好条件和环境的

---

① 参见吕占峰、刘玉洁：《高等教育领域中公平与效率关系探讨》，载《理论与实践》，2011（1）。

同时，高等教育也面临着更高的发展要求以适应经济社会的需要，高等教育必须从提高教育效率和教育质量两方面为国家各领域的发展培养优秀人才。作为发展中国家，如何发掘与发挥创造性人才的社会功能与价值，也就是如何从培养知识型、技能型人才向培养创造型、发明型人才转变，是我国亟须解决的重大课题。

首先，要开创人才培养的新模式，大力培养创造型人才。温家宝总理在2005年看望著名物理学家钱学森时，钱学森认为：现在中国没有完全发展起来，一个重要原因是没有一所大学能够按照培养科学技术发明创造人才的模式去办学，没有自己独特的创新的东西，老是"冒"不出杰出人才。如今，国内许多大学在实施大众化教育的基础上，建立了自己的人才培养模式，推动了大众化阶段的精英式教育的发展，获得了良好的教育效果和社会效益。因此，要从两个方面进行改革，一是改革学校培养创造发明型人才的模式，二是建立创新创业型人才在社会上发挥作用、脱颖而出的机制。

其次，加强关于高等教育的法律法规制定工作。通过教育立法对高等教育的发展方向和进程进行宏观指导和调控，可以进一步提高相关决策的科学性。就当前高等教育总体发展而言，高校在扩招速度上应坚持"适度发展"，不宜继续推行快速发展的策略。另外，应该鼓励和支持发展多样化的大众化高等教育，兴办地方高校、民办高校和高职高专，发展功能分化、层次分明的多样化高等教育，从而提高教育效率，并通过教育机构承担起高等教育大众化的任务。

再次，调整教育结构。一是要彻底改变许多地方存在的重视公办教育、轻视民办教育，重视理工科教育、轻视文科教育，重视普通教育、轻视职业教育，重视城镇教育、轻视农村教育的倾向和做法。① 因此，在进行教育改革时，需要将科学教育和人文教育并重，文、理、工兼收并蓄。二是要保持和发展教育类型的多样性，促进城乡教育一体化融合进程，为各类受教育者的个性化发展提供更为充分的机会，通过调整结构来更好地促进教育事业的升级，提高我国在该领域的国际竞争力。三是要做好学历教育和非学历教育的协调发展，做好职业教育和普通教育的互相沟通，做好职前教育与在职教育的有效衔接，努力完善现代化的国民教育体系，促进终身教育体系的

① 参见褚宏启：《教育公平与教育效率：教育改革与发展的双重目标》，载《教育研究》，2008(6)。

形成。

又次，增加哲学、文史类课程，提升人文修养。一个有科研能力、创新能力的人，不但要有科学知识，还要有一定的人文修养。只有在专业课、非专业课以及实践之间广泛涉猎，才能学会触类旁通，学会从总体上、大跨度地、综合性地理解和掌握所学专业的理论和知识，以便广开思路，系统地、创造性地解决各类复杂问题。因此，学校在课程设置、教学内容安排、教学方法创新过程中，应该将专业课、非专业课以及实践课程等有机结合起来，重视如艺术、历史、文学等学科的教育。

最后，要不断提高教学管理人员的能力水平。必须在提高教学管理人员自身素质方面下功夫。教学管理人员素质的高低、工作水平和办事效率的高低，对于加强管理工作、提高教学管理水平等至关重要。管理是一门重要的学科，目前高校在发展过程中存在的许多问题都与自身管理有着直接关系，更与管理者的素质密切相关。要使学校的教学管理水平上一个新的台阶，就必须提高教学管理人员的团队整体素质和个人综合素质，尤其应注意对教学管理人员专业素质的培养，加强相关培训与指导，使之常态化、制度化。在教学管理过程中，各级教学管理人员要始终树立服务观念，增强服务意识，主动为教师和学生做好服务工作。

（2）促进公平是做好高等教育工作的保证。

一般情况下，人们首先希望自己能够有接受高等教育的机会，其次才是追求好的学校和好的专业，高等教育的公平与效率间的关系一直处于动态的变化之中。推进教育公平发展，提高教育公平程度，是改革和发展社会主义高等教育的内在要求。提高教育效率是促进高等教育快速健康发展、积累高等教育资源、提供更多高等教育机会的重要途径，能够让更多人享受到高等教育的益处，从而提高我国高等教育的公平程度。政府和社会公众对参与社会活动和分配社会资源公平性的不断追求，尤其是对高等教育公平问题的关注度的日益提高，在客观上促进了高等教育效率的提升，推动着高等教育事业向前发展。只有不断提高教育的质量和效率，才能在更大范围内、更高层次上实现公平。因此，要将追求高等教育公平作为提高效率的动力。

### （三）职业教育

职业教育在我国社会发展中的贡献越来越突出，在缓解升学、就业压力，提升劳动力素质，促进就业市场繁荣，带动产业升级转型等方面发挥着不可替代的重要作用。

1. 职业教育的重要性

作为专业技能人才培养的重要一环，职业教育在社会人才培养乃至帮助学生创业、就业方面起到了十分积极的作用。通过职业教育学习，很多曾经彷徨在人生路上的青年朋友们找到了奋斗的目标和方向，他们的梦想不再遥不可及，而是可以真正地成为现实。

特别是高等职业教育，在我国过去20年的社会经济建设中，对我国的工业化进程和高等教育大众化起到了不可替代的作用。高等职业技术学校勇当改革排头兵，在构筑中国梦的伟大进程中，所培养的应用技术型人才承担起了艰巨的建设任务。

2. 职业教育的改革方略

（1）加强职业教育师资队伍建设。教师是教育教学的实施者，教师的教学水平和教学能力是提高教育教学质量的主要因素。因此，要提高教育教学质量就必须加强师资队伍的建设，不断更新教师的专业知识。在做好师资学历教育的同时，也要花大力气开展好教师队伍的在职培训工作。要尽快完善职业教育教师继续教育体系，满足其对专业知识、专业技能的更新要求和职业技术教育能力、素质的再提高。职业教育教师的成长需要经过掌握专业知识、获得专业经验、接受教师培训等三个规范化环节，其中专业经验的获得尤为必不可少。①

（2）摆正“专业课”与“文化课”之间的关系，准确定位文化基础课。职业教育不能仅仅局限于狭窄的专业技能训练，还必须注重对学生普通文化素质、道德、行为、人生观和价值观的培养。文化基础课不仅有助于学生成为有一技之长的“技能型”人才，还能帮助学生成为一专多能的“复合型”人才；不仅关系到学生是否能成为技巧型、技能型人才，从而解决就业问题，更关系到学生潜能开发、终身发展的问题。因此，我们要提高对文化基础课教学在职业教育中重要性的认识，将文化基础课程的教学安排放入整个人才培养方案和整体课程结构中，使文化基础课程真正发挥出学科价值。

（3）优化专业设置，加强特色建设。加强专业建设是职业学校提高教育教学质量和办学效益的一项重要工作，是学校内涵式发展的突破口和着力点。要根据当地经济建设和社会发展需要，根据科技进步和产业结构调整的

① 参见李业明：《高等职业教育发展中存在的问题及对策探讨》，载《中国教师》，2012（10）。

要求，对当地经济发展与产业结构的演变状况、社会职业分布和劳动力市场的供需情况进行调查、分析和研究，按照劳动力市场对人才类别、结构、层次、数量等方面的要求来调整相关的专业设置。要瞄准市场优化专业结构，结合自身的发展优势，加强特色专业的建设；要注意坚持稳定、长效、需求量多的主体专业或名牌专业同易变、短期、需求量相对少的新兴专业的结合，按照社会需要，巩固主干专业，改造传统专业，创设新兴专业，发展名牌专业，从而永久保持学校活力。

（4）激活办学机制，拓宽办学渠道。首先，职业教育要彻底改变其不能很好地适应当今社会需要的状况。应遵循社会主义市场经济体制和教育内在规律的要求，加强与不同类型教育的沟通和衔接，放宽招生和入学的年龄限制，提供方便灵活的学习机会，发挥学历教育、非学历教育、继续教育、职业技术培训教育等多种教育类型的功能，形成社会化、开放式的教育网络。其次，以扩大办学规模为目标，职业学校应与各地党政部门、周边学校保持联系和接触，不断拓展办学思路、空间。再次，职业学校应积极探索充满活力的动态发展模式，进行校企联办，走联合办学的共同发展之路。最后，应加强职业教育与普通高等教育的沟通，互相渗透，取长补短，满足广大学生的升学与就业需要。

（5）改变传统实验实训教学方法，建立以学生为主体、以教师为主导的实验教学新模式。让学生变被动为主动，变消极为积极，使实验课程成为学生自主学习、培养创造性思维和创新能力、掌握科学技术与研究科学理论的有效途径。将现代技术引入实验室，推动实验教学手段现代化，丰富实验教学内容，扩大信息量，提高实验教学的质量和效果，使学生在校期间接受较为完整的知识教育和操作技能训练，为毕业后尽快适应专业工作打下坚实基础。

### （四）实现教育自由与创新

教育自由包括教师“教”的自由和学生“学”的自由。自由是创新的基础，只有个人能自由独立地进行思考，才能创造出新的知识与技术。教育应该实现学生的自由发展，让每个学生能够更好地成为理想中的自己，也就是能够自主、自觉地发展。而这种自由发展的实现离不开教育自由，教育自由是培养创新精神、创新能力的最好土壤。

1. 教育自由与创新的重要性

教育，尤其是大学教育，应该满足整个国家的发展需要，应该能够和世界一流大学比肩，应该更加注重创新能力的培养。只有这样，我们国家的教育才既可以为个人的成长提供最坚实的基础，也可以为中华民族的发展和复兴提供更好的支撑。

从学生个人发展的角度来看，教育自由是对学生主体性的充分尊重，如果无法实现教育自由，学生学习的自主性、独特性、能动性和创造性就难以发挥出来，具有创新能力和高度责任感的创新型人才也无法培养出来。教育自由在本质上，就是让教师能够在向学生传递必备的知识和技能的前提下，自由选择合适的教学方法和模式，同时把发展的主动权交给学生，让学生自行选择学习内容、自由形成观点，并对自己的选择负责。这有助于培养学生的学习自主性、主动性与责任感。

从教育现状来看，中国改革开放事业下一步的重点是对教育的改革。但现在进行的教学改革多是对课程内容、学时长短等进行改良，极少触及教育的模式和体系。再次联想到“钱学森之问”，他在很多年前就看出目前教育体系很难培养出杰出人才。中国的发展需要大批创新型人才，而刻板、教条式的教育理念必须及时转变。

2. 教育自由与创新的改革方略

（1）课程改革。为了实现大学生的学习自由，首先应该压缩大学生课堂教学时间。斯坦福大学本科生的课时负担大约只相当于复旦大学学生的56%。[①] 只有减少大学生的课堂教学时间，才能为学生的自由学习提供充足的时间。为了实现学生学习自由，还应该改革课程结构，增加学生选择课程的自主权，给学生以充分的学习自由，使学生养成对自主选择行为负责的意识，促进学生个性发展。同时，我国本科生的教育课程中仍然存在着过分专业化的倾向。加强普通教育课程的设置，提高专业教育课程的质量和水平，将是今后改革的重要方向。[②]

（2）营造良好的创新环境。创新型杰出人才的培养离不开创新的氛围和文化，而当前我国教育乃至整个社会中正缺少这样一种鼓励创新的文化氛围。钱学森多次称赞自己在美国加州理工学院所接受的教育。“我到加州理工学院，一下子脑子就开了窍。”钱学森说，所有在那里学习过的人都受其

① 参见陈煜、汤智：《创新人才培养：美国比照下的反思与变革》，载《中国高教研究》，2008(4)。

② 参见贺永平：《关于创新型人才培养与大学生学习自由的研究》，载《教育与职业》，2013(9)。

创新精神的熏陶，知道不创新不行。[①] 为了培养创新型人才，应该大力强调学术自由，营造健康向上的校园文化环境，充分利用大学丰富的资源开展丰富多彩的课外活动，为学生提供发展空间。我国大学应借鉴国外经验，以制度的形式鼓励教学自由和学习自由，为学生自由探索知识、发展兴趣提供广阔的自由空间。

（3）加强跨学科教育。为了适应科学技术发展的趋势，我国大学应借鉴美、英、法等国大学的经验，广泛设置跨学科课程甚至跨学科辅修、跨学科学位专业。同时还应设置跨学科、多学科的研究组织，探讨科学发展的前沿问题。[②]

（4）完善教师奖励机制，鼓励创新教学。国内大学必须彻底纠正普遍存在的重科研轻教学、重研究生教育轻本科生教育的不良倾向，鼓励教师投身于本科生教育，积极参与本科生教育的改革实践。如在晋升和奖励方面更加重视本科生教学，对教师的各种教育创新措施予以经费支持，将改革与和教师发展密切相关的晋升制度、奖酬制度挂钩等。

（5）改革学生考评制度。在教学方法方面应该进行广泛改革，除了讲授课程以外，还应将项目研究、案例研究、实践锻炼、小组讨论等教学方法引入教学过程。与此同时，教学评价方法也应随之多样化。除了期中考试、期末考试、考勤等传统方法以外，还应有同学间评价、研究报告与定期汇报等多种形式。

教育是衡量国家发展潜力的一把标尺，无论在哪个时代、哪种社会制度下，教育都是不可忽视的。一个国家、一个民族的发展和振兴，首要依靠的就是人的素质的提高以及教育的发展。难以想象一个世界经济大国和在世界政治舞台中扮演重要角色的国家没有一流的教育力量作为坚强后盾。要坚持优先发展教育的国家战略，要将发展教育置于领先于或优于其他行业和部门而先行发展的重要地位。发展教育不仅仅是政府的责任、学校的责任，更是全社会、全民族共同的任务和使命。中华民族的伟大复兴之路离不开全民素质的提高，离不开各种人才的支撑。一个依靠创新发展的民族才是真正走上健康发展之路的民族，创新人才的培养是教育的基本任务之一。

党的十八大明确提出了人才培养的方向，教育事业任重而道远。要想实

---

① 参见阙明坤：《“钱学森之问”拷问中国教育现状》，载《教育与职业》，2010（1）。

② 参见钟秉林：《借鉴国外经验推进创新型人才培养》，载《中国教育报》，2007－01－17。

现中华民族伟大复兴的中国梦，让中华民族永远屹立于世界民族之林，教育不可或缺，利用这一重大机遇建立健全人民满意的、真正公平和有效的教育体系，才是教育的发展方向。

成就梦想，教育为本。

**参考文献**

陈煜，汤智．创新人才培养：美国比照下的反思与变革．中国高教研究，2008（4）．

褚宏启．教育公平与教育效率：教育改革与发展的双重目标．教育研究，2008（6）．

范先佐．关于教育领域公平与效率的抉择．江苏教育，2009（14）．

贺永平．关于创新型人才培养与大学生学习自由的研究．教育与职业，2013（9）．

李业明．高等职业教育发展中存在的问题及对策探讨．中国教师，2012（10）．

吕占峰，刘玉洁．高等教育领域中公平与效率关系探讨．理论与实践，2011（1）．

阙明坤．“钱学森之问”拷问中国教育现状．教育与职业，2010（1）．

吴莹．从“教育效率优先”到“更加注重教育公平”——基于30年来中国基础教育改革的政策视域，2010（11）．

钟秉林．借鉴国外经验推进创新型人才培养．中国教育报，2007-01-17（4）．

# 第九章　医疗改革的中国道路与中国梦想

陈　航

▶▶　陈航，男，现任北京地坛医院党委书记，市医管局改革发展处副处长，全国青联委员。曾任北京朝阳医院院办主任、副院长，北京医院协会行政管理专业委员会副主任委员。2009 年作为第一负责人组织了“三级甲等医院在推进社区卫生服务中的作用和模式研究”课题，获得北京市优秀人才培养资助计划资助；2011 年获北京市科委课题“北京市三级医院与城市社区卫生服务中心合作的绩效评价研究”。

## 前言

神农尝百草，黄帝演内经，扁鹊创中医一学，华佗刮骨疗伤，仲景《伤寒论》悬壶济世，思邈《千金方》述临床，李时珍遍尝天下草药而著《本草》，中华上下五千年，医者父母，医者仁心，家国责任，壮怀激烈。余以为，保国体民族之昌盛，此之甚为中国之梦；保苍生黎民之康健，此之甚为健康之梦。

回看五千年中华历史长河，名医不胜枚举，中华医学也以其博大精深而闻名世界，为世界医学宝库的繁荣和发展作出了不可磨灭的贡献，可以说，医药是同中华五千年的灿烂文化同根同源的。

时间进入近代，资本主义国家在用武力打开中国国门的过程中，也使得西方的医学传入中国。中西方医学虽然在治病机理上存在差别，然而其救死扶伤的精神实际上是殊途同归的，都为人类的永续发展作出了不可估量的贡献。

经过抗日战争、解放战争之后，积贫积弱的社会环境一度造成了医疗环境的恶化，人均寿命在建国之初只有 35 岁。新中国成立以后，中国的医疗卫生水平得到了大幅度的提高，人均寿命已经到达 76 岁，预期寿命为 80 岁，这在建国之初是不敢想象的。

我们国家在基础医疗领域取得了令世界瞩目的成就。在 1978 年的国际初级卫生保健会议上，中国所开展的初级卫生服务得到了与会各方的高度赞扬，大会认为中国作为人口大国，其健康问题的解决为世界人民摆脱疾病困扰、提升身体素质作出了巨大的贡献，在与疾病斗争的战役中为其他国家既树立了榜样也燃起了希望。此时的“健康梦”成就了后世的“中国梦”。

然而时间走过 60 多年，在回首辉煌的同时我们也应该发现很多问题，这些问题的存在在一定程度上阻碍了建设健康中国的进程，尤其是在最近一段时间，医疗已经同教育、就业一道成为老百姓最关心的三大领域。药品加成、天价医药费、劣质药品导致患者死亡的案例一次次触目惊心地摆在我们面前，拷问着我们的心灵。多少次，我都在问，中国，医疗，你到底怎么了？回首医改，20 年的工作经历让我看见了很多问题，有很多想法和感触，同时也感受到了历届领导对于医疗系统发展的重视，这给了我很多鼓舞和希望，让我看见中国医疗改革必定会阳光总在风雨后。

“医改”之于“健康梦”的实现有极为关键之作用，而“健康梦”犹如“中国梦”实现的钥匙、利剑、答案。因此，我愿未来医改能够直指华夏苍穹，有开天辟地之伟愿，响彻山河之雄心，拍案击水之宿命。那时，我们可以骄傲地说：“中国梦”的最终实现，中华民族的伟大复兴，就在不久的将来。

## 一、医改——一个有关中国健康的梦想与徘徊

医改并不是一个偶然和孤立的现象，其在全球范围内是一种普遍规律。就我国来说，由于我们国家特殊的政治体制和经济运作模式，导致我国的医疗体制改革并没有非常成熟的借鉴先例，必须探索出一种适合我国国情的、带有中国特色的社会主义的医疗改革模式，而这个过程必将是漫长而曲折的，并非一朝一夕的努力就能实现。在应对医疗改革这个全世界各个国家都面临的非常棘手的问题时，中华民族能具备克服障碍的勇气和能力，创造出一个又一个有关“中国梦”的奇迹。

### （一）我国医疗卫生发展与改革的成果

1. 第一阶段：1949—1978 年

1949 年中华人民共和国成立，伴随着这样一个有着特殊国情的社会主义国家的建立，在战争中荒废的各项事业都渐渐步入正轨，社会主义医疗卫生事业也自此得到了重建。在这一阶段，中国建立起由公费医疗、劳保医疗、合作医疗组成的福利性医疗保障制度，具有以下特点。

（1）政府主导。此时医疗卫生事业的投入主要以政府出资为主，公立医院、公费医疗是主体，在全部的医疗机构中占主要地位。

（2）预防为主，突出公益性。

（3）医疗保障覆盖面广。在城镇地区，公费医疗和劳保医疗制度基本上覆盖了所有的劳动者；农村地区合作医疗制度在鼎盛时期覆盖了 90％左右的农村人口。

2. 第二阶段：1979—2005 年

1978 年，十一届三中全会在北京胜利召开，以邓小平为核心的党的第二代中央领导集体审时度势地提出要以经济建设为中心，重新确立了实事求是的马克思主义的指导思想，开创了一条具有中国特色社会主义的发展道路。

虽然此后的实践证明，这一时期的医改基本上是不成功的，但是也不得不说此时身处时代大潮中的医疗卫生事业发生了翻天覆地的转变，主要包括以下几点。

(1) 医疗机构所有制发生变化，竞争产生效率。

(2) 医疗机构收益得到提升，政府的财政支出压力得到缓解。

(3) 农村合作医疗解体与恢复。

通过竞争以及民间经济力量的广泛介入，医疗服务领域的供给能力全面提高。医疗服务机构的数量、医生数量以及床位数量较计划经济时期有了明显的增长，技术装备水平全面改善，医务人员的业务素质迅速提高，能够开展的诊疗项目不断增加。

3. 第三阶段：2006年以来新医改阶段

2006年9月，由国家发改委、卫生部牵头，由11个部委组成的医疗体制改革协调小组（简称“医改协调小组”），启动了新医改方案的征集和制订工作，新一轮医改就此拉开序幕。

2007年初，医改协调小组委托北京大学等9家研究机构进行了新医改方案的设计规划。2008年2月2日，中国科学院又向国务院提交了1份医改建议。至此，总共10套医改方案正式出炉。

2009年1月，经过近一年的讨论和修改，国务院常务会议审议通过了《关于深化医药卫生体制改革的意见》和《医药卫生体制改革近期重点实施方案（2009—2011年）》，新一轮医改方案正式出台。此次医改，主要有以下几个亮点：

(1) 推进新农合制度建设。一是保障水平提高，二是支付方式改革，三是筹资模式创新，四是探索建立大病保障机制。

(2) 巩固完善基本药物制度和基层医疗卫生机构运行新机制。一是完善基本药物制度，二是推动基层医疗卫生机构综合改革，三是加强基层人才队伍建设。

(3) 全面推进公立医院改革。一是破除以药补医机制，二是探索体制机制改革，三是调整医疗服务价格。

2009年至今，在新医改启动四年多的探索中，医疗体制改革取得了初步的成就，主要表现在以下方面。

(1) 重大体制机制探索创新。一是改革管理体制，二是完善法人治理机制，三是推进补偿机制改革，四是加快形成多元化办医格局。

（2）服务体系调整重组。一是医疗卫生机构布局不断优化，薄弱区域和领域能力建设加强；二是进一步统筹城乡卫生发展；三是建立了公立医院与基层医疗卫生机构分工协作机制；四是多元化办医格局正逐步形成。

（3）惠民便民措施进一步完善。一是改善群众看病就医感受；二是控制医药费用过快上涨；三是持续提高医疗质量安全；四是加强医院信息化建设。

（4）加强人才队伍建设并调动医务人员积极性。一是开展住院医师规范化培训；二是实行人事和收入分配制度改革；三是增加对人才培养和学科发展的投入；四是促进医务人员合理流动；五是营造良好的医疗执业环境。

### （二）当前时期卫生系统存在的问题

回望医改，三次医改中我们取得了很多成绩，每一次的探索也使我们积累了很多经验，在不断的改革过程中，我们发现了很多还没有解决的问题。

（1）财政投入不足，医疗技术水平较低。

（2）医疗资源不平均。

（3）医务工作人员激励机制不完善。

（4）城镇公费医疗和劳保医疗制度不健全。

（5）医疗机构改革简单，不科学。

（6）财政收入分配体制存在问题。

此外，在最近进行的对试点城市医疗改革效果的调查研究中，我们还发现现有的医疗改革存在以下几点新问题：

（1）公立医院进行改革的自觉性缺乏。

（2）便民惠民服务缺乏规划。

（3）医疗机构隶属关系复杂。

（4）民营医疗机构发展缓慢、不科学，相关政策缺乏。

（5）“管办分开”、“政事分开”等相关政策执行迟缓。

（6）破除“以药养医”制度后没有及时建立起有效的医院补偿制度。

60多年的医疗卫生体制改革，有苦有甜，有笑有泪，有成功的喜悦，也有发现问题迎难而上的决心。医改的历程，恰似一部中国人民追求自身健康的史诗，述说着一代又一代医务工作者的探索和尝试。可以说医改是铸就中国梦、弘扬中国精神的重要体现。

医改，一个有关全体人民健康的梦想与徘徊。

## 二、以“健康梦”托起“中国梦”

上古开端，混沌蒙昧，但是“医”学的萌芽却已在人们心中悄然生成。遥望三湘四水，神农氏尝百草的身影依稀仍在；回首明朝万历，荆楚大地上似乎时珍正仰望星空，践行他那有关生命的强国誓言。

“医”在中国并不陌生，“不为良相，便为良医”的情怀曾支撑起了无数文人志士的报国脊梁，我认为，此为“中国梦”，所言不虚。

中国，这个回忆与希望并举，酸楚与幸福共存，发展与前进共展望，历史与未来共振奋的名字，是无数英雄儿女用青春，用热血，用满腔的报国情怀，用自己注定平凡而伟大的一生所书写描绘的——“中国梦”是责任复兴，“中国梦”是携手同行。

“中国梦”的实现需要无数中华儿女的努力，需要国内各个领域的通力合作。“中国梦”由很多方面组成，在此，我认为“健康梦”至关重要。医疗改革在中国实行的几年中，相关工作人员经历过困难、迷茫、彷徨甚至误解，然而同时我们也收获过某些领域成功的喜悦和幸福。中国是一个发展中大国，13 亿人口以及中国现在的社会制度和经济状况等特殊的国情注定中国的医疗改革没有可以完全借鉴的例子。因此，我们更需锐意进取，凝聚全体人民的智慧，在党中央的正确领导下，在无数医疗界同仁的不懈努力下，创造性地发展出一条中国特色社会主义卫生医疗事业发展的道路，为“健康梦”的实现积蓄力量，为实现中华民族的伟大复兴、为全体人民的“中国梦”的实现提供保证。

没有全体国民的身心健康，就没有全面建设小康社会的健康，就没有实现中华民族伟大复兴的健康。健康，根植于每个人的心中。

新医改提出“四梁八柱”，认为医疗体制改革主要包含公共卫生、医疗服务、药品管理和社会保障四个方面，“四梁八柱”的提出也为我们今后一个时期医疗卫生体制改革的推进提供了认识上的途径。

### （一）公共卫生——防病于未然

众所周知，人的健康可以从多个方面定义。世界卫生组织认为“健康不仅是躯体没有疾病，还要心理健康、社会适应良好和有道德”。因此，人的健康可以说和社会关系、自然环境等息息相关，而所谓的医疗对健康起的作用据调查只占10%左右。我国自古以来就有“上医治未病，中医治欲病，下医治已病”的说法，可见最好的卫生体系应该是保证国民从根本上不受疾病的侵扰，而要达到这种效果，单单靠得病之后的住院治疗是远远不够的。现在世界上主要发达国家都在着手建立健全的公共卫生体系，实际上就是希望通过公共卫生的作用，真正达到使国民健康的效果。一个成熟的公共卫生体系，其深远意义不仅在于使居民防病于未然，在节省看大病需要的大量金钱的同时使民众免去大病所带来的身体上的疼痛，还在于能够使我们处于身心健康的良好状态，保证国民身体素质的提高。因此，在未来十年内，我们国家应该在保证现有医疗水平的情况下，完善公共卫生领域的建设。

1. 加强重大疾病防控体系建设

对在早期可查可控可治愈的病种加强基础建设，建立覆盖城乡的防控体系，对一些重点地区加强监控，同时做好此类病种的防治药物的给予和发放工作。对多发疾病、可能造成严重危害的疾病，加强其相关体系的建设和管理。在现有基础上完善国家防病体系建设，加大力度培养相关领域的专业人才。各地区各部门结合本地区实际情况制定相关的法律法规，使疾病防治法制化、正规化。对可能造成大范围影响的传染病，在早期预防的基础上加大对传染源的隔离，制定相关程序，一旦发现已经发病或者疑似病例能够马上按照相关程序进行处理并救治，在最短的时间内把社会影响降到最低，减弱其对正常生产生活秩序的冲击。建立覆盖城乡的慢性病防控体系，加强对慢性病的预防。引进先进技术，完善电子信息档案体系，打造覆盖全国的重大疾病电子信息查询系统。对于没有能力建设系统的老少边穷地区，中央政府给予大力扶持，同时保障相关工作人员的工作和待遇，加强防病知识的宣传。

2. 完善基础卫生监督机制

完善对于相关网络体系建设的监督机制，运用科学手段加强监督力度，采用先进技术，通过定量等手段，对监督结果量化后进行科学比对，保证监督的有效性和可持续性。建立包括食品、药品、饮用水、环境卫生、放射卫生和医疗服务在内的综合监督体制。加强各省、自治区、直辖市的监督联动体系，一旦发现有违反相关规定的行为能够形成跨区域合作。

3. 着力建设公共卫生应急体系，做好卫生应急工作

加强公共卫生突发事件预警及应急机制。建立突发事件的预警、行动和预防、评估机制。对经济落后地区、疾病高发地区给予政策和财政上的倾斜，保证其制度建设的畅通。加强农村地区的应急体系建设。

4. 继续加强妇女儿童的医疗救助保护和疾病防治知识的宣传，促进健康状况提升

继续落实各级、各部门妇幼保健组织的建设，提高其工作能力，培养相关的专业人员，保证日常服务的科学和安全。加强对妇女疾病预防和控制的信息教育，在有条件的地区定期进行妇科检查，认真完成以宫颈癌和乳腺癌为重点的疾病防治工作。加强孕妇保健，县级妇幼保健机构力争保持在1 600家以上。加强孕期补助，到2015年孕妇死亡率力争控制在25/100 000万，婴儿死亡率力争控制在1.1%，新生儿死亡率力争控制在0.7%，人均预期寿命在2010年的基础上提高一岁，对产科出血、妊高症等易导致孕妇死亡的症状进行重点观察。至2015年，三岁以下儿童系统管理率高于80%；孕产妇系统管理率高于85%；孕产妇住院分娩率高于98%。

建设三级疾病防治宣传体系，加强健康教育宣传能力建设，创新健康教育宣传形式，保证健康教育质量，培养更多民众对于疾病防治知识的注意。

5. 继续做好重大疾病的防治工作

加大传染病、慢性病的防治力度。继续执行艾滋病“四免一关怀”政策，开展覆盖全国的艾滋病教育、预防和治疗的相关知识的普及工作，加强防治救助、人身权利等方面的建设。继续提高疫苗接种率，对携带传染病菌的患者进行信息备案，实现跨区域信息共享。

至2015年，力争实现法定传染病报告率达到95%，存活的艾滋病病毒感染人数和病人数为120万左右，全人群乙型肝炎表面抗原携带率低于6.5%，以乡镇为单位适龄儿童免疫规划疫苗接种率高于90%，重点慢性病防治核心信息人群知晓率高于50%。

6. 加大力度开展爱国卫生运动

改善国民居住环境，在农村进行厕所改造，到2015年，卫生厕所普及率争取达到70%。加强对饮用水卫生质量的监管和治理，建立环境评级系统。加强血吸虫病的防治。克山病、大骨节病的累计消除县数在未来五年内争取达到300个。

7. 加强对食品安全卫生的监管

完善食品安全法规的配套制度，完善食品安全检测网络，建立完善统一的食品安全标准，对无视食品安全、危害人民生命健康的行为一经发现，立即按照相关法律处理。

8. 继续加强对职业病的预防治疗

扩大对尘肺等重点恶性职业病的体检覆盖面，制定相关的职业健康标

准，对不能为员工提供安全工作环境的生产企业按照法律进行惩罚。完善职业病裁定的法定程序，宣传职业病的防治，选派和培养相关的专业人员充实到职业病多发地。

9. 开展卫生监督工作

保证城乡供水的数量和质量。加强包括餐饮等在内的公共场所的卫生检查。继续加大对非法行医和非法血浆交易的打击力度。重点加强农村、学校等地卫生情况的检查力度。

### （二）医疗服务——梦圆人性管理

如果说公共卫生涉及的是社会健康的基础，那么医疗服务无疑是医疗改革的核心、重点。如果医疗服务不能满足人民的需求，看病难、看病贵问题仍然存在，那我们就不能定义一次医改为成功的医改。因此，医疗服务牵扯医改的命脉，是医疗卫生体制改革成败的关键所在。

随着人民生活水平的提高，过去简单的医疗服务已经无法满足人民日益提升的需求，于是更高层次的、更能满足人民群众人性化需求的医疗服务的提供成为了当代各个国家医疗卫生体制改革的重点，能否做到对患者进行人性化服务也成为衡量一个国家医疗服务水平高低的重要标准。因此，想要开展赢得国民满意的医疗服务，必须开启医疗服务的人性化篇章。

1. 引入社会资本兴办民营医疗机构

在整个卫生事业规划和医疗饱和度考量中为民营医院的发展留出余地。制定相关的鼓励政策，大力扶持民营医院的发展。完善社会资本兴办医疗机构的进入和退出机制，加强对民营医院准入和退出的监管。鼓励具有影响力的企业和个人投身到社会办医疗机构的事业中来。进行医疗资源的区域规划，对于一些公立医院富余、可能造成医疗资源浪费的地区，可制定相关程序，进行公立医院的改制，为医疗市场注入活力。对已经创办的民营医院，要在政策上予以支持，同时应加强对民营医院的日常管理，制定相关的管理程序。通过网络、电视、广播等途径着力消除民众对民营医院的偏见，为民营医院的发展打造一个平等的平台。继续落实国务院《关于进一步鼓励和引导社会资本举办医疗机构的意见》，保证民营医院的设备引进、土地审批、医院人员职称评定、医保定点等相关制度审批的持续有效执行，对不能按照方针政策执行的相关责任人进行处理。

2. 加强以城市社区卫生服务网络为主的卫生基础网络建设

完善转诊体系，加强基层卫生服务建设，在政策和财政上对基层卫生网络进行支持，配备专业的医护人员和管理人员，有条件的地区可以发展三级医院直管社区卫生服务中心和三级医院托管社区卫生服务中心模式，提高其诊疗和服务质量。完善全科医生的培养机制，在未来五年内，加强全科医生学科体系建设，使90%以上的日常疾病都能通过社区卫生服务中心等基层卫生体系得到救治。学习英国经验，以社区卫生服务中心为依托，实行家庭医生首诊、分级诊疗和双向转诊制度，把家庭医生纳入社区卫生服务中心的管辖中。进行区域规划，形成覆盖城乡的社区卫生中心服务体系。除了直管和托管之外，城市三级医院或有相关资质的大型医疗机构应肩负起对所在地的社区卫生中心的培训职能，定期对社区卫生服务中心的医护人员进行业务指导。

3. 对医疗资源进行合理规划

继续执行《卫生事业发展十二五规划》中“坚持非营利性医疗机构为主体、营利性医疗机构为补充，公立医疗机构为主导、非公立医疗机构共同发展”的战略规划。各地区在对本地区的医疗资源进行统计的基础上，对现有的医疗资源进行合理调配，在医院数量、医务人员数量、医务人员质量和医疗仪器方面根据本地区的实际情况进行合理调整。在满足群众医疗要求的基础上，按照地区常住人口和流动人口的比率特点进行布局，按照“十二五”规划的指示，“原则上不再扩大公立医院规模”。科学规划疾病诊疗区间，力争实现社区卫生中心十分钟诊疗圈和城市大型医疗机构三十分钟诊疗圈。对“药贩子”、“号贩子”进行严厉打击，邀请相关学者对挂号体系进行科学设计，切实解决人民群众看不上病、看不起病的问题。

4. 加强农村基础卫生网络的建设

加大力气发展乡镇医院，对乡镇重点医院的发展给予技术、人员、资金和政策支持，使基本疾病都能在本区域内解决。加强卫生院和村卫生室建设，按照相关地区的实际情况，因地制宜地培养适合本地区的医务人员，并配备适合本地区需要的诊疗设备。

5. 提高医疗质量和水平，加大对诊疗服务的监管力度

建立覆盖城乡的质量监督管理体系，制定统一的质量管理标准，实现信息的跨区域共享，在对医院和医疗机构进行质量监督的同时，对相关的责任人进行相关培训。制定和完善包括医疗服务人员、医疗器械设备等要素的准入体系，加强对包括药品在内的医疗要素的安全监控，防止劣质药、假药流入，加强临床服务质量监督。打通医疗服务投诉通道，建立和完善医疗纠纷

处理体系。同时，在群众中加强对医疗事故界定相关知识的宣传，在保证医疗质量的同时减少由于群众不了解、不信任而造成的误解和沟通上的问题，保证医疗纠纷的妥善解决。继续完善医疗机构的评级工作，对不符合相关等级标准的医疗机构进行相应的整顿和处理，保证医疗机构评级制度的公正、科学。提高对执业医师资格考试中舞弊、作弊等行为的打击力度，加大执业医师资格考试的难度，规范考试程序和制度。

6. 继续坚持公立医院医疗改革

按照“政事分开、管办分开、医药分开、营利性和非营利性分开”的原则，继续坚持公立医院改革，使公立医院回归公益性。废除“医药补医”制度，保证药品生产流通环节的畅通有序，对于医药贿赂等可能有损公立医院公益性，造成医疗成本价格上涨，老百姓看病贵的问题，有关单位应进行严肃处理。在破除“以药养医”的大背景下，积极探索新的公立医院盈利模式。建立科学合理的医院财务制度，改变现有的财务制度不清的状况，更加注重医院的成本收益。继续加大对公立医院医师多点执业的支持力度，活跃医疗服务市场，形成有序的竞争机制，同时完善医师多点执业的监管体制，完善问题处理和解决机制，对医师多点执业所可能产生的质量问题进行监控。创新公立医院管理方式，将现代企业的管理方式和医疗部门的自身特点相结合，在提高公立医院效率的同时保证公立医院的公益性。明确公立医院和民营医院的各自定位。未来几年，着力保证和发展公立医院对基础医疗的服务，把高端医疗市场让位给社会资本。

7. 重视中医事业的发展

对现有的中医药、医师资源进行科学合理的规划，完善中医诊疗体系，加大对各级中医医疗机构的扶持力度，下大力气培养合格的中医医师。中医药的发扬在提升国民身体素质、强身健体的同时还有助于弘扬民族文化。加强中西医的结合不仅有助于民族产业的发展，还能够为世界医疗卫生的发展作出贡献。

8. 发展健康产业，制定扶植健康产业提升的政策

在现有基础上，鼓励除公有制之外的其他所有制医疗机构兴办健康产业，举办像健康咨询、心理疏导、营养建议、护理、康复、临终关怀等关乎老百姓健康权益的医疗机构。

9. 加强医药卫生人才的培养和选拔机制

实施人才强医战略，对重点学科加强高端人才的培养，同时增加人才培

养的数量，以提升人才的综合临床素质为目的，使医学学生在校期间享受到更多的实践机会。对成绩优异的医学学生给予一定的帮助，提升护理人员的综合能力。创新人才培养机制，增加对全科医生培养的投入，给予全科医生更多的实践机会和就业上的便利。坚持卫生部“十二五”规划中提出的“到2015年，通过转岗培训、在岗培训和规范化培养等多种途径培养15万名全科医生，使每万名城市居民拥有2名以上全科医生，每个乡镇卫生院均有全科医生”。同时，各级各部门应该根据本地区的实际情况，制定相应的政策，积极引导全科医生到所在地的基层医疗机构工作，从而为基层医疗的发展以及之后基层医疗为主，符合条件的情况下转诊的模式的建立打下基础。

10. 发展完善医疗卫生信息化平台建设

形成覆盖全国的医药卫生信息服务网络，逐步实现信息交流和共享。建立电子健康信息网络，居民可以在网上获得有关疾病预防、治疗和康复的相关知识。完善医疗机构信息化建设，通过信息平台公示医疗机构服务人员服务水平和绩效考核结果，方便民众就医。

## （三）药品管理——“药”，筑梦辉煌

1950年，新中国成立初期由于财政上的困难，中央政府决定在医疗领域采取“以药养医”制度，赋予医院给药品加成销售以支付医院运转所需资金的权利。改革开放后，政府将医院的运营管理推入市场，其本意是提高医院运营效率，节省国家财政开支。然而此时，面对国家财政投入日益减少的现状，由于要承担原有的医院管理资金、医务人员工资以及医院发展资金等，在诊疗价格受物价局制约的情况下，医院不得不通过药品销售来保证医院的正常运转。

一直以来，大家对“以药养医”制度就非议不断，一方面，在其施行早期，确实为医院的正常运转提供了资金财力上的保障；但是另一方面，随着时间的推移，越来越多的医药公司发现了“以药养医”制度背后的漏洞，他们基于这些漏洞，利用某些医务人员人格上的弱点进行牟利，致使药品价格居高不下，居民“看病难、看病贵”问题难以解决，民怨四起。

2012年1月，随着新一轮医改朝着纵深方向发展，越来越多的利益关系网络浮出水面，其改革的力度也渐渐加大，一直以来就遭人诟病的“以药养医”制度也终于在此时宣布要在“十二五”期间退出历史舞台。

然而，自从“以药养医”施行以来，尤其是最近一段时间，我看到、了

解到的许多行为不禁让我想起了我们曾经所熟知并决定终生矢志不渝地追随的希波克拉底誓言：

“仰赖医神阿波罗·埃斯克雷波斯及天地诸神为证，鄙人敬谨直誓，愿以自身能力及判断力所及，遵守此约。凡授我艺者，敬之如父母，作为终身同业伴侣，彼有急需，我接济之。视彼儿女，犹我兄弟，如欲受业，当免费并无条件传授之。凡我所知，无论口授书传，俱传之吾与吾师之子及发誓遵守此约之生徒，此外不传与他人。

…………

“无论至于何处，遇男或女，贵人及奴婢，我之唯一目的，为病家谋幸福，并检点吾身，不作各种害人及恶劣行为，尤不作诱奸之事。凡我所见所闻，无论有无业务关系，我认为应守秘密者，我愿保守秘密。尚使我严守上述誓言时，请求神祇让我生命与医术能得无上光荣，我苟违誓，天地鬼神实共殛之。”

希波克拉底誓言宣誓时的庄重犹在耳畔，此将终生告诫我行医之克诚克谨，如履薄冰。

每一次拷问都会使我陷入到良久的沉默中，身处医疗队伍之中的我此刻甚至也对这种感觉莫能明状，是制度错了，还是人错了？但是无论如何，让我感到欣喜的是，“以药养医”的制度毫无疑问会在不久的将来得到彻底的废除，我们希望，我们的父母、儿女、朋友，都能安然地生活在这片土地上。

1. 推进药品生产和流通领域的改革

改革药品价格形成机制，选择临床使用量较大的药品，依据市面上主要企业的该药品的生产成本，参考集中采购价格和零售药店的销售价格等制定合理的最高指导价格，并且根据市场形势的变化作出相应的及时、准确的调整。

2. 制定和完善基本药物制度相关配套政策，提高基本药物的供应和保障能力

有关政府应该巩固现有的公办基层医疗卫生机构实施基本药物制度的成果，扩大基本药物名目的范围，有效地推进村卫生室和乡镇卫生院实施基本药物制度，使基本药物制度得到有效贯彻。对社会资本兴办的基层医疗机构可以采取政府购买的方式将其纳入基本药物制度的实施范围，在保证社会办医疗机构能够和公立医院享受同样待遇的同时，也使得在社会办医疗机构就

医的民众能够享受到实惠。鼓励公立医院和其他医疗机构优先使用基本药物，完善国家基本药物目录的遴选机制，健全基本药物的选拔标准。规范基本药物名目中所包含产品的采购机制，杜绝中间商的盘剥牟利。强化相关医疗机构基本药物的使用和管理，逐步建立和完善基本药物临床综合评价体系。完善医护人员的知识体系，加大对医疗工作者使用相关基本药物的培训力度。完善基本药物制度形成和调整的快速反应机制。加强对基本药物运行监测评价的信息反馈机制建设。

3. 相关部门通力合作，破除“以药养医”制度

建立新的公立医院盈利补偿机制，及时调整由于“以药养医”制度破除而给医疗机构运营所带来的影响，保证医院财务的良好运行。

4. 提高药品安全水平

按照“地方政府负总责，监管部门负全责，企业是第一责任人”的要求，保证药品安全制度落到实处。强化药品研制、生产、流通和使用全过程的质量监管，严厉制裁制售假冒伪劣药品的药品生产厂家。实施国家药品标准提高行动计划，提高仿制药品质量，同时加大药品创新力度，根据疾病谱系的变化及时创新药品种类。健全药品质量监察检测体系，提高药品监察检测能力，同时加强对基本药物不良反应的检测和反馈，以及不良医疗器械的预警和评价。在现有基础上建立和完善药品安全应急处理体系，提高能力和水平，使出现的紧急事件能够得到解决，加强技术评审等基础设施建设，配备快速检验设备。在药品监管方面，推进监管体制建设，形成覆盖全品种、全过程的药品电子监管体系。

5. 推动执业药师队伍的能力提升

加强对执业药师专业素养的培养，加大执业药师配备使用力度，到2020年，形成覆盖城乡的执业医生坐诊服务网络，力争所有零售药店和医院药房都配备专业药师进行合理用药的指导。规范药品生产流通秩序，完善医疗药品集中采购办法，加强对集中采购的机制建设，形成稳定有效的集中采购的合理程序，加强对相关责任人的监督管理，在现有基础上规范采购行为，将牵涉数目或者金额较大的医疗器械的采购纳入集中采购的范围内。完善进口药品的管理，加强药品价格信息采集和分析披露制度。

6. 发展现代科技的生物制药技术

创立和完善现有的药品生产流通政策，创新药品生产技术。支持药品制造企业重组兼并，产生规模效益，提升企业竞争力。创新药品质量管理体

系，在注重药品成本降低的同时一定要保证药品质量。加强自主创新能力的建设，推动生物技术、化学药物、中药、生物科学工程等技术的开发和使用，最终使其产业化、规模化。

### （四）社会保障——全民医保，助梦远行

现代意义上的社会保障制度最早出现在19世纪的欧洲。由于当时工业革命的加快发展，导致社会经济出现了新情况和新格局，原有的秩序被打破。在此背景下，1883年，由俾斯麦政府创立的现代社会保障制度首次在德国出现。

实际上，早在1601年，时任英国女王伊丽莎白一世就颁行了世界上第一部《济贫法》，这是现代社会保障制度的萌芽。1935年，美国国会通过了综合性的《社会保障法》，"社会保障"一词由此产生，并沿用至今，它标志着现代社会保障制度的形成。目前在全世界160多个国家和地区都存在着社会保障制度。

2002年，中共十六大在北京召开，在此次会议上明确提出把"社会保障制度比较健全"作为全面建设小康社会的目标之一。社会保障制度关乎国家的安定与团结，关乎公平和效率的价值观争论，能否把建立健全社会保障制度落到实处，已成为影响经济社会发展的关键问题。想民众之所想，急民众之所急，从人民群众最关心、最直接、最现实的利益问题入手，切实做好社会保障制度的建立和完善工作，加快形成与经济发展水平相适应的社会保障制度的新格局。在此过程中，我们应该不断扩大覆盖面，做到广覆盖、低水平，保证社会最底层、最易受到疾病困扰的群体的就医保障工作，这是贯彻落实科学发展观的本质要求和重要内容。建立健全与社会格局相协调、与经济发展水平相适应的社会保障体系，是经济社会科学、可持续发展的必然要求，是构建社会主义和谐社会的重要保证。

现阶段我国的社会保障制度包括社会保险、社会福利、优抚安置、社会救助和住房保障等。社会保障制度的建立健全是社会生活公平法制的体现。

1. 加快建立和完善覆盖全体国民的医疗保障制度

巩固和扩大医保覆盖面，保证医疗保障制度的多层次、立体化结构。逐步提高政府对新农合和城镇居民医保的补贴标准，到中国共产党成立100年，争取达到每人每年400元以上，个人享受医疗保险的水平逐渐提高。

逐步提高基本医疗保险最高支付额度和费用支付比例。处理好职工医

保、城镇居民医保和新农合待遇水平之间的有效衔接，三项基本医疗保障政策范围内住院费用支付比例争取在2020年达到80%以上，明显缩小与实际支付比例之间的差距，重点做好农民工、非公有制经济组织从业人员、灵活就业人员，以及关闭破产企业退休人员和困难企业职工参保工作，使民众“看病难、看病贵”问题得到有效缓解。

普遍开展城镇居民医保、新农合门诊医疗费用统筹，支付比例争取达到60%以上，逐步推进职工医保门诊统筹。此外，有关部门应在现有基础上坚持城乡统筹，逐步提高统筹层次，缩小城乡、地区间保障水平差距，完善相关医疗保险关系转移接续办法，一些有条件的地区应探索建立统筹城乡的居民基本医疗保障制度。

2. 在现有基础上继续巩固和发展新农合制度

到2020年，新农合参保率保持在97%以上，并且建立长期稳定的筹资增长机制，不断提高新农合的筹资水平，逐步缩小城乡医保筹资水平和保障水平的差距，为实现城乡统一的医疗保障制度奠定了基础。在现有基础上逐步扩大医疗保障范围，到2020年，实现全国普通门诊项目的全覆盖。扩大大额门诊慢性病、特殊病种补偿的病种范围。继续开展重大疾病保障工作，在全国全面推开提高儿童白血病和先天性心脏病、尿毒症等大病医疗保障水平的工作，将肺癌等大病纳入保障和救治试点范围，并适当扩大病种，提高补偿水平。

3. 进一步完善职工医疗保障和城镇居民医疗保障制度

巩固扩大覆盖面，逐步提高保障水平。进一步完善城乡医疗救治制度，全面提高医疗救助水平，对救助对象参保及其难以负担的医疗费用提供补助，筑牢医疗保障底线。

4. 探索医疗保障机制

在现有水平基础上，探索建立重大、特大疾病保障机制，着力解决重大、特大疾病患者的因病致贫、因病返贫问题。积极扩大城乡居民大病保险工作的覆盖面，提高保障水平，利用基本医疗基金向商业保险机构购买大病保险，在促进商业保险发展的同时也有力地保障了居民的就医水平，减轻参保人员的高额医疗费用负担。

5. 加强基本医疗保障基金管理

完善基金管理经办机构，对日常的经办进行监督管理。规范基金管理，控制基金累计结余率，提高基金使用效果，确保基金使用和管理安全。建立医疗费用异地协查机制，全面实现统筹区域内和省内医疗费用异地即时结算，使患者只需支付自负部分费用，其余费用由医保经办机构与医疗机构直接结算，初步建立跨省医疗费用的异地结算制度。此外，各有关部门应积极探索委托具有资质的商业保险机构经办各类医疗保障管理服务。按照管办分开原则，完善基本医疗保险管理和经办的运行机制，明确界定责任，进一步落实医疗制度经办机构的法人自主权，提高经办能力和效率。在确保基金安全和有效监管的前提下，鼓励以政府购买服务的方式，委托具有资质的商业保险机构经办各类医疗保障管理服务。加快建立具有基金管理、费用结算与控制、医疗行为管理与监督等复合功能的医保信息系统，实现与定点医疗机构信息系统的对接。积极推广医保就医“一卡通”，拓展各种有效途径，方便医保人员就医。

6. 全面推进支付方式改革

结合基金收支预算管理和疾病临床路径管理，在全国范围内积极推行按病种治疗和按人头治疗的付费方式，发展总额预付等多种支付方式。鼓励基本医保药品使用名录里出现的药品，建立有效的医疗保障费用的增长制约机制，控制现阶段愈演愈烈的医药费用的不合理增长。

7. 积极发展商业健康保险，完善补充医疗保险制度

完善商业保险产业政策，鼓励商业保险机构发展基本保险之外的健康保险产品，积极引导商业保险机构开发长期护理保险、特殊大病保险等险种，落实税收等相关政策。满足日益提升的生活水平下更多人群更高层次的医疗需求。积极鼓励相关企业和个人参与到包括商业保险在内的多种形式的补充保险中来。

8. 加强基本医保资金收支管理

职工医保基金结余过多的地区要把结余降到合理水平，城镇居民医保和新农合基金要坚持当年收支平衡的原则，结余过多的，可结合实际重点提高高额医疗费用支付水平，增强基本医疗基金共济和抗风险能力，实现市级统筹，逐步建立省级风险调剂金制度，积极推进省级统筹。完善医保基金管理监督和风险防范机制，防治基本医保基金透支，保障基金安全。

9. 完善城乡救助制度

加大救助资金投入，筑牢医疗保障底线，资助低保人员家庭、五保户、重度残疾人以及城乡低收入家庭参加城镇居民医保或者新农合。无负担能力的病人发生急救医疗费用通过医疗救助基金、政府补助等渠道解决，鼓励和

引导社会力量发展慈善医疗救助。鼓励工会等社会团体开展多种形式的医疗互助活动。

此外，除了对现有的社会保障基金进行管理外，有关部门还可以借鉴他国经验，在熟悉相关市场、了解金融投资领域的政策的基础上进行社会保障基金的投融资，促进社会保障基金的合理增值。

## 后记

“健康梦”的实现离不开医改，医改强国，医改圆梦。在当前一个时期，我们应该把“中国梦”、“健康梦”的实现与医疗卫生体制改革的成功紧紧相连，这也是建设有中国特色社会主义国家的题中之意。我们应该坚持解放思想、实事求是、以人为本的思想，保证医改的正确方向不动摇。

“健康”能够为一个民族的持续发展、兴旺发达提供不竭的动力和永生的希望，“健康梦”关乎每位公民、每个家庭甚至整个社会的稳定和繁荣。“健康梦”的实现必须坚持中国道路，必须凝聚中国力量，必须弘扬中国精神。“健康梦”的本质就是“中国梦”。

无可否认，现在的医疗卫生事业也存在着这样那样的问题，但是任何事情都是困境与机遇并存、威胁与挑战共生的。我们应该具备发展的眼光，审时度势地看待现有的问题，在问题中找寻方法，用绝望来创造希望。

中华儿女多奇志。我们走过上古的蒙昧，体味过古代傲视四方的辉煌，也经历了近代中国的屈辱，走过了抗日战争，走过了解放战争。历史告诉我们，中华民族是一个智慧、勇敢、坚韧的民族，我们具有能够创造灿烂的中华文明的睿智，同样也具有拿起武器保家卫国的决心，中华民族从来都是打不倒的，任何问题都能够在华夏大地上迎刃而解。无畏、无惧，中国走过了漫长的千年；有勇、有谋，中国必将开创新的有关医改的辉煌。

展望新时期，可以预见的是我们的医疗体制改革必将会在以新一代领导人为核心的党中央的领导下，在解决现有问题的基础上，开创出又一个让世人刮目相看的新辉煌。

道路是曲折的，前途是光明的，让我们拭目以待一个有梦想、有健康的中国。

# 第十章　从环境保护到生态文明建设

王彤宙

▶▶　王彤宙，男，现任中国节能环保集团公司董事、总经理、党委常委，全国青联常委，中国青年企业家协会特邀副会长，中国经济体制改革研究会产业改革与企业发展委员会副会长，绿色产业联盟执行理事长，中国领导人才专委会常务理事等。博士，英国皇家特许建造师，教授级高级工程师。1991 年起历任中国建筑海南开发公司副总经理，中建实业公司副总经理兼中国建筑海南开发公司总经理，中国建筑总公司总承包部（国内事业部）总经理兼中建国际建设公司常务董事、副总经理，中国建筑发展有限公司总经理，中国建筑第六工程局局长，中国水利水电建设集团公司党委常委、副总经理，中国电力建设集团党委常委、副总经理。

经过30多年的改革开放，我国在经济建设领域取得了举世瞩目的巨大成就，已经成为世界第二大经济体，人民群众的生活也得到空前改善。但与此同时，资源约束趋紧、环境污染严重、生态系统退化的形势日趋严峻，雾霾天气、地下水污染、重金属污染等事件越来越多，不仅严重影响了正常的生产和生活秩序，而且影响未来的可持续发展。为此，党的十八大提出，建设生态文明，是关系人民福祉、关乎民族未来的长远大计；必须把生态文明建设放在突出地位，融入经济建设、政治建设、文化建设、社会建设各方面和全过程，努力建设美丽中国，实现中华民族永续发展。因此，生态文明建设既是“中国梦”的重要组成部分，又是实现“中国梦”的重要基础。

目前，全国人民都在热议“中国梦”，讨论“中国梦”与国家、民族、社会以及个人的关系。可以说，“中国梦”是以习近平为总书记的新一届党中央领导集体的政治宣言，其本质内涵就是要实现中华民族的伟大复兴，实现国家富强、民族复兴、人民幸福、社会和谐，实现经济发展、政治清明、文化繁荣、环境优美和社会和谐的高度统一。正如习近平总书记在致生态文明贵阳国际论坛的贺信中所强调指出的，走向生态文明新时代，建设美丽中国，是实现中华民族伟大复兴的中国梦的重要内容。中国将按照尊重自然、顺应自然、保护自然的理念，贯彻节约资源和保护环境的基本国策，更加自觉地推动绿色发展、循环发展、低碳发展，把生态文明建设融入经济建设、政治建设、文化建设、社会建设各方面和全过程，形成节约资源、保护环境的空间格局、产业结构、生产方式、生活方式，为子孙后代留下天蓝、地绿、水清的生产生活环境。

节约资源和保护环境是生态文明建设的基础，但生态文明建设并不等同于节约资源和保护环境，而是在二者基础之上的升华。建设生态文明，要树立尊重自然、顺应自然、保护自然的生态文明理念，形成自觉的生态文明行为；要克服工业文明弊端，探索建设资源节约型、环境友好型社会的发展道路；要摈弃那种片面追求经济利益最大化，对自然界造成破坏性“索取”与“排放”的发展模式和文明形态，取而代之以低碳的、清洁的、与自然和谐相处的新发展模式和文明形态，用“绿色文明”取代“黑色文明”。

## 一、生态环境问题是世界性难题

### （一）人为因素是造成生态环境问题的主要原因

生态环境问题是指人类在利用和改造自然过程中，对自然环境破坏和污染所产生的危害人类生存的各种负反馈效应。造成生态环境问题的原因可以分为三类：一是自然灾难，包括地震、飓风、海啸、雷电、龙卷风、火山喷发等；二是人类主观故意、过失或失误；三是自然界与人类共同作用。例如：2011年日本大地震，9.0级地震及其引发的海啸造成巨大的人员财产损失，以及对生态环境的巨大破坏。大约有150万吨的残骸漂浮在太平洋上，有相当于得克萨斯州面积3倍的垃圾在一年后漂洋过海至美国西海岸。同时，由于处置不当导致福岛核电站泄漏，造成比前苏联切尔诺贝利核泄漏更大规模的核污染，其长远灾难性后果难以估量。纵观全球日益严峻的生态环境问题，人为因素是主要成因。

### （二）在工业化进程中出现生态环境问题具有普遍性

自17世纪工业革命以来，伴随着工业化给人类社会带来繁荣和富裕，生态环境污染也随之而来。无论是发达国家，还是发展中国家，在工业化进程中都出现了很多环境公害事件。

例如，发生于20世纪50年代的日本水俣市有机汞中毒事件，是发达国家影响较大的典型性事件之一。水俣市位于日本九州岛熊本县，从20世纪50年代起，当地居民发现身边的猫出现了奇怪的病症，它们经常浑身抽搐，看上去十分痛苦，最后会以好像自杀的方式跳进海里结束痛苦。人们把这种病称为“猫舞病”。从1953年开始，人也出现了和猫一样的病症，患者口齿不清、面部发呆、手脚发抖、精神失常，久治不愈，最终全身弯曲，悲惨死去。1956年8月，日本熊本国立大学医学院发表研究报告，指出罪魁祸首是当地的化肥厂。这家氮肥厂将含有甲基汞的废水排入水俣湾，水生生物摄入甲基汞并蓄积于体内，通过食物链逐级富集，鱼体内的甲基汞比污染水体中高万倍，居民因长期食用这些海产品而致病。水俣病被确定的五年后，开始出现先天性水俣病。这是世界上第一种因水体污染而诱发的先天缺陷，母体摄入甲基汞，通过胎盘引起胎儿中枢神经系统障碍，很多婴儿出生后3个月出现发育迟钝、协调障碍、斜眼怪笑、肌肉萎缩等症状。在水俣病被确定的20年里，有数千人因此病而死亡。

再例如，发生于1984年的印度博帕尔市工业污染事件，是发展中国家影响较大的典型性事件。1984年12月3日凌晨，印度博帕尔市发生了人类有史以来最大的工业污染悲剧。美国联合碳化物公司（Union Carbide）在博帕尔市郊开设农药厂，厂里储存了45吨液态剧毒性甲基异氰酸酯（MIC）。

12月2日，在清理储罐时，水流入储罐内，并发生化学反应，当晚11时开始溢出，工作人员虽然发现了泄漏，但未能采取有效措施控制。甲基异氰酸酯以气态形式迅速向外扩散，形成浓密的夺命烟雾，毒雾经过毗邻工厂的两个小镇，造成数百人在睡梦中死亡；随后无声无息地穿过庙宇、商店、街道和湖泊，笼罩方圆40公里的市区。一周后，有3 000余人死亡。到12月底，有2万多人死亡，近20万人致残，幸存者大多数双目失明，鼻腔和支气管受到严重损伤，数千头牲畜被毒死。

### （三）环境保护已成为当今世界普遍重视的重大问题

随着环境公害事件不断发生，范围、规模不断扩大，以及中产阶级队伍的扩大、生活和教育水平的提高，人们要求获得健康生活环境的呼声日趋高涨。西方国家率先开始了对工业文明的深刻反思。

1962年，美国海洋生物学家蕾切尔·卡逊出版《寂静的春天》一书，详细阐述了杀虫剂，尤其是DDT对野生生物的危害，描述了人类可能将面临一个没有鸟、蜜蜂和蝴蝶的世界。这部20世纪环保主义的经典之作，不但引发了公众对环境问题的注意，而且促使各国政府面对环境保护问题，各种环境保护组织纷纷成立。美国联邦政府开始对书中提出的警告做调查，并最终调整了农药政策。1970年美国环保署成立，任务是“修复被污染的自然环境，建立新规则，引导美国人民创造更清洁的环境”。美国立法部门也相继通过《洁净空气法修正案》、《濒危物种法》、《北美湿地保护法》等法律法规。

从20世纪60年代至70年代，美国、欧洲等国社会公众纷纷走上街头，要求政府采取有力措施治理和控制环境污染，逐渐掀起了此起彼伏、声势浩大的群众性反污染反公害的“环境运动”。其中最有影响的是1970年4月22日在美国举行的“地球日”游行活动，大约1 500所高等院校、1 000所中小学举行集会，近3 000万人走上街头，成为历史上规模最大、影响最广的环境保护群众运动。有评论说，“它是一个信号，暗示着人们对技术统治的危害开始有了清醒的认识”。4月22日也因此成为全球性的“地球日”。

这一时期的环保运动取得了巨大成就，极大地推动了世界各国的环境保护工作。以美国为例，空气污染、水污染、化学污染、水土流失在一定程度上得到控制，环境质量有了很大的改善和提高；对美国经济也产生了复杂的影响，一些高耗能高污染的企业因环境治理成本增加或破产倒闭或转移国外，一些新兴产业如环保产业开始兴起，促进了产业结构调整；推动了环境学及相关学科的教育和研究的发展，在美国从小学到大学的研究生院都开设了环境研究课程。

1972 年 6 月 5 日至 16 日，联合国在瑞典斯德哥尔摩召开了首次人类环境会议，通过了《人类环境宣言》，提出“为了这一代和将来的世世代代的利益”，确立了人类对环境的共同看法和共同原则。全球性的环保事业拉开序幕。

1992 年 6 月 3 日至 14 日，联合国环境与发展大会在巴西里约热内卢召开，第一次把经济发展与环境保护结合起来进行认识，提出了可持续发展战略，通过了《里约环境与发展宣言》、《21 世纪议程》等文件。

2002 年 8 月 26 日至 9 月 4 日，可持续发展世界首脑会议在南非约翰内斯堡召开，提出经济发展、社会进步和环境保护是可持续发展的三大支柱，明确了经济社会发展必须与环境保护相结合，以确保世界的可持续发展和人类的繁荣。会议通过了《执行计划》，发表了《政治宣言》。

2012 年 6 月 20 日至 22 日，联合国可持续发展大会在巴西里约热内卢召开。会议针对“可持续发展和消除贫困背景下的绿色经济”、“促进可持续发展机制框架”两大主题，围绕“达成新的可持续发展政治承诺”、“全面评估过去二十年可持续发展领域取得的进展和存在的差距”、“应对新挑战制订新的行动计划”三大目标，通过了《我们憧憬的未来》，标志着国际社会对生态环境问题认识的深化和共识的凝聚，具有里程碑式的意义。

因此，保护生态环境，应对气候变化，维护能源安全，是全球面临的共同挑战。

## 二、我国生态文明建设的历程与意义

### （一）我国生态文明建设的历程

我国环境保护事业从 1972 年开始起步，发展到今天的生态文明建设，大体经历了四个阶段。

第一阶段：“三废治理”阶段（20 世纪 70 年代）。1972 年 3 月，官厅水库出现上万尾死鱼，人食用后出现中毒症状。在周恩来总理亲自过问下，查明是河北省沙城农药厂等工厂排放污水所致。国务院随即成立了由万里任组长的官厅水系水源保护领导小组，北京市成立官厅水库保护办公室，河北省成立三废处理办公室，共同研究处理官厅水库污染问题。这是新中国历史上第一次由国家进行的污染治理工程，为以后的环境治理提供了重要经验。

1972年6月，中国派出代表团参加了联合国首次人类环境会议。1973年8月，国务院召开第一次全国环境保护会议，通过了环境保护工作32字方针和中国第一个环境保护文件——《关于保护和改善环境的若干规定(试行草案)》。1973年11月，国家计委、国家建委、卫生部联合颁布了中国第一个环境标准——《工业“三废”排放试行标准》。1974年10月25日，国务院环境保护领导小组及办公室成立；各省、自治区、直辖市和国务院有关部门陆续建立环境管理机构，环保科研、监测机构，在全国逐步开展了以“三废”治理和综合利用为主要内容的污染防治工作。1977年4月，国家计委等联合下发了《关于治理工业“三废”开展综合利用的几项规定》。

第二阶段：“环境综合整治”阶段（1978年至20世纪80年代末）。1978年3月，五届全国人大一次会议通过的《宪法》规定：“国家保护环境和自然资源，防治污染和其他公害”，明确提出保护环境是社会主义现代化建设的重要组成部分。1978年12月31日，中共中央批准了国务院环境保护领导小组的《环境保护工作汇报要点》，第一次以党中央的名义对环境保护工作做出指示。1979年9月，五届全国人大十一次常委会通过《环境保护法（试行)》。1981年2月，国务院颁发了《关于在国民经济调整时期加强环境保护工作的决定》。1983年12月，国务院召开第二次全国环境保护会议，提出保护环境是中国的基本国策，制定了“经济建设、城乡建设、环境建设同步规划、同步实施、同步发展，实现经济效益、环境效益、社会效益的统一”的环境保护战略方针。1989年4月，国务院召开第三次环境保护会议，提出积极推行环境保护目标责任制、城市环境综合整治定量考核制、排放污染物许可证制、污染集中控制和限期治理等8项环境管理制度。

第三阶段：“可持续发展战略”阶段（20世纪90年代至21世纪初)。1992年，在联合国环境与发展大会召开后，中国在全世界率先提出“环境与发展十大对策”，第一次明确提出转变传统发展模式，走可持续发展道路。随后，制定了《中国21世纪议程》、《中国环境保护行动计划》。1993年10月，召开全国第二次工业污染防治工作会议，提出工业污染防治必须实行清洁生产。1996 年，国务院颁布了《关于环境保护若干问题的决定》，大力推进“一控双达标”工作，全面开展“33211”工程的污染防治。2002 年，国务院启动退耕还林、退耕还草、保护天然林等一系列生态保护重大工程。2004 年，国务院决定在全国范围内开展为期三年的资源节约活动。2006 年，“十一五”规划提出，把建设资源节约型、环境友好型社会作为经济社会发展的重大战略任务。

第四阶段：“生态文明建设”——可持续发展的更高阶段（2007 年以来）。2007 年 10 月，党的十七大首次提出建设生态文明，把建设生态文明列为全面建设小康社会的目标之一，提出要基本形成节约能源资源和保护生态环境的产业结构、增长方式、消费模式，推动全社会牢固树立生态文明观念。

2009 年 9 月，十七届四中全会把生态文明建设提升到与经济建设、政治建设、文化建设、社会建设并列的战略高度，作为中国特色社会主义事业总体布局的有机组成部分。2010 年 10 月，十七届五中全会通过《中共中央关于制定国民经济和社会发展第十二个五年规划的建议》，把加快建设资源节约型、环境友好型社会，提高生态文明水平作为重要一章，提出了全面要求。

2011 年 3 月，“十二五”规划提出，面对日趋强化的资源环境约束，必须增强危机意识，树立绿色、低碳发展理念，以节能减排为重点，健全激励与约束机制，加快构建资源节约、环境友好的生产方式和消费模式，增强可持续发展能力，提高生态文明水平。

2012 年 11 月，十八大报告指出，建设生态文明，是关系人民福祉、关乎民族未来的长远大计。面对资源约束趋紧、环境污染严重、生态系统退化的严峻形势，必须树立尊重自然、顺应自然、保护自然的生态文明理念，把生态文明建设放在突出地位，融入经济建设、政治建设、文化建设、社会建设各方面和全过程，努力建设美丽中国，实现中华民族永续发展。

2013 年 5 月 24 日，中共中央政治局就大力推进生态文明建设进行第六次集体学习。习近平总书记强调，生态环境保护是功在当代、利在千秋的事业。要清醒认识保护生态环境、治理环境污染的紧迫性和艰巨性，清醒认识加强生态文明建设的重要性和必要性，以对人民群众、对子孙后代高度负责的态度和责任，真正下决心把环境污染治理好、把生态环境建设好，努力走向社会主义生态文明新时代，为人民创造良好生产生活环境。

## （二）生态文明建设的重要意义

回顾我国生态文明建设的历程可以看出，生态文明建设和中国梦是完全统一的，节约资源和保护环境，建设资源节约型和环境友好型社会是实现富强民主文明和谐的社会主义现代化的基础。

生态文明，是指人类遵循“自然—人—社会”这一系统和谐、可持续发展规律而取得的政治、物质与精神成果的总和，包括生态意识文明、生态制度文明、生态法治文明、生态行为文明等，涉及政治、经济、文化和社会领域。生态文明的基本含义体现在三个方面：一是社会生活和经济活动要遵循自然、人、社会相互间和谐发展的基本规律，维护自然生态的平衡，实现人与自然、人与社会、人与人的和谐相处。二是推进产业结构的调整，优化升级传统产业，调整第一、第二、第三产业的比重，加大对废弃物的循环利用，转变经济增长方式，发展循环经济，构建资源节约型、环境友好型的生产模式和消费模式。三是培养生态文明意识，树立生态文明观念，彰显生态环保道德，培养生态文明行为习惯，营造生态文明建设的良好氛围。

生态文明作为一种新的文明形态，是人类发展史上继原始文明、农业文明、工业文明之后的又一次飞跃。原始文明时期，人类崇尚自然，如何生存下去是人类面临的主要难题。农业文明时期，人类利用自然，社会生产力得到一定程度的发展，但总体水平仍较低。这两个时期，人与自然尚能和谐共处，基本不存在重大的环境问题。随着工业文明时期的到来，社会生产力得到根本解放，人口猛增，当生产和生活规模超出生态环境的承载能力时，生态破坏、环境污染等恶果开始显现。历史表明，前三种文明形态都不可能实现永续发展，而生态文明是自然、人与社会共存共荣共进、和谐发展的文明，必然要通过对传统工业文明的改造和提升实现新型的工业文明。生态文明建设既是逻辑的必然，也是历史的必然。

*1. 生态文明建设是解决生态环境问题的需要*

尽管我国全面完成了“十一五”环境保护目标和重点任务，但随着经济总量的不断扩大和人口的持续增加，环境状况总体恶化的趋势尚未得到根本遏制，环境矛盾凸显，生态环境问题已经成为制约我国经济社会发展的严重问题。2012 年，10 大流域国控监测断面，Ⅳ～Ⅴ类、劣Ⅴ类水质断面分别占 20.9％和 10.2％；62 个国控重点湖泊（水库），Ⅳ～Ⅴ类、劣Ⅴ类水质分别占 27.4％和 11.3％；198 个地市级行政区的 4 929 个地下水水质监测点，水质较差、极差的分别占40.5%和16.8%；近岸海域，四类、劣四类海水分别占5.3%和18.6%；9个重要海湾，水质差、极差的分别有3个和4个；325个地级以上城市、113个环境保护重点城市，空气质量未达标的分别占8.6%和11.5%，城市空气颗粒物污染严重；781个试点监测村庄，空气质量未达标的占93.3%；466个进行酸雨监测的市（县），出现酸雨的占46.1%，酸雨区面积占国土面积的12.2%；土壤、重金属污染日趋严重。

2. 生态文明建设是应对经济全球化及化解国际社会压力的需要

由于我国正处于经济高速增长阶段，发达国家在不同发展阶段出现的生态环境问题，在我国短期内集中体现和爆发出来，我国面临着前所未有的国际压力。1990年至2011年，我国二氧化碳排放总量增长3.4倍，我国成为世界第一排放大国。2011年，全国6项节能减排目标中，单位GDP能耗、二氧化碳排放量、氮氧化物排放量等3项指标未实现年度目标。“十二五”前两年，全国单位GDP能耗累计降低5.5%，仅完成节能目标进度的32.7%，高消耗、高污染、高排放的发展模式还在延续。目前，欧盟等发达国家正在积极推进全球碳排放到2020年达到峰值，到2050年比1990年至少减半的全球长期减排目标，这将极大压缩未来全球的碳排放空间。我国政府已经向国际社会承诺：到2020年，单位国内生产总值二氧化碳排放比2005年下降40%～45%；非化石能源占一次能源消费的比重达到15%左右，森林面积增加4 000万公顷、森林蓄积量增加13亿立方米。

3. 生态文明建设是实施可持续发展的战略要求

经过30多年的快速发展，由于污染的历史积累效应和污染治理滞后等原因，我国已经进入各类群体性环境与健康事件的高发期，给人民生活和健康带来严重威胁。2012年，全国发生突发环境事件542起，其中国家环保部直接协调处理的就有33起。目前，社会公众环保意识普遍增强，对污染问题敏感度高，呈现出从“上访”到“上网”再到“上街”的趋势，环境危机极易演化成社会危机。例如：从2007年的厦门，到2011年的大连，再到2012年的四川什邡、江苏启东、浙江镇海，多个投资巨大的化工或资源开发项目因公众担心污染环境而被迫下马。虽然这些环境群体事件大都以政府和企业让步、公众“胜利”结束，但是如何缓解公众的环境恐惧症与不信任感，根本遏制环境恶化趋势，全面改善生态环境，实现可持续发展，已成为亟须解决的问题。

因此，要以把握自然规律、尊重和维护自然为前提，以人与自然、环境与经济、人与社会和谐共生为宗旨，以资源环境承载力为基础，以建立可持续的产业结构、生产方式、消费模式以及增强可持续发展能力为着眼点，加快构建资源节约型、环境友好型社会。

4. 生态文明建设是构建社会主义和谐社会的客观要求

党的十六届六中全会提出构建社会主义和谐社会，包括人与人和谐、人与社会和谐以及人与自然和谐；到 2020 年，实现“资源利用效率显著提高，生态环境明显好转”的任务和目标。建设生态文明，为实现人与自然和谐、均衡发展指明了路径，在人与自然和谐的基础上进行政治、经济、文化和社会建设，才能进一步实现人与人、人与社会的和谐。

5. 生态文明建设是全面建成小康社会的必然要求

党的十八大报告指出，到 2020 年全面建成小康社会，提出：基本形成节约能源资源和保护生态环境的产业结构、增长方式、消费模式；循环经济形成较大规模，可再生能源比重显著上升；主要污染物排放得到有效控制，生态环境质量得到明显改善；生态文明观念在全社会牢固树立。在这一进程中，我国始终面临资源短缺和生态环境容量限制这两大约束。因此，必须重视资源节约和环境保护，在发展经济的同时采取切实有效的措施，控制污染物的排放量，使生态环境得以显著改善，保护群众健康和公共安全。

## 三、对我国生态文明建设的思考

作为后发工业化的发展中大国，中国所面对的生态环境问题挑战远远超出任何一个工业化国家，独特的国情使得仅凭国际经验不足以解决中国问题。如果中国在建成小康社会、实现社会主义现代化进程中，能够解决生态环境问题，实现绿色崛起，不仅会对“中国梦”的实现作出巨大贡献，而且会为人类社会作出重大贡献。

### （一）提高生态文明意识

生态文明建设是人类文明进程中的一个历史性转折。任何一场社会变革来临之前，首先要实现意识形态领域的变革。世界著名环保组织——罗马俱乐部的创始人贝切利指出，“人类创造了技术圈，入侵了生物圈，进行了过多的榨取，从而破坏了人类自己明天的生活基础；因此，如果我们想自救的话，只有进行文化价值观念的革命”。

要树立尊重自然、顺应自然、保护自然的生态文明理念；弘扬生态文化，把生态教育内容逐步落实到教育体系和教育计划之中，落实到地区的社会发展计划之中，将生态文明教育的内容作为素质教育的重要内容。充分利用广播、报纸、网络等传统媒体和新媒体，通过形式多样的宣传，使生态文明建设的内容和重要意义逐渐被政府、企业和公众所了解；积极引导社会公众形成富有生态意识的生活价值观念，推行简约、绿色的居住方式，引导资源节约、生态环保的消费方式，积极倡导绿色出行方式；打造绿色办公环境，推进绿色采购机制，规范绿色办公方式，将生态文明的理念融入日常的工作、学习和生活习惯中。

### （二）健全制度保障体系

1. 法律体系

建设生态文明，需要以法律的手段规范政府、企业、社会组织和公众的行为，要真正做到有法可依、有法必依、执法必严、违法必究。

在立法方面，要继续做好完善、配套工作。例如：虽然我国已经制定了一系列的环境保护法律，但尚未形成环境保护法典；作为环境保护的根本大法——《环境保护法》修订于 1989 年，已经难以适应我国社会经济发展的现状；2009 年生效的《循环经济促进法》是节约集约利用资源、推进资源利用方式转变的重要法律，法律规定生产者对其生产的诸如国家强制回收名录规定的产品废弃物、包装物，承担回收和再利用的责任，但这一名录至今没有出台。在守法方面，存在“守法成本高、违法成本低”的现象，无论是政府、企业，还是社会组织、公众，在遵守法律法规方面都有很大的提升空间。在执法方面，要改变地方保护主义盛行、选择性执法普遍存在的现象，强化环境执法的地位，提升执法者的素质，加大执法力度。在处罚方面，要解决好法律责任认定难、处罚难、力度轻的问题，例如：扩大“污染物”、“有毒物质”的范围，降低入罪门槛，以“行为”而非“结果”来认定环境事故，将民间环保组织纳入环境公益诉讼的诉讼主体范围，从严惩处单位犯罪，追究直接负责的主管人员和其他直接责任人员的法律责任，让违法者承担赔偿、恢复原状的法律责任等。

2. 政策体系

制定实施环境经济政策，建立包括税收、价格、信贷、证券、保险、贸易等在内的环境政策框架体系。目前阶段，建议重点做好以下工作：

一是完善税收政策。通过约束性税收安排，利用已经试点的资源税、正在研究的环境税，以及消费税、碳税、房产税等，对企业和社会行为进行约束，防止、遏制对生态有破坏作用的企业和社会行为；通过鼓励性税收安排，利用所得税减免、出口退税等政策，推动节能减排和环境保护的技术、研发、推广、服务，鼓励进口环保高端技术设备，对资源性产品逐步退税。二是创新财政体制，完善财政政策。调整中央和地方收入比例，加大国家基本公共服务方面的转移支付力度，建立资源有偿使用制度和生态补偿制度，开展区域间、河流上下游以及行业之间的补偿。制定科学合理的政府采购和补贴政策，向技术、减排、污染治理和运营的重点领域和关键环节倾斜，加大生态文明方面的支出比重，采用投资补助、政府采购等措施支持生态文明建设。三是深化资源性产品价格和税费改革，加快建立并逐步完善反映市场供求关系、资源稀缺程度、环境损害成本的生产要素和资源价格形成机制。四是建立市场化机制，积极稳妥地开展排污权、水权、碳排放权交易试点，积累经验并逐步推广，以降低污染物减排的成本。

3. 技术标准体系

环境标准是评价环境质量优劣程度和企业环境污染治理好坏程度的标尺，是进行环境管理、监督执法和环境监测的基础依据，也是环境保护法规的具体化、指标化。我国虽已制定了现行的 1 374 项国家环境保护标准，但存在标准不高、适应性不强、配套不完善等问题。例如：按照《环境空气质量标准》(GB 3095—1996)，2012 年 325 个地级以上城市、113 个环境保护重点城市的空气质量达标率分别为 91.4%和 88.5%；但按照新颁布的《环境空气质量标准》(GB 3095—2012)，325 个地级以上城市、113 个环境保护重点城市的空气质量达标率只有 40.9%和 23.9%，这一标准将分期实施，到 2016 年 1 月 1 日在全国全面实施。再例如：我国的《地下水质量标准》、《地表水资源质量标准》、《土壤环境保护标准》分别制定于 1993 年、1994 年、1995 年，标准已非常陈旧。因此，要加快完善环境标准体系，包括环境质量标准、污染物排放标准、基础标准、方法标准、样品标准，构建符合我国区域特点和社会经济发展条件的国家环境基准体系。

4. 生态评价体系

一是在继续完善项目环评制度的基础上，建立规划环境影响评价制度；将主要污染物排放总量作为规划环评、项目环评的重要指标，建立健全建设项目环境风险评价体系；完善环境影响评价机构资质管理政策；继续强化环评全过程监管；制定环境影响后评价办法。二是建立新的国民经济核算制度，把自然资源和环境成本纳入国民经济核算体系，将万元GDP物耗、能耗、水耗和排放，以及资源回收率、资源循环利用率、废物最终处理降低率等作为重要指标；建立绿色核算工作制度，逐步开展绿色国民经济核算，从根本上保护环境和合理利用资源。三是将资源环境绩效纳入干部政绩考核体系。要改变“重经济轻环境、重速度轻效益、重局部轻整体、重当前轻长远、重利益轻民生”的发展观和政绩观，推进由以GDP考核为主向以人为本的科学发展观考核转变，建立体现生态文明要求的目标体系、考核办法、奖惩机制。把资源消耗、环境损害、生态效益等指标纳入经济社会发展评价体系，把生态生产、生态营销、生态消费等各项指标作为考评各级政府部门和企业经济发展的重要指标。

### （三）转变政府职能

生态文明建设，要坚持以市场为导向，强化政府引导、监管和推动作用，发挥企业主体作用，支持、鼓励环保组织、社会公众广泛参与。目前阶段，转变和理顺政府职能，是充分调动、发挥其他方面作用的重中之重。

党的十八大以后，国家全面深化以政府职能转变为核心的行政体制改革，把职能转变作为新一届国务院工作开局的关键。在生态文明建设方面，建议做好以下工作：一是要立足我国当前的基本国情，按照五位一体的总体布局，制定国家生态文明建设总体规划，研究制定环境功能区划，为生态文明建设做好顶层设计。二是向市场放权，减少和下放行政审批事项，严格事中事后监管，管住管好政府该管的事，发挥社会力量作用，减少对微观事务的干预，激发经济社会发展活力。三是调整污染治理策略。在现行“谁污染谁治理”原则的基础上，更加注重按照区域、地域、流域进行整体布局，统筹资源，整体谋划，合力推进。对于有明确责任主体并且有能力治理的，适用“谁污染谁治理”原则；对于没有明确责任主体指向或是没有能力治理的，由政府采取采购公共服务方式，引入第三方治理，推行“谁治理谁受益”原则。四是以推动法律实施和行政责任落实为重点，进一步落实环境保护目标责任制和考核评价制度，全面完善环境信息公开制度；加强对政府及其有关部门在环境保护方面的监督，建立向各级人大或人大常委会报告制度，加强对滥用行政权力和不作为的监督，防止政府成为环境问题的最大制造者。五是理顺部门职能。目前，环保部门的角色比较尴尬，与不同部门之间、上下之间、区域之间存在着职责交叉、不衔接、空白等问题。例如，除环境保护部门以外，环境污染治理职能还涉及工业和信息化、住房城乡建设、交通、铁路、民航、海洋、海事、渔政、渔港、军队等诸多部门，这就导致了以下现象：水污染与陆地污染、二氧化硫排放与二氧化碳排放等业务分别由不同部门主管；城市环保基础设施管理由市政部门负责，环保部门只负责污水达标排放，但最终治理结果体现在环保部门。对于同一地区、同一流域，不同部门公布的环境质量数据不同，环境质量评价不一。再例如，环保部门缺乏独立性，地方环保部门负责本地的环境质量监测，而环境质量监测结果直接关系到地方政府的政绩。因此，从中长期看，应该成立类似于美国环保署的“大环保”部门。六是提升产业集中度，推动产业升级。培育大型节能环保龙头企业，加强对节能环保领域具有核心技术、品牌优势、科技创新能力强的企业的扶持，推动兼并重组和产业整合，推进产业集聚发展和升级。七是要加强舆论监督，鼓励公众参与。通过公众参与和舆论监督，一方面可以加大对企业违法违规排污的社会压力，另一方面也对政府有关部门履行执法职能，依法依规加强监管和惩处，落实环境污染责任追究，形成社会监督。

### （四）加快科技进步

一是加大科技投入，将生态文明建设的技术研发纳入国家中长期计划。依托国家重大科技专项，组织技术联盟，采取产学研结合的模式，组织开发和推广资源节约、能源替代、循环利用和治理污染的先进适用技术，发展清洁能源和可再生能源，建设科学合理的能源资源利用体系，提高能源资源利用效率，推动生态科技创新。二是发展高新技术产业，培育一批具有国际竞争力、拥有自主知识产权和优势品牌的节能环保大型集团，打造一批各具特色、创新能力强的节能产业、资源综合利用产业和环保产业的产业集群，推广应用生态节能环保新技术，增强产业竞争力，提高可持续发展能力。三是大力实施节能减排示范项目，推广节能减排新技术，逐步建立节能和能效、洁净煤和清洁能源、新能源和可再生能源等多元化的低碳技术体系；依靠技术进步降低利用成本，加快形成技术储备。

### （五）大力发展生态经济

离开经济发展抓生态文明是“缘木求鱼”，脱离生态文明搞经济发展是

"竭泽而渔"。要根据自然环境承载力规划经济社会发展，把节约环保的要求全面体现到经济发展的各个领域和各个环节。

一是推进绿色发展。以传统产业升级改造为支撑，以发展绿色新兴产业为导向，推动生态农业、生态工业和生态服务业发展，发掘培育"第零产业"，引导扶植"第四产业"，优化产业结构。加快发展新能源产业、节能环保产业、新一代信息产业、绿色制造业、新材料产业、文化传媒产业、生物医药和医疗保健产业、旅游业及现代农业，加强生产、流通和消费的全过程管理，大幅降低能源、水、土地等的消耗强度，从源头上培育和保护良好的生态环境。二是推进循环发展。根据产品生产流程原材料投入要求与产品全生命周期应用过程情况，鼓励企业循环生产，推动产业循环组合，实现资源循环利用，发展循环经济；要淘汰一批技术落后、污染严重的生产企业，淘汰高污染高排放的落后产能，着力培植一批具有较高资源生产率、较低污染物排放率的清洁生产型示范企业。三是推进低碳发展。大力调整产业结构和能源结构，加快发展战略性新兴产业和现代服务业，推行清洁生产，加大节能减排力度，实现从"高投入、高消耗、高排放、不协调"向"原料和能源低投入、产品高产出、环境低污染"的经济增长模式转变。

综上，生态环境问题是我国现代化进程中必然面临的问题，而且我国所面对的发展压力和环境挑战难度，远远超出任何一个西方国家。生态文明建设是实现中国梦的主要抓手和重要内容。只有"走生态文明的路，补工业文明的课"，对环境污染"有效治理存量，坚决杜绝增量"，坚持低碳发展、循环发展、绿色发展，做到尊重自然、顺应自然、保护自然，才能在现代化进程中解决好生态环境问题，真正达到"人—自然—社会"的和谐发展，才能真正实现中华民族的伟大复兴。我们坚信，有中国特色社会主义理论的指导，有中国共产党的坚强领导，通过全国人民的不懈努力，社会主义生态文明的新时代必将到来，中国梦一定能够变成现实。

### 参考文献

查伦·斯普瑞特奈克，张妮妮．生态后现代主义对中国现代化的意义．马克思主义与现实，2007（2）：61－63.

叶文虎，宋豫秦．从"两条主线论"考察中国文明进程．中国人口·资源与环境，2002，12（2）：1－4.

叶文虎．论人类文明的演变与演替．中国人口·资源与环境，2010，20（4）：106－109.

王孔雀．生态文明是社会文明的新形态．生态经济，2010（1）：188－190.

田大庆，王奇，叶文虎．三生共赢：可持续发展的根本目标与行为准则．中国人口·资源与环境，2004，14（2）：8－10.

姜春华．我国生态文明建设面临的挑战及战略选择．佳木斯大学社会科学学报，2009，27（3）：32－33.

宋言奇．生态文明建设的内涵、意义及其路径．南通大学学报（社会科学版），2008，24（4）：103－106.

张庆彩，吴椒军，李莉．中国生态文明建设的理论与实践．未来与发展，2011（10）：2－5.

沈富萌．中国古代的生态智慧与环保思想．才智，2009（25）.

田海军．我国生态文明建设面临的挑战和对策．赤峰学院学报（自然科学版），2009，25（4）：59－61.

路军．我国生态文明建设存在问题及对策思考．经济大视野，2010（9）：80－82.

郭静利，郭燕枝．我国生态文明建设现状、成效和未来展望．农业经济展望，2011（11）：34－38.

鲁长安．我国生态文明建设中面临的问题及其对策研究．武汉：中共湖北省委党校博士论文，2010.

潘家华．生态文明建设的十年足迹．时事报告，2012（10）.

陈学明．在中国特色社会主义的旗帜下建设生态文明的战略选择．毛泽东邓小平理论研究，2008（05）：18－22.

崔如波．生态文明建设的基本路径．重庆行政，2008（06）：89－91.

第二篇

# 我心中的中国梦

## ——青联委员感言集锦

艾华
教育界别/四川大学国家生物医学材料工程技术研究中心教授，博士生导师

梦想的实现，与希望相比，意味着更多的主动付出。作为一名大学教授，从事生物医学材料领域的研究，在谈及我的中国梦想之前，有两个重要的责任需要履行：其一，教书育人，培养积极向上的青年人；其二，做高质量的科研工作。有了这两块基石，就有机会来规划我的中国梦想。与生物医学材料直接相关的是医疗器械和药品行业，其特点是技术和资金门槛高、研发周期很长。在我国，30余年来，大部分这类产品依靠进口或仿制，这是一个难免的过程，但需要有转折点的出现！我的中国梦想就是开发出中国设计、制造的高水平医药产品。在大学或研究机构，医药领域的研究成果很难产业化，不仅因为周期漫长、投入大，而且因为研究成果与应用需求脱节；而企业通常不愿意投入高额的研究经费，因为仿制风险低、周期短。这两个群体很难找到合作的切入点。需要有一部分人走出原有的轨道，根据自身的优势，结合市场的需求，走一条创新、创业之路。我的中国梦想就是，愿意成为走这条漫长探索之路的成员之一，为中国生物医学材料的实际应用、为中国能够自主研发出高水平的医药产品、为国人之健康作出应有的贡献！

安国俊
社会科学界别/中国社科院金融研究所副研究员、高级经济师、硕士生导师

人生由很多梦想组成——就如小家汇成大国家，小梦聚成中华梦。

做好自己的梦——修身；做好家庭的梦——齐家；做好单位的梦——治国；做好中国的梦——平天下！

经历了在英国和美国学习工作的生活后，我能深切体会到这十年中国在全球影响力和竞争力的逐步提升。无论是海外学子放弃高薪工作回国创业，还是中国企业逐步“走出去”，在海外投资过程中提升核心竞争力，我们都能感受到每一个海外华人对祖国发展的关注和思乡之情，为自己是中国人而感到骄傲和自豪，也感到自己肩上的一份责任。

无论是参加全美华人金融论坛，还是参加华尔街、世行、国际货币基金组织、联合国的相关论坛，都能深切体会到在后危机时代，中国经济发展面临很多机遇和挑战，我们需要关注

全球经济金融的最新发展态势和国际资本的新流向，为中国海外投资和经济发展贡献一份力量。

长风破浪会有时，直挂云帆济沧海。无论在哪里，期待中华儿女齐心同心走复兴之路、圆中国梦。

让我们与全球金融市场同成长，为中国经济与全球经济同发展贡献智慧与力量。

让每一个华人为中国屹立于东方而努力，为中国腾飞于世界而奋斗！

聚是一团火，散是满天星。青春是仰望星空，青春是脚踏实地——让我们以青春之精神，铸梦想之中国！

**白惠峰**
科学技术界别/中绿环保科技股份有限公司董事长、总工程师

实现中华民族伟大复兴的“中国梦”，其实质就是要实现国强民富、民族复兴。我作为科技工作者和企业管理者的中国梦就是要用科技创新来改善中国的环境质量，为改善中国人民的生存环境作出自己的贡献。我认为要实现这一目标，只有把自身的成长发展与中国改革开放的大时代相结合，用科技为梦想插翅，用实干为梦想奠基，以创新引领企业做大做强，敢于实践，勇于奉献。

我所带领的山西中绿环保集团有限公司作为国内首家开发生产环境在线监测产品的高新技术企业，目前是国家创新型企业、国家国际科技合作基地、中国环保产业骨干企业、全国青年科技创新示范基地、全国青年创业就业见习基地，我们将继续围绕绿色产业这一核心，致力于环保和节能两个领域，突出环境在线监测、污染治理和合同能源管理三项业务，深入推进环保节能领域技术开发、装备制造、工程总包、设施运营四位一体的经营模式，重点研发烟气、水质监测，过程分析，环保物联网，新能源利用等新技术，促进产品升级进步，同时创新企业发展模式，打造国际一流的环保企业，为中国的节能环保事业作出应有的贡献。

陈军
医药卫生界别/四环生物产业集团有限公司董事长

在第十二届全国人大会议上，习近平主席全面阐述了“中国梦”，这是迄今为止，继詹姆斯·特拉斯洛·亚当斯提出“美国梦”以来，第二个敢以国家来“做梦”的国家，这也充分体现了中国特色社会主义的道路自信、理论自信和制度自信。作为一名全国青联委员，一名生物医药制造企业的经营者，要深刻领会和贯彻习主席的讲话精神，首先要结合自己本身，搞清楚什么是我的“中国梦”。就当前社会医药卫生领域突出存在的问题和矛盾，如医疗体制深水区的改革，看病难、看病贵、医患关系紧张方面的问题，我的“中国梦”应该是人民病有所医的“健康梦”、医有良药的“安心梦”、医患关系友好的“和谐梦”。搞清楚了什么是我的“中国梦”，则如何去实现，还得回到我的工作中来，结合我的实际工作，用自己的实际行动，作为实现“中国梦”的推动者，并且还要带动和影响周围的人，使追梦人这样一个群体越来越大，最终形成一股强大的力量，使我们中国人心中的梦想变成现实。

陈向东
海外学人华侨界别/新东方教育科技集团有限公司高级副总裁

每个人都会有梦想，随着年龄的增长，梦想也会有所不同。

小的时候，梦想总距离自己很遥远；长大了，梦想却距离自己越来越近。

小的时候，梦想可以不假思索脱口而出；长大了，梦想往往再三思量反复打望。

小的时候，梦想往往就是自己的想象或者幻想；长大了，梦想往往就是自己要把更多的责任往肩上扛。

每个人都会有梦想，让每个人的梦想快乐起航，扬帆于蔚蓝的海洋，会聚成前行的力量；每个人都有梦想，把你我他的梦想凝聚，就是中国梦，就是国家的荣光。

100多年前，鸦片战争，八国联军，中国梦是民族独立、国家富强；今天，在中国俨然已经成为影响世界的重要力量的情况下，中国梦要更多地聚焦于个体、聚焦于你我、聚焦于每一个人。让每一个人都能沐浴到阳光，感受到公平，享受到人生出彩的机会；让每一个人都能无所畏惧，鼓足勇气，迎向属于自己的天地；让每一个人都能得到爱，分享爱，给予爱，追求爱；让每一个人都能接收到美好、希望、欢乐、勇气和力量的信号，汲取无穷无尽的营养！

当我们实现了一个又一个梦想，我们也就拥有了越来越强大的力量；当我们力量越大的时候，我们就得担当越多的责任；当我们担当的责任越多的时候，我们就是在追逐更大的梦想，而这个梦想，毫无疑问，就成了中国梦更加不可分割的一部分。榜样不仅是领导他人的最好方法，而且是唯一方法。我想，我们要成为影响他人的力量，自己就要努力成为“榜样”吧。要仰望星空，更要脚踏实地；要志高行远，更要好学精进。好好学习，好好做事，好好去爱，好好成长，好好奉献自己的智慧，好好分享自己的生命，好好提升自我，让自己阳光励志正能量，能够赢得更多人的帮助和发乎内心的关爱，能够有更大的能量去帮助和影响更多的人。我想，这是我想成为的自己，也算是我的梦想吧，当然，也是我的中国梦。

中国梦不仅仅是三个字，不仅仅是一个词汇，更是一种向往、一种精神、一种力量、一种秩序，一种成长。我期待每一个人都能拥有这样的中国梦，期待每一个人都能呵护好自己的内心，期待中国梦能够给予每一个人更多的鼓舞、更多的陪伴和更多的阳光！

陈雪峰
经济界别/中腾时代投资有限公司董事长

我理解的中国梦就是个人梦的综合。每一个人都有自己的梦，都有自己的理想，如何实现我们的“中国梦”，如何让我们的人生更出彩，没有统一的思想，没有统一的意志，没有统一的行动，那么梦想就是空想。一个国家的梦是由个人的梦、企业的梦、集体的梦组成的。中国是一个大国，人口众多，市场巨大，这是企业的机会。我们企业所属的红木行业要实现走向世界的“中国梦”，首先要在中国的本土实现“中国梦”，传承好优秀的民族文化，这也是集团红木品牌“瑞祥安”诞生、成长依托的大环境。实干创新是“中国梦”实现的必然路径，是企业家义不容辞的社会责任。我一直希望我们集团的每个人都能把个人前途命运与企业、国家的命运紧密联系起来，把个人梦融入到实现伟大中国梦的实践中，发挥聪明才智，凝聚实干共识，自觉把心思精力往企业发展上集中、聚力，强化学习、不懈奋斗，以实干为基础，以创新为翅膀，在成就企业梦的同时更好地成长自己，共同打造“中国梦”最美丽的风景！我相信有使命、责任和梦想的企业，不仅能成为整个行业的骄傲，也一定会成为助推民族企业崛起、中华民族复兴的中坚力量。

陈艳芳
政法界别/河南省郑州市公安局商城路分局政委

共同富裕、公平正义、民主法治、自由平等、清正廉洁、诚信友善、和谐文明、天蓝水净、世界和平……十八大报告，让中国梦的外延更加宽泛，内涵更加丰富。中国梦，不仅反映了老百姓对幸福生活的美好愿望，也反映了中国作为一个发展中大国应有的责任和担当。中国梦，不仅是国家的梦、人民的梦，也是我们每一个人民警察的梦。

作为基层警察，我梦想有一天，人与人之间多一点理解和包容，多一点大度和宽让，少一点冲动和好胜。不要因为一点点小事而恶语相向，针锋相对，大打出手。忍一时风平浪静，退一步海阔天空，多一点包容，少一些冲突，让剑拔弩张、急风暴雨化作微笑言和、和风细雨，社会才会变得更加和谐与安定。我梦想有一天，社会上能多一些阳光，少一些欺骗。每次召开警情研判会时，听到群众钱财被骗或被盗的信息时，心中都是不安。如果人人都能遵纪守法、安分守己，社会上就会处处充满温暖和阳光。

我的梦想还有很多很多，但我也深深地知道，光有五彩斑斓的梦，没有脚踏实地的行动，那只能是南柯一梦。“国家强盛、民族复兴和人民幸福”的中国梦，需要靠扎扎实实的工作和成效来支撑，每一个人的努力和奋斗才是中国梦得以实现的保证。

青春因为献给了祖国方显伟大，奖章因为熔铸着激情更放光华。当今，习近平总书记提出了实现中华民族复兴的伟大中国梦，作为新时代的人民警察，我们要将自己的梦想融入宏伟的中国梦。让我们心怀梦想，全心全意守护好人民梦，同心协力共筑成中国梦。

陈赟
社会科学界别/华东师范大学哲学系教授、教育部重点基地中国现代思想文化研究所研究员

在我的心目中，“中国梦”不仅仅是关于中国的梦，而是在中国发生的关于文明、和平、富强、自由的“梦”，那是每一个人内心深处的渴望与理想，而不仅仅是作为欲望之满足的梦想，更不是由外而内植入的某种“价值”。

当前的中国，面临着重塑自己的大时代情境，在世界历史秩序的变动时期，如何以百年的现代承接千年传统，重塑“天地之中”的辉煌——这是中国人的中国梦，也是我之梦。这就要求中国必须走在时代的前面，先天而天弗违，永远抓住时代颤动的脉搏，奏出时代的最强音。

更重要的是，梦想在什么意义上才能化为现实，这需要奋斗，需要努力。“日计之不足，而岁计之有余”，将中国——无论是国家还是文明——作为中国人的百年甚至千年的共同志业来经营，夙兴夜寐，念兹在兹，所其无逸，这才是实现中国梦的唯一坦途。

程炳皓
新闻出版界别/北京开心人信息技术有限公司首席执行官

“中国梦”是中华民族近代以来最伟大的梦想，这是一项光荣而艰巨的事业，和我们每一个中国人息息相关。

在我看来，“中国梦”既是“强国梦”，也是“富民梦”。“梦想”的实现必须紧紧依靠我们每一个人的力量，我们每个人都要成为“中国梦”的践行者。

我来自互联网企业，这个行业的特点是年轻人众多，他们大多受过高等教育，大多来自普通家庭，平均年龄不到26岁，每个人都有自己的梦想——职业发展梦、创业梦，等等，但归根结底是自我实现的梦。

一个年轻人的职业发展，意味着一个科技兴国细胞的成长、一个家庭的稳定、一个良好社会的发端；同样，一个年轻人的创业，则意味着更多的就业、更多的经济收入、更多的社会责任。所以，广大年轻人的梦想的实现，将是我们“中国梦”最终实现的基础和发端。

总而言之，现在的中国，正处在一个伟大盛世的起点。社会经济环境和国情给广大的年轻人带来了前所未有的机会，跟着大势向上走是每个年轻人的最好路径，同样，鼓励和推动年

轻人去实现自己的积极的梦想，适应瞬息万变的时代要求，抓住自己“出彩”的机会，我们所期盼的“中国梦”就一定能够梦想成真。

程悦
文化艺术界别/天津青年友好使者艺术团艺术室主任

不能仰望星空的人，是没有希望成功的。一个人如果没有梦想，那是多么可怕的一件事情。我很希望我的人生理想和我们伟大的民族产生联系，与民族和世界的发展、进步产生联系，这样才能够逐渐强大起来。这个梦，其实是一种精神的力量。这股力量推动着我的思想、我的眼睛努力去发现身边的美好，我希望把这些美丽、这些美好，以舞蹈艺术独有的方式一一传递给大家，让艺术形式体现的生活美去感染大家、感动大家，并且让更多的人去感受、去尝试舞蹈艺术给生活带来的幸福。我们国家丰富多彩的民族文化，承载着世世代代国人的希望。作为一名舞蹈艺术工作者，我的梦想是大力弘扬我们中华民族的优质文化，创作出更多大家喜爱的舞蹈作品。用我钟爱的舞蹈艺术，为中华民族和现代社会更好地服务。

崔金珍
海外学人华侨界别/天津财经大学法学院民商法系主任

一个人可以一无所有，但是不能没有梦想！我的梦想很简单，希望有一天我能成为像自己导师那样的老师：学识渊博、认真负责、仁爱慈祥。我的导师个子不高，但是他的学识渊博且令人敬佩，他的课堂鸦雀无声，唯独能够听到的就是他在讲台上抑扬顿挫的讲课声，准备司法考试的学生从不放过他的任一堂课。不仅如此，他对工作更是一丝不苟。记得每次我完成导师布置的任务之后，他总是会从头到尾地检查一遍，连标点符号都要进行修改，经过几年的培训，我也养成了细心认真的好习惯。自 2006 年 3 月回国在天津财经大学任教以来，为了早日实现自己的梦想，我努力备课，以掌握教学要领。在教学的舞台上，我把自己当作一名演员，学生就是我的观众，为赢得“观众”每一次发自内心的掌声，我精心策划每一堂课的教学方法、教学方式与教学内容。经过几年的努力，在领导和同事们的帮助下，我于2008年获得了天津市第九届青年教师基本功竞赛三等奖的好成绩。教学之余，我还时常与学生交流在海外留学时经历的点点滴滴，与学生分享如何面对各种困难的心得。虽然离我的梦想还相差甚远，但我坚信，只要我一步一个脚印地走下去，梦想就会离我越来越近。

人，最终还是应该要有一点精神追求的。在硅谷，不管做出多少芯片，取得多少成果，都是别人的；而回国以后，我们的每一点进步都属于“中国芯”，每一点成绩都在实现“中国梦”。这种自豪感和成就感，绝对不是实现了“美国梦”就可以带来的。

如今的中国，经济快速发展，但科技水平相对还比较落后，这与19世纪后期的美国有类似之处。100多年过去了，美国已经成为全世界科技水平最高的国家。我希望，经过几代人的努力，我们中国也能站在世界科技的最高峰。只有到那时，才能说我的“中国梦”真正实现了。

今天，每一个国人都可以有机会去追求实现他们的“中国梦”，而这无数个“中国梦”的实现，又必将铺就中国蓬勃向上的强国之路，并最终实现全体中华民族的复兴之梦。

邓中翰
科学技术界别/数字多媒体芯片技术国家重点实验室主任、“星光中国芯”工程总指挥

追逐梦想，是我们事业前进的动力之源。

习近平总书记提出“中国梦”的重要论述，旨在实现中华民族的伟大复兴。这个梦想，由千千万万个企业之梦、家庭之梦、个人之梦汇集而成。

作为中央企业的经营管理者，我们都有自己的“强企梦”，相信只要企业不断发展强大，就能为国家的经济发展贡献力量，就能为员工谋幸福谋发展。李克强总理提出要“打造升级版的中国经济”，作为企业家，我们要着力打造升级版的中国企业。

近年来，我所带领的国机汽车股份有限公司和中国进口汽

丁宏祥
经济界别/中国机械工业集团有限公司副总裁、国机汽车股份有限公司董事长

车贸易有限公司，在创新变革的20年中，实现了从一个依靠政策吃饭的国有企业向一个具有市场竞争力的现代化企业的转型，实现了销售收入从5亿元到621亿元、从亏损1 300万元到净利润5.56亿元的跨越式发展，并成功登陆资本市场，跻身中国汽车流通行业百强第二位，成为中国汽车流通行业的引领者。这是一段适应变化、迎接挑战的历史，是一段转型升级、创造价值的历史，更是一段追逐梦想的历史。

面向未来，我们梦想成为一家基业常青的企业、一家受人尊敬的企业、一家“为造车人服务、为卖车人服务、为用车人服务”的企业、一家能“让汽车生活更美好”的企业。

放飞青春，追逐梦想。让我们携手，打造“升级版”，实现“强企梦”，共筑“中国梦”！

**都阳**
社会科学界别/中国社会科学院人口与劳动经济研究所研究室主任

经济史的研究表明，尽管在人类历史上，中国的经济总量和技术水平在相当长的时期内都处于世界领先地位，但从人均GDP水平来看，却一直是一个贫穷的国家。中国经济的真正崛起是最近30年的事。

作为一个从事经济学研究的学者，置身于这个伟大的时代是无比幸运的。我们正在亲身经历的伟大转变，使我们不由自主地对未来充满了更多的期盼与梦想。著名经济学家萨默斯曾言：“一百年后，当人们回顾现今时代的重要事件，不会是‘9·11’，也不会是‘全球金融危机’，而是中国的崛起。”记得在一次研讨会上，韩国学者曾自豪地说，韩国是迄今唯一在一代人时间内由一个贫穷的国家成功建设为富裕国家的经济体。这样的目标，何尝不是中国人的梦想。有人预言，如果中国未来成功地成为一个发达国家，那么，我们在一代人的时间内将见证人均国民收入实现80倍的增长。

伟大的实践必然造就伟大的理论。作为一名经济学工作者，也作为中国经济发展的见证者、参与者和分享者，能为这一人类发展的奇迹贡献、创造与喝彩，就是我的梦想。

宫建辉
经济界别/神华甘泉铁路有限责任公司副总经理

我认为，人和动物最大的区别在于：人不受单纯的欲望支配，人还有追求和梦想。马丁·路德·金的“我有一个梦想”、梁启超的《少年中国说》、少年周恩来的“为中华之崛起而读书”，伴随着我们这一代人的学习和成长。习近平总书记所讲述的“中国梦”，让已成年的我内心再次沸腾，我找回了我们要为之奋斗的那个梦想！实现中华民族伟大复兴，是中华民族近代以来最伟大的梦想，也是当下我们每个中国人应该为之坚持、为之奋斗，并且感到幸福的追求。

我们这一代人切身感受到了祖国改革开放后的巨大变化，也体会到了人民对环境保护、食品安全、科学发展、公平社会环境的迫切需求。从四位一体到五位一体，从生态文明到美丽中国，从收入倍增到建成小康，党的十八大提出的总布局、总任务、总目标就是对“中国梦”的最好诠释。中国梦是全体中国人共同的目标和追求，它必须依靠每个中国人、每个炎黄子孙，特别是我们这些有着同样梦想和实干精神的青年人发挥主力军的作用。现如今，中国已成为世界第二大经济体，综合国力和国际影响力已今非昔比，我们距中国梦的实现如此之近！

作为世界最大的煤炭综合能源企业，神华集团在煤炭高效开采、煤制油化工、绿色煤电、清洁能源开发方面已经走在了世界前列。我作为神华集团基层单位的一员，要发挥螺丝钉精神，不断学习，努力钻研，提升管理水平，为打造绿色能源集团贡献力量，使神华集团更好地为祖国经济建设和社会发展提供保障。

“空谈误国，实干兴邦”。沿着中华民族复兴这条伟大之路，让我们广大青年胸怀梦想，脚踏实地，不懈努力，投身到中国特色社会主义事业的伟大实践中。我们因梦想而坚持，为梦想而奋斗，让青春在中国梦实现的道路上绽放光彩！

谷雨
社会中介界别/苏州市反扒志愿者协会发起人、负责人

我心中的中国梦，应该是这样的一个梦——做一个受世人尊敬的中国人。我梦想着有那么一天，不光我身后的祖国变得更加强大，而且，作为一个中国人，无论他走到哪里，与世界各国人民交流时，大家会因为勤劳、智慧、诚信、有礼貌、守规则、有创造而发自内心地给予他尊重。到那时，咱们中国人不必为食品安全担忧，每天都能拥抱蓝天白云。富人通过自己的智慧创造并积累财富，同时变得仁爱；穷人也不再卑微，通过个人的奋斗，能够实现向上的流动，改变人生。每个人都能有尊严地活着，每个人也都有梦想地活着。当然，要实现这个梦，会有一个相当长的过程，但我坚信，只要每一个炎黄子孙都能从我做起，从具体的小事做起，朝着这个目标前进，那么，这个梦想必然会有实现的那一天。

韩崧
医药卫生界别/首都医科大学附属北京同仁医院眼科中心医生

过去的一年我被派到新疆和田地区援疆，在那里，我感受到新疆艰苦的环境，也感觉到一个援疆干部的光荣使命，这更加增强了我为国奉献的意识。

从繁华的北京再次来到万里之遥的新疆，并且在新疆的土地上开展工作，对我是一个很大的吸引和挑战。我工作在和田地区人民医院，被这片土地上的人和事所震撼。这里的百姓朴实善良，生活也相当艰苦，缺医少药，贫困得不能就诊手术。许多病人得不到及时救治而丧失生命。看到这些，我心里就很不好受。他们就是我们的亲人，他们生活如此，我的责任感和紧迫感也油然而生。当地医院医疗水平不高，虽然这几年全国各地援疆购置了很多新设备，但是，诊断和操作水平不足，成为了目前和田地区医疗单位水平提高的最大瓶颈。

援疆工作事关新疆的跨越式发展和长治久安，来不得半点虚假和马虎。专业型医疗骨干人才培训工作，马上被提上重点日程。这不是有资金投入就能马上办到而且见到成效的，但是这项具体的实际工作在新疆和田的医疗单位发展中刻不容缓，要发展就必须强调。在与不少新疆及和田的各级医疗人员交谈中，我强烈地感受到，他们热爱这片土地，工作兢兢业业，表现出了奉献的精神和气节。但是，学习机会的缺失造成他们工

作的盲目和水平不能提高的现状。“和田不少地方的发展基础还比较薄弱，有的困难重重，受到资源和人才等等的制约还比较明显，离跨越式发展的目标还有不小的差距。”这一类话语在这里经常能听到。为此，我作为一名援疆干部，必须牢记自己的使命，要真抓实干，一步一个脚印，一件事一件事地去落实。只有这样，才能为新疆的发展奠定基础，创造飞跃的条件。

为此，我在最短的时间内，组织并举办了和田地区眼科学习班。为了向和田地区五官科医疗技术人员传授业务知识，提高他们的诊治疾病水平，我共进行了十天的和田地区五官科培训。由于时间紧迫，两天时间里，我准备了14个专题的眼科专业技术讲座和大量手术录像资料。两天三夜，只睡了四五个小时。虽然身体很劳累，但是当我进行讲座时，看到来自和田一市三县各医院的五官科医生，看到他们求知若渴的表情，看到他们困惑已久的问题得到解决后的喜悦，我的疲惫马上被激动所取代。帮助别人后，看到他们幸福的笑容使我感受到自我存在的价值，使我感受到真正的快乐。

由于一些医院地理位置和工作紧张的原因，很多医生没有条件集中听课。于是在两天的集中授课后，我赶赴和田各个医院，在医院里为他们讲授业务知识，并且进行查房，就具体患者讲述疾病的诊疗。这种传授方式不仅避免了传统培训纸上谈兵的窘境，还能现场演示操作方法，使广大医务人员不仅在理论，而且在手术操作方面的水平都得到提高，这种效果受到了各个医院医生的好评，也得到了和田卫生局领导的肯定。

此外，我同当地医生一起，深入沙漠、山区的维吾尔族乡村，筛选白内障病人，组织他们到医院检查并施行免费的白内障复明手术工程。最终，通过我的努力，为330余例白内障病人进行了免费白内障手术，脱盲率达到63%，受到了当地百姓的好评和各级领导的赞誉。

通过这一年的援疆，我深刻体会到：中国的改革开放正进入科学发展的新阶段。新疆开发开放，没有现成的模式可以照搬，也没有现成的答案在那里搁着。为了少走弯路，为了发展稳步有序，我们的援疆工作一定要真正掌握辩证法和方法论，要将国内外先进理念与新疆当地的实际紧密结合起来，要看得清、说得准，要有真知灼见，逐步突破，才能获得成功。

现阶段，新疆的各个方面还很薄弱，但是因为有中央和首都各级领导强有力的支撑，因为有和田和首都两地人民的深厚情谊与共同具有的勤劳善良、正直的品格，我相信我们一定能早日实现中国富强的梦想，为新疆、为祖国奉献自己的一片真情和心血。

贺刚
农业界别/温州市建筑工程公司劳动服务公司副经理

中国梦，承载着全体中华儿女的共同向往。实现中国梦，是我们青年人的光荣使命，更是激发我们广大青年干事创业的新动力。当前，我们要饱含热情地立足本职、尽职岗位，积极带头发挥聪明才智和充分凝聚青春力量，为企业发展、社会和谐、民族复兴、国家昌盛建言献策。努力提升业务素养、锤炼高尚品格，为企业又好又快发展作贡献，让自己的梦想在岗位中绽光放彩。还要带头植根基层一线，牢牢把握政策方针，忠诚事业发展，带头艰苦奋斗，始终脚踏实地，矢志不渝地用青春奉献去实现我心中的中国梦。

黄璐琦
医药卫生界别/中国中医科学院副院长、中药研究所所长

作为一名从事中药资源研究工作的科研工作者，我的“中药梦”就是我的中国梦。中医药是中华文明的瑰宝，凝聚着中华民族几千年的养生理念和实践经验，是我国医疗卫生体系的重要组成部分，其基础是中药资源。目前，中药资源的过度开发利用，导致了一些物种的消失和灭绝，使传统医学受到冲击。因此，全面展开中药资源普查工作，建立完善中药资源保护的政策法规，制定中药资源有序利用、合理采挖以及生境保护的对策，是时代赋予我们这一代中医药人的责任和使命。

身为炎黄子孙，昔有“神农氏尝百草，李时珍重修本草……”心系百姓、造福天下，把祖先留下来的宝贵遗产继承好、发扬好，为维护健康、造福人类作出贡献，是所有中医药人的伟大梦想，是我们中医药人的中国梦。

姜晓丹
科学技术界别/北京慧点科技开发有限公司董事长、总裁

2012年11月党的十八大以来，中国梦就萦绕在我们耳畔，大家开始共同畅想中国梦。

我理解的中国梦，首先是和强国梦联系在一起的，是和实现中华民族的伟大复兴联系在一起的。从悠悠五千年的华夏文明流传至今，经历了几多辉煌几多沧桑，从几百年前的老大帝国被西方列强的坚船利炮打破了宁静起，我们就开始了没落。现今的中国终于又以世界GDP第二的身份重新回到了世人面前，这是我们这代年轻人的机会，也是我们的使命：我们距离真正的“强国”还很远，我们所面临的贫富差距、人口素质、资源消耗上的挑战也许需要我们用创新的方式去解决。民族的复兴必然有民族文化的复兴，面对我们满是疮痍的历史文化，如何用世界语汇让我们的传统文化获得新生并发扬光大，我们任重道远！

提出中国梦，是为了实现中国梦，其根本是“国家富强、民族振兴、人民幸福”，是生产力的充分释放和人民幸福感的增强，这更需要我们年轻人的活力带动，需要我们的创新创造。幸福是一个很虚的词汇，它是一种感受，一种只可意会不可言传的感觉，它代表所有美好的事物都聚集在我们周围，而这，无疑需要建立在我们的努力奋斗上，幸福之花只有在青春和热血的浇灌下才能绽放。幸福又是一个很实的说法，它是平安、平等、公正、安定，在这样的环境下，也必然会有更多的人投入进来挥洒汗水，共同成就中国梦。

景君
农业界别/天津市傲绿农副产品集团有限公司董事长

中国梦，是一个伟大民族的复兴梦想，它包含着13亿中国人的梦想。习近平总书记说：中国梦归根到底是人民的梦。“实现中华民族伟大复兴的中国梦，就是要实现国家富强、民族振兴、人民幸福。”“中国梦是民族的梦，也是每个中国人的梦。”

中国腾飞的梦想，是传承几千年的火种，在每一个炎黄子孙的心中发芽成长。犹记得，古圣先贤在中国梦想的探索道路上作出努力。司马迁曾说，人固有一死，死或重于泰山，或轻于鸿毛，用之所趣异也；韩愈曾说，仰不愧于天，俯不愧于人，内不愧于心；杜甫曾说，安得广厦千万间，大庇天下寒士俱欢

颜；范仲淹曾说，先天下之忧而忧，后天下之乐而乐；陆游曾说，位卑未敢忘忧国；林则徐曾说，苟利国家生死以，岂因祸福避趋之。一代又一代的中国人，为实现自身和国家的梦想而付出了毕生的心血，仿佛一盏盏明灯指引我们为国家、为人民而奋斗。

作为一个普通的中国人，我的梦想便是尽己所能，做有利于国家和人民的实事。曾经，无论是作为一名军人保家卫国，还是作为一名医学生治病救人，我都不忘自身职责，在自己的岗位上奉献一份力量。时至今日，作为一名青联委员，作为一位企业领导人，我的中国梦也随着责任的重大而变化，我希望能带领员工生产出造福一方人民的产品，我希望能为国家食品安全作出贡献，我希望能让每一名员工实现他们的梦想。

这便是我心中的中国梦。

习主席在阐述中国梦时曾援引《尚书·周官》中的一句话："功崇惟志，业广惟勤。"实现中国梦，创造全体人民更加美好的生活，任重而道远，需要我们每一个人继续付出辛勤劳动和艰苦努力。

今后在党和国家的领导下，我们凭借着坚忍不拔的意志与勤勉，定能早日实现13亿人的中国梦，实现中国的伟大复兴！

康辉
新闻出版界别/中央电视台新闻中心新闻播音部副主任、主持人

有人说，梦想只属于少年，成年的世界里不再有梦，只有现实。可已入不惑的我，却依然有梦，依然相信梦想的力量。

跨越几千年沧桑的中华民族，走过一甲子风雨的新中国，如今，亦有梦，且正插上梦想的翅膀，中国梦，将我们的过去、现在、未来紧紧连在一起。实现中国梦，不是哪一代人的独自使命与责任，但显然，我们这一代人比上一代更接近于目标。即使穷一生之力仍在路上，我们这一代人所做的也必将成为下一代实现梦想的铺垫。最重要的是，中国梦给了这个时代一个思想上的共同依托，给了这个时代一种共同的相信，这种共同的相信对今天来说，弥足珍贵。

"中国梦是民族的梦，也是每个中国人的梦"，成熟的梦想并不拒绝现实，而是更加脚踏实地地给自己一个未来努力的方向。

匡俊英
新闻出版界别/国泰康扶国际贸易公司总裁

习近平总书记在第十二届全国人大一次会议闭幕会上代表新一届中央领导集体向全国吹响了同心共筑中国梦的伟大号角，高瞻远瞩，非常深刻。2013年的五四青年节，总书记又对青年一代提出了五点希望，希望广大青年有理想，有担当，牢记历史使命，永远追随党光辉的旗帜，抓紧学习，经受锻炼，增长才干，为实现中国梦增添强大的青春能量。

中国梦的提出是时代的需要，也是人民的呼声。我们生活在一个伟大的时代，每个人都有实现梦想的机会。要抓住机会，脚踏实地，不辜负党和人民赋予的重托。

我坚信“读书改变命运，学习成就未来”。我希望与基金会、出版社、图书公司和社会各界爱心人士共同努力，把爱和知识一起送到缺少书籍的地方，让人类灿烂的文明发扬光大，让更多的人可以博览群书，让无数人的梦想插上智慧的翅膀，通过读书获取知识、获取力量、获取信心、获取快乐，依靠学习和实践走向未来，在为祖国和人民利益奋斗的过程中施展自己的天赋才华，实现祖国富强、人民幸福，成就自我。

郎宽
金融界别/中国人寿县域保险部总经理

在人生的乐章中，青春始终是最激情澎湃的那一章。所有的日子，所有的梦想，所有的音符都在为青春而跳动。回望我的青春，始终在梦想的追逐中成长，始终人在旅途且乐此不疲，在青春的奔波中实现了一个又一个梦想，也在梦想中收获和成长。一路走来，甘苦兼得，铸就了今天的自己。

从天津、深圳、墨尔本、悉尼、北京、香港，最后再回到北京，近20年走过6座城市，我的青春轨迹围绕着上学、工作、留学、海外工作，最终回到北京，每一个脚步都带有时代的烙印。从故乡天津到90年代如火如荼的特区深圳寻梦，从放弃深圳著名企业的优越工作到留学墨尔本攻读MBA，从放弃澳大利亚的绿卡到回国加盟中国人寿，从被派驻香港工作建立中国人寿代表处，到再回北京从事县域保险工作，服务民生，体现金融央企的社会责任，为全国低收入群体开拓保险保障工作，完成从“港姐”到“村姑”的转变，成为一名从外企回归到央企的职业经理人。一路走来，我的青春梦始终与时代的发展密不可分，感谢祖国改革开放的潮流始终激励着我的青春梦想，让青春走过的每一步都与时代的进步息息相关，也让自己始终有机会站在潮头，努力追逐自己的梦想。

我的青春感悟是：青春梦想应该顺流而上，与国家和时代的发展相呼应，在大时代中，心怀梦想，努力奋斗，梦想而务实，激情而理性，努力释放正能量并找到自己的人生价值。

雷佳
文化艺术界别/总政歌舞团著名歌唱家、国家一级演员

身为一名部队音乐工作者，我最骄傲的就是能为中华民族伟大复兴而歌唱，为中华民族伟大团结而歌唱。2008年，我领衔演唱的《中华56民族之歌》作为奥运音乐国礼赠送给参与北京奥运会的各国政要和使节，在向国际展现华夏56个民族音乐文化瑰宝的同时，也开拓了我传承中华文明、探索中华传统文化在新时代发展的思路。所以我将坚持个人音乐品牌“复兴之歌”的音乐旅程，用歌声传递复兴的理想，用音乐激发团结的力量，并继续倡导和传播“新国风音乐”，以传统文化为根基，在此基础上回应时代的发展呼声，采用多种现代方式、艺术手法来展示传统文化的大美，并始终服务于民族团结和民族复兴的中国梦主题。作为全国青联委员，我将以实际行动争做中华民族文化复兴的先锋队员，并在民族艺术之路上不断前行，用无悔青春筑就中国梦！

李高峰
农业界别/共青团河南省委驻北京工作委员会志愿服务部部长、北京市朝阳区无限社区保洁员

中国梦是国家的梦，也是个人的梦，是全国人民对国家希望的一种梦，这种梦是希望国家更强大、人民更幸福、社会更文明进步。

每个人在每个时期都会有不同的梦，比如求学、就业、健康、婚姻、发展等，但这只是个人的梦，中国梦是把中国人民共同的心声和期盼进行了一个大的概括，用三个字来总结全国人民对中国未来发展的向往。我当时来北京也就是想靠自己的双手打工挣钱，感觉那时找一个稳定的工作就是我最大的梦，但在实际生活中并不是那样的结果，经历了找工作失败、经历了二道沟河周边的环境改变、经历了发起组建志愿者队伍、经

历了自己逐年的成长，我的梦由当初最简单的找工作，发展到了现在中国强、青年强的中国梦。

梦是一种希望，也是一种动力，只要我们有梦，并不断努力、不断学习、不断进步，梦就很可能会实现。当每个人的梦都实现了，中国梦的实现也就很近了。

青年强则国强，目前在京的青年群体大多集中在 70 后、80 后和 90 后，这三个年龄区间是人生中梦最多的时间，也是人生中精力最旺盛、知识积累最快的时间，因此实现中国梦，我们青年有义不容辞的义务和责任。80 后、90 后赶上了信息大爆炸的年代，计算机、通信、信息等高科技近 20 年来突飞猛进地发展，让我们这几代年轻人迅速掌握了科技动态，走到了科技的前沿。但随着科技的发展，也带来了一系列不可忽视的环境问题、社会问题等，各种电器带来的辐射、汽车带来的尾气、高房价带来的青年生存压力、工业发展带来的环境污染等都是需要我们去关注的问题。

李海鸥
文化艺术界别/山东师范大学音乐学院院长

人时常做梦，而梦像是启迪心智和思想的神灵，总是引领着人们前行的脚步。记得小时候，每一次躺在收获的麦场或田园，望着无际的天空飘着朵朵洁白的云彩，总会幻想，天上的神仙腾云驾雾开会去啦……正是带着这种想象，当时的我总会拉上儿时的伙伴，和他们一起唱起耳熟能详的儿歌和戏曲《天仙配》，体会一把做神仙的感受。那时的自己，常常梦想将来成为一名艺术家，想象自己翱翔在艺术这片广阔的天空是怎样的一种幸福。十几年后的我终于梦想成真了，考进了艺术系，从事了心仪的专业，在这条学习的道路上，尽管有困惑与纠结，但始终收获着喜悦的笑容。现在的我能用歌声诉说自己的梦想，能用歌声带给别人幸福与快乐，能用歌声启迪千万颗幼小的心灵……我幸福——因为我有梦敢想；我快乐——因为我梦想成真；我感恩——因为梦想赋予我神奇的力量。所以，不管你是谁、不管你多大，朝着梦开始的地方前行，幸福总会悄悄来到你的身旁。

李华荣
教育界别/山西生物应用职业技术学院院长

提高教育质量，培养造就一大批高素质的技术技能人才，是实现中国梦的必要条件。

高等职业教育必须坚持“以服务为宗旨”，适应经济发展的新变化，满足社会发展的新要求，成为推动“新四化”的重要基础力量。现代高职教育要创新校企合作育人的机制，优化工学结合的人才培养模式，实现“人人成才”的教育目标，培养更多能够适应产业升级需要、增进人民幸福的高素质技术技能人才。

目前，职业院校的学生缺乏职业自信，缺乏人生理想。要引导青年学生树立“梦想从学习开始”、“事业靠本领成就”和“价值由贡献衡量”的观念，让勤奋学习成为青春远航的动力，让增长本领成为青春搏击的能量，让每个青年学生都为实现中国梦增添强大青春能量。

坚持立德树人，培养人人成才，建设美丽中国，就是我的教育梦想。实现梦想，行胜于言。绽放的梦想，是汗水中怒放的青春。

李骏
经济界别/北京四季沐歌太阳能技术有限公司总裁

2012 年 11 月中共新一届领导集体上任以来，“中国梦”一词正式进入官方语汇并迅速流行。事实上，中国梦深刻反映了中国近代以来历史发展的脉络，饱含深情地描绘了中华民族生生不息、不断求索、不懈奋斗的历史。

当房子、车子成为发展进程中国人所追寻的梦想，一罐安心的奶粉、一道无污染的食材，乃至一片湛蓝纯净的天空更是迫在眉睫的生存课题时——与环境的友好共生、惠及万代的可持续发展才是今天中国梦的梦之魂。无疑，在中国梦的圆梦征途上，中国的民族企业将义不容辞地肩负起振兴使命。

作为一个太阳能光热产业的从业者，四季沐歌的中国梦便是引领中国太阳能光热行业登顶世界之巅，让日出东方的阳光照亮地球的每一个角落，让每一个消费者共沐四季沐歌的欢畅，共同推进全球可持续发展！

美丽中国，民族产业振兴，这是中国梦的基石，太阳能光热，在路上。

李宁
文化艺术界别/中国杂技团李宁金魔棒魔术团团长

每一个人都有自己的梦。而“中国梦”是每一个中国人都在追寻的梦，它是每一个中国人梦的会聚和升华。作为一名青年魔术师，我怀揣着为每一个瞬间带去快乐的魔术梦，不停地追逐。这个魔术梦看似虚幻却朴实，看似简单却不平凡！在魔术带去的笑声和欢乐发挥积极正面力量时，它已经不只是一种休闲与娱乐，更是一股无形却巨大的能量。

魔术梦是美丽的，它可以成为指引我们走向幸福、和谐生活的信仰；魔术梦是积极正面的，它可以帮助人们由浮躁走向踏实，由彷徨走向坚定，并走向成功；魔术梦是充满力量的，它可以是人生前行的动力之源，足以激发一个人生命中所有的潜能。魔术梦虽然只是中国梦的一小部分，却体现着中国梦的丰富内涵和本质要求：实现国家富强、民族复兴、人民幸福。

中国梦是我们的梦！作为中国的一分子，只有完成小梦，才能为“中国梦”贡献自己的一份力量！

李士龙
农业界别/黑龙江省青年科技工作者协会副会长

历史上，人类通过实践，在河流两岸不断筑堤围堰，逐步缩小了河流的宽度。但是现在人们逐渐认识到，今天的河宽并不都是水流要求所必需的、最理想的和不可调整的。适当的河渠宽度可以很好地疏导河水，调节河水的流量和速度，而过窄或过宽的河渠将导致河水的泛滥和资源的浪费。农业不举，百业不兴。在实现中国梦的同时，保持无数个“农民梦”、“农村梦”、“农业梦”和“中国梦”之间恰当的河水与河渠关系，简称“河渠关系”，是新形势下支撑农业、助力农村和引导农民实现中国梦的重要先决条件。

作为农业大省的黑龙江省，如何实现现代化的“农业梦”，保障国家粮食安全，提高农业竞争力，不断增加农民收入，从而更好地实现生产发展、生活富裕的“农民梦”，可行的办法，就是“修渠筑堤”，渠要有适宜的宽度，堤要有坚固的硬度。具体地说就是农业现代化支撑体系包括各项支农强农政策法规的支撑，科技创新体制和机制的支撑，设施和装备的支撑，以及具备现代农业知识和技能的人才的支撑。农业现代化支撑体系要跟上现代农业发展的步伐，不能过宽过松，造成国家资源浪费，影响发展速度；也不能过紧，限制发展。保持合理的“河渠关系”是实现农业大省向“农业强省”、农业大国向“农业强国”发展的重要条件。

李晓东
科学技术界别/国际互联网资源管理机构ICANN全球副总裁、中国科学院研究员

总书记在五四青年节之际激励青年为中华民族伟大复兴的中国梦奋斗，并提出坚定信念、练就本领、勇于创新、艰苦奋斗、锤炼品格五点要求。在中国经济快速发展以及成为全球GDP第二大国的大背景下，在现在社会中特别是年轻人群体中思潮很多、心态浮躁、追求享受安逸，以及自满安于现状等特殊情况下，总书记的激励和要求针砭时弊，对于青年人以及青年工作都具有很强的指导作用。看完总书记的讲话，诚意正心、格物致知、修身强国，我的中国梦不再是抽象的，而是与青年人的历史观、价值观和个人发展有机地结合在一起。在自己多年从事技术研发和国际合作工作，特别是在担纲争取“中国”国家顶级域名和互联网国家主权，以及在国际机构任职高层的日子里，给我最多支撑的信念就是“我是在为国家谋未来”，任何的辛苦、责难甚至委屈在这个信念下都不值一提了，因为只有为此才能让我内心充满成就感和归属感。总书记的讲话中，我印象最深的一句话就是“现在，青春是用来奋斗的；将来，青春是用来回忆的”，青春终将逝去，很多人慨叹自己的青春不在，青春的确是可以用来怀念和回忆的，但是怀念与回忆的滋味如何，取决于我们是否有过奋斗的青春，让自己无悔，是否让我们奋斗的青春与国家、民族、家庭责任有机有力地结合在一起，让我们的每一步努力，无论是成功还是失败，无论是笑容还是泪水，都能够和为中华民族伟大复兴的成就感和归属感融合在一起。

李孝轩
教育界别/云南爱因森教育投资集团有限公司董事长

“中国梦是民族的梦，也是每个中国人的梦，实现中国梦就是要团结中国各族人民的力量……”习近平主席关于“中国梦”的重要阐述，情真意切、求真务实、催人奋进，“让人民共同享有人生出彩的机会，共同享有梦想成真的机会”的讲话，更让我们创业者、从教者深受鼓舞、信心满满。

我心中的中国梦，是教育强国之梦；我的教育梦，是做职业教育的探路者，持续创造新的教育价值。

我坚持，教育的价值在于必须对学生的成功就业和职业生涯发展有明显帮助，帮助学生成为社会需要的人才，帮助学生改变命运。

我坚信，只有老师像对待子女般对待学生，教育才会有希望。教育应该与爱同行，好的教育可能改变一个人的一生，或者一个家庭、家族，甚至一个地区人们的观念。

我追求，要做最受人尊重的职业教育提供者，执着探索职业教育创新发展，用毕生的努力办一所百年名校。

人因梦想而伟大，因为坚持而成功；国因梦想而繁荣，因为团结而富强。未来发展，我将始终安守本分、倾心职业教育，为了学生成才、教育发展、中国梦圆奋斗、助力！

李学龙
科学技术界别/中国科学院西安光学精密机械研究所瞬态光学与光子技术国家重点实验室副主任

我 2009 年从英国伦敦大学回到中科院西安光学精密机械研究所，入选中组部千人计划，并在 2012 年获颁中国青年五四奖章。

回国后切身体会到党和国家对青年人才的极大重视。2013 年 5 月 4 日，总书记在中国空间技术研究院参加“实现中国梦、青春勇担当”主题团日活动，同各界优秀青年代表座谈，发表了重要讲话。青年科技工作者要坚定理想信念，练就过硬本领，勇于创新创造，矢志艰苦奋斗，锤炼高尚品格，在实现中国梦的生动实践中放飞青春梦想，在为人民利益的不懈奋斗中书写人生华章。

国家对青年人才极为重视和关怀，作为一名科技工作者，荣誉感倍增，责任也更重大。我在追寻着自己的梦，和中华民族伟大复兴命运紧密相连。一刻不停歇，一直为这个梦想的实现在探索着、奋斗着。我从事的研究领域是遥感对地观测、视频监控和视觉信息处理，是很重要的应用和理论学科。国内相关研究和科研成果与先进国家相比目前还有差距，为缩小差距，快速赶超，要求科研工作者整个群体积极发挥自己的技术专长和经验优势，在科研工作中探索新方法、新思路，带领团队刻苦攻关，力争实现重大突破，不辜负党和国家的期望。作为一名“工兵”，我感到自己肩上的责任更加重大。

国家在大力推进人才强国战略，给予了青年科技工作者更多的关怀和支持，我们科技强国的梦想一定能够实现。

李亚杰
新闻出版界别/新华社中央新闻采访中心政文采访室副主任

幸福不会从天而降，需要一锤一钉的劳作。

梦想不会自动成真，需要一砖一瓦的建设。

梦想是一条奔腾不息的大河。民族复兴的中国梦想，指引着中华民族的未来和命运，让我们心有所依、情有所归。

我们敬畏、珍惜、创造中国梦想。

扎根基层，中国梦想散发着泥土的芬芳；

投资兴业，中国梦想在拼搏中绽放美丽；

勇攀高峰，中国梦想在攻关中焕发光彩；

卫国戍边，中国梦想在奉献中成就辉煌……

民族复兴的中国梦想，就像金色种子已经撒遍日新月异的神州大地，演绎着一个民族的活力与传奇，诠释着一个国家的未来与力量。

这是一个充满生机、富有活力的时代，时时召唤我们探寻中国梦想的奥秘。

这是一个开拓未来、创造历史的时代，刻刻呼唤我们解码中国梦想的基因。

目睹世界东方沧海桑田的巨变，亲历中华民族迈向复兴的征程——

我们必须艰苦奋斗、埋头苦干。

我们仍须居安思危、永不懈怠。

这就是中国梦想之责任。

这就是中国梦想之使命。

李友健
教育界别/童心飞扬教育集团董事长

中国梦昭示国强民富，我们热切期盼；中国梦代表人民心声，我们无比憧憬；总书记说中国梦更是青年一代的，我们责无旁贷。我们的事业和生活与国家紧紧相连，我们庆幸生活在这样一个生机勃发的民族腾飞时代。“得其大者可以兼其小。”实现中国梦将为我们创造更加美好的生活和更加光辉的未来，也为我们当代青年学习成长、事业发展提供难得的机会。我们要把个人的理想自觉地融入实现中国梦的伟大实践中，创造无愧于中国梦的青春业绩。

梦想成真，在于奋斗。圆中国梦，时不我待。我要立即行动，在中国梦的实现过程中找准自己的角色定位和奋斗岗位。我从事校外教育多年，深深知道，在教育社会化的今天，校外教育在少年儿童健康成长、全面发展中发挥着愈来愈重要的作用。我国中小学生每天都有许多校外生活时间，还有很长时间的假期。如何帮助他们利用好校外时间发展社会能力、提高综合素质，是我一直致力的目标。这些年，我们创建“童心飞扬教育集团”，开展了一些形式活泼、富有创意的活动，助推了许多少年儿童的欢快喜庆、多才多艺，打造了知名的校外教育品牌，还在团中央中国青少年宫协会的支持下，组织开展了“全国青少年宫文艺汇演”等在全国有影响的校外教育活动。我要根据中国梦的理想，更好地实施校外教育，促进更多的少年儿童健康成长、全面发展，为中国梦的实现添砖加瓦，出一份微薄之力。

廉思
社会科学界别/对外经济贸易大学党委研究生工作部部长兼研究生院副院长

我们这几年做青年问题研究，在“蚁族”和新生代农民工中可以看到，他们的梦想，都不是仅涉及自己的，而是包括家庭的、朋友的。也就是说，在中国青年的梦想中，他们都在个人竞争时不忘分享和关怀，在前行中相互慰藉和守望，在奋斗时牢记社会的责任，在自我追求成功时关爱他人。最终，个人有梦想，社会有共识，国家才能有希望。

其实，中国梦是由普通公民的一个个梦会聚而成的。只有在个体梦丰富并且有机会实现的国度，国家梦才有可能孕育。国家应从制度和法律上保障青年起点公平，保障资源合理分配，保障人格尊严平等，为所有人构建一个良好的成长环境和良性的社会流动机制，使“富二代”不会因其富庶而承受不该承受的来自原罪的道德压力，使“穷二代”也不会因其贫穷而承受不该承受的来自物质的压力，使每个青年都能公平地分享与其奋斗打拼相值的发展际遇和改革成果。我们相信，未来的中国，一定是既有个人梦想和目标，又有共同信仰和精神追求的伟大国度。

林荣钢
金融界别/财富嘉禾投资顾问有限责任公司首席执行官

走在这片土地上，经历这个时代，见证了经济的发展。在我国，有很多公民取得了成就，同时，也有人开始怀疑我们国家所许下的诺言，甚至怀疑它的公正。失败的教育、潜在的偏见和出生环境限制了一些年轻人的雄心，有时，我们的分歧是如此之深，似乎我们虽身处同一个大陆，但不属于同一个国家。我们不能接受这种分歧，建设一个公平、公开、公正的社会环境和团结统一的国家是我们每一个公民严肃的使命。

这些使命中最伟大的是正在实现的国家承诺，每个人都有自身的价值，每个人都有成功的机会、每个人天生都会有所作为，我们要通过努力将这个诺言变成生活中和法律上的现实。

今天在这里重树我们的梦想和信念，通过发扬谦虚、勇气、同情心和个性化的精神来实现我们国家的理想，这是一个文明的社会，需要我们每个人品质优良、尊重他人、为人公平和宽容厚爱。

希望照耀着大地，我们要共同努力健全我们的学校教育，不能让无知和冷漠吞噬更多的年轻生命。拯救我们的孩子，哪里有痛苦，我们的义务就在哪里。对我们来说，需要帮助的同胞不是陌生人，而是我们的公民，他们不是负担而是亟须救助的对象。当有人陷入绝望时，我们大家都会因此变得渺小。

在生活中，有时我们被召唤着去做一些惊天动地的事情，但是，每一天我们都被召唤带着挚爱去做一些小的事情。一种民主制度最重要的任务是由大家每一个人完成的，通过这一切，用我们传统的价值观来哺育我们的时代。

百年中国，发生了翻天覆地的变化，但是有一点，我们时代的主题仍然是我们国家无畏向前的宏伟目标和它追求尊严的纯朴梦想。这个梦想通过我们每一天的努力正在变成现实，大家正在努力地履行着各自的职责，带着永不疲惫、永不气馁、永不完竭的信念，使我们的国家变得更加公正、更加慷慨，验证我们每个人生命的尊严。

刘广利
教育界别/中国农业大学副教授

美丽中国战略，表明了党和政府对生态文明建设的高度重视。我国是农业大国，而非农业强国。美丽乡村，智慧农业，是美丽中国的重要组成部分。当前，农业生产仍然以传统生产模式为主，传统耕种只能凭经验施肥灌溉，不仅浪费大量的人力物力，也对环境保护与水土保持构成严重威胁，对农业可持续发展带来严峻挑战。智慧农业建设的目标是实现农业低碳经济循环高效的发展。我国智慧农业发展现状还仅仅停留在概念上，与实际农业问题的结合远远没有达到预期的程度，或者说中国的智慧农业还没有真正开始，基本上是技术与农业行业两张皮的强硬结合，没有形成和谐的共生关系。但无论如何，作为一种新的农业发展模式，在农业产业化和信息化、工业化、城镇化等的客观要求下，智慧农业将是未来 5～10 年重要的突破点。智慧农业具有广阔的发展前景，这一点在未来的 3～5 年就会有所体现。低碳是科学发展的一个重要组成部分，在智慧农业上体现得最为明显。智慧与农业的结合，就是将信息化、简单加工与农业全过程进行有机融合。食用农产品的本质属性在于安全，减少环节上的运输、库存、损耗本身就是低碳发展。智慧农业可以全过程智能化，实现安全食用农产品的产前、产中、产后的管理与控制，做到消费者与生产者直接对接，减少中间环节，实现安全农产品的绿色储运，最终为“美丽三农”奠定科学基础。

社会服务和文化传承也是高等院校的重要职能。社会服务就是将科研成果与社会需求结合，促进科研落地示范，为行业和民生服务，实现“将论文写在大地上”的科学思维，做到“顶天立地”。就智慧农业而言，质量追溯、农业物联网、FRID、二维码技术等都有了较好的发展，在水产养殖、畜牧、种业等的智慧结合领域做了一定的工作，取得了一定的成效和影响力。

基于智慧技术，选择有一定基础的地方，打造由第三方运营的“智慧型农业示范基地”，从源头上保障农产品安全，集成种业智能、农业生态环境监控、精量灌溉测控、日光温室自动化控制、农业遥感、养殖监控、种子与农产品品质监测、能源与节能管理、农业物联网等农业核心科技，形成产学研用一体化模式；落实农副产品快速无损检测设备平台建设，加大蔬菜和肉类等的监督检查与检测力度，保障群众饮食安全；开展农业农村专职信息服务人员培训，全面提高智慧农业农村工作效率与服务水平。

智慧农业的本质可以将消费者与生产者彻底换位，这样也就解决了互不诚信的问题。农产品溯源体系的本质就在于可视化换位，从技术角度实现基于GAP而非有机标准的质量规范，信息获取的关键在于质量关键控制点，并且不可人为干预。实现智慧农业的关键则在于家庭农场模式，这是美丽中国的客观基础。

刘文新
农业界别/信阳文新茶业有限责任公司董事长、总经理

2013年3月，作为一名全国人大代表，我参加了全国两会，现场聆听了习总书记再一次谈到中国梦，我感受到中国梦是全国人民的梦，是我们每一个家庭的梦，也是我们每一个人的梦，更是我们每一个青年人的梦。所以这种梦想，我的理解就是要实现中华民族的伟大复兴，要让我们民族振兴，国家富强，人民幸福。要想实现中国梦，就要把个人的梦融入到中国的梦，要让自己个人有价值，努力让我们的梦想得到实现，让我们每个家庭的梦想得到实现，这就是中国梦的实现。

我也有自己的梦想，我的中国梦就是实现文新梦。文新梦是什么？是我们每一个文新人的愿景。文新有四梦：一是“国人好茶梦”，让每一个中国人都喝到绿色健康、好而不贵的文新茶；二是“茶农幸福梦”，与茶农共同发展，实现共同富裕，让广大茶农过上幸福安康的好日子；三是“文新家人梦”，要让文新的每一个人过上幸福的生活，受人尊敬、被人认可、收入同

行业最高、活得有尊严；四是“名茶复兴梦”，要做大做强中国茶产业，让中国茶走出国门，走向世界！文新梦实现了，我的中国梦也就实现了！

刘霞
新闻出版界别/人民日报新闻战线杂志社专题中心主任

中国梦是我们每个中华儿女的梦想，每个人都应该从自身出发有自己的理想和追求，因为梦想让我们充满勇气，因为梦想更能让我们认清前行的方向。

我是一个有十几年从业经历的新闻工作者，三年前转入文化艺术领域，创刊《艺树》杂志以及建造“树美术馆”，在艰辛的过程中，感受到艺术之美在我们的生活中弥散，感受到艺术在精神世界的气息。我们的物质越来越丰富，我们的文化越来越丰富，我的梦想是：在未来 10 年，让艺术真正走进我们的生活！让我们的孩子从小更多地走进美术馆，接触到身边更多的艺术门类、艺术教育、艺术体验以及来源于生活本身的艺术。中国经济强大了，但文化艺术的发展却落后于经济，有待提高。一个屹立在世界民族之林的中国不仅仅是经济大国，也要是一个文化大国，我们不仅要向全世界展示五千年的文明，也要展现我们新的文化和艺术。让我们青年艺术家的作品更多地走出国门，去和世界对话，让世界看到这个东方大国的现代文明，而不仅仅是过往的历史。因此我的梦将紧紧贴着我们的中国梦前行。我近五年要做的事情：

1. 让我们的《艺树》杂志更多关注年轻艺术家的成长及创作，让他们的创作落地而可持续。

2. 把我们坐落在宋庄的“树美术馆”打造成为最有特色及关注艺术体验的民营公益美术馆，与幼儿园及学校合作，让儿童及学生走进美术馆，了解我们中国自己的艺术创作及传承。

3. 开发艺术衍生品及非文化遗产与生活对接。推广买得起的艺术，以及生活实用艺术。让艺术在生活中生长，让文明在我们的世界放光。

我清醒而充满激情地为这个梦努力着！

**马江涛**
社会中介界别/北京市大成律师事务所高级合伙人、管委会副主任

目前世界上唯有两个国家敢谈梦想——美国和中国。前者无须多言，中国人谈梦想却饱受质疑。是别人不信我们，还是我们不自信？我想二者皆有之。习总书记在十八大上对中国梦的深刻阐释，道出了其中真谛——“空谈误国，实干兴邦”。

其实，我们原来不是没有梦想，只是大踏步的前进让我们淡忘了出发的原因。在改革开放经济浪潮的推动下，愈发务实的中国人付出了太多代价，这当然也包括司法领域。试问，如今社会公众最信什么？政府？法院（法律）？律师？关系？答案不言自明，“关系至上”已成为凌驾于律师执业能力之上的定式思维，这在以司法独立为主导的西方法律思维框架下是不可思议的。我国自1979年恢复律师制度以来，司法改革进程已取得重大突破，特别是近两年两大诉讼法的相继修订，律师地位得到不断提升，重实体、轻程序的现象也在逐步缓解。不得不承认，在我国司法行政干预现象仍旧严重的今天，不仅需要不断完善我国的司法制度，更为重要的是从思想、观念层面上树立起司法独立的意识，让每位立法者、执法者、法律维护者都能坦坦荡荡地活着，更让每位守法者都能在法律的保护下有尊严地活着！

以上是一名普通法律工作者的中国梦，它可以很小，也可以很大。值得庆幸的是，现在的我们仍可怀揣梦想！

**马锦明**
教育界别/同济大学党委副书记

中国梦描绘的美好愿景，是中华民族共同的精神家园；而实现中国梦的宏图伟业，需要每一位华夏儿女的倾力倾情。即使是一人之行，也可构成这幅磅礴画面的微小笔触；即便是一己之言，或能成为这曲巨型交响的片段音符。因此，我们每个人都不要忽视自己的力量和影响，应从点滴做起并积极倡导：文明，保持良好的修养，言语温和、行为礼让；节俭，珍惜每一滴水、每一度电、每一粒粮食，节约资源、保护环境；友善，乐于向他人提供帮助，为人着想，真诚待人；奉献，竭尽自己的智慧和力量，努力工作，服务社会……时时提醒自己，做正能源，发正能量！让个人力量的涓涓细流不断会聚成建设美丽中国的强大洪流，喷薄向前。

皮进军
农业界别/青岛港集团有限公司大港分公司装卸二队副队长

出生于沂南革命老区的我，祖辈都是农民。一听到农民，人们想到最多的形容词就是勤劳、朴实、善良，这些形容的确恰如其分，但还有一个词语也渗透在我们的骨子里，那就是梦想。

儿时的梦想单纯又直白，就是过年能穿上件崭新的棉袄，吃上顿肉馅的饺子。到青岛港参加工作以后，儿时的梦想成真，自己又有了新的梦想，就是多干活，多挣钱，让家人过上好日子。现如今，我从一名农村小伙儿，成长为世界级亿吨大港的第一批品牌员工、第一批农民工党员、第一批合同制农民工、第一批农民工基层队长、党的十八大代表，看着梦想一步步化为现实，有时又感觉自己真的是在梦中。而当听完习总书记的中国梦讲话后，我产生了强烈的共鸣。中国梦，是振兴中华的大梦，是每个人的小梦。每个人都有当梦想家的权利，它并不是遥不可及的。当所有的梦想会聚在一起，形成一股合力，散发出一股正能量，这个梦就是宏伟的梦、崭新的梦。每个人的梦想成真之日，也就是我们伟大中国梦的实现之时，到那时，我们中华民族屹立于世界东方，将映射出最美最暖的阳光。

钱俊冬
科学技术界别/西安三人行信息通讯有限公司总裁

我心中的中国梦即国家富强、民族振兴、人民幸福的梦。“中国梦”是由无数个体的“个人梦”会聚而成的，“中国梦”的实现归根结底是无数个体的“个人梦”的实现。实现“个人梦”需要坚守自己的梦想，只有通过不懈的努力、孜孜以求的追寻才能成功。作为青年创业者，我从最初为改变自己生活状态而自发奋斗到建立起自己的公司，一步一步成长为企业负责人的过程，是逐步追寻“个人梦”的过程。随着公司的发展，我越来越能体会到“个人梦”与创业梦和事业梦息息相关，唯有脚踏实地地实干加奋斗，以责任与使命带领公司不断往前发展，让公司的每一位员工过上幸福而有尊严的生活，才能在中华民族伟大复兴的历史时刻，为实现“中国梦”这一大梦而贡献自己的一份力量。

李巧艳
社会科学界别/河南省文学院专业作家、《散文选刊》杂志副主编

最近这些年，随着市场经济的不断发展，对现实物质利益的追求成了很多人的生存目的，财富的多寡成为衡量一个人成功与否的唯一尺度。相比之下，精神需求问题也越来越凸显，越来越成为一件我们必须面对的重要事情。现代人的生活被电视、网络、报纸、手机等这些媒体工具变得越来越公共，很多人信息公共、经验公共、娱乐方式公共，甚至思维方式也公共。在这种公共的前提下，大众化、庸俗化和低端化的精神消费方式趋之者众，而文学的存在对于这种状况的改变，则有着深远的意义。著名作家李佩甫先生曾说：“文学是民族精神的凝固剂，是民族灵魂的铸造剂，是民族精神语言的标尺，是社会方式的先导，是人类的精神之药。”在这样一个大变革的时代，在这样一个越来越市场化的时代，在这样一个物质的声音越来越响亮的时代，我也一直认为：从更广泛的意义上讲，无论是社会的和谐，还是人与自然的和谐，甚或是人的自我和谐，归根到底离不开对健康饱满的精神生活的建设。而健康饱满的精神生活的建设，离不开也不可能离开人们精神生活的重要领域——文学。

因此，我心中的中国梦，就是在不远的未来，有越来越多的人热爱文学、支持文学。而作为一个青年作家，我也一定会戒骄戒躁，沉静安定，去积极采挖时代怀抱里的富矿，去探索、去领会生活赋予我的一切，同时认真向杰出的文学前辈们学习，坚守高质量的文学品格，尽我所能创作出越来越多的文学精品。

沈一丹
文化艺术界别/海军装备陈列馆研究员、高级美术师

记得很多年前，一个朋友曾经对我说，梦想是一件很奢侈的事情，说得直白而又坦诚。我的心中却始终持有保留意见——梦想对于每一个人来说都是公平的，它不分高低贵贱，就如同艺术，不论你是贫穷还是富足，每一颗心灵都有权利发出猛烈的震颤。

2012年底，习近平总书记第一次阐释了中国梦的含义——“实现中华民族伟大复兴，就是中华民族近代以来最伟大的梦想”。无数的先烈，曾为了这一梦想血溅轩辕；无数的青年人，为了这一梦想，甘愿献出自己的生命。今天，这句质朴的话语，振聋发聩，带着无与伦比的感召力，以一种带有梦幻色彩的诗意方

式，将我们每个人的梦想，与我们民族的兴衰紧紧联结在一起。

中国梦把爱国主义这一高尚的民族情操重新提起，在这个日益浮躁而利己的社会之中，可谓一石激起千层浪，正所谓，民族正气，至大至刚。无数怀揣着理想的青年人，听见祖国母亲的召唤，无不振奋精神，调动各自的聪明才智和创造力投入到社会主义建设之中。毕竟中国梦是我们每一个中国人的梦想，值得我们为之执着追求。

先贤顾炎武曾经说过，“天下兴亡，匹夫有责”。身为部队的文艺工作者，我更加认为弘扬主旋律、传递正能量是我义不容辞的责任；身为全国青联常委，恰逢祖国实现伟大复兴的关键之年，沐浴着时代的春风，我更加感觉使命光荣，任重而道远。

从我接触书法开始，已经有三十几个年头了，刚开始写字时只有六岁，当时想法很简单，就想把字练得端庄漂亮，然而冥冥之中，却总有一个声音告诉我，这支笔我是放不下了。后来当海军，梦想的形象也渐渐清晰了起来——我立志成为一名军旅书画家。从那时起，不论生活赐给我什么，我都选择微笑、坚强地面对。因为我知道，我有梦想，内心就充满了力量。

我时常与女儿交谈，让她慢慢了解自己想要做一个什么样的人，不论她选择一种什么样的生活，我都会鼓励她：做一个品德高尚的人，志存高远，永远不要忘记你的梦想。

**双卫兵**
医药卫生界别/山西医科大学第一医院泌尿外科医生

“中国梦是民族的梦，也是每个中国人的梦。”中国梦归根到底是人民的愿景。理解中国梦更重要的还是要和“实干兴邦”紧密联系在一起，紧紧依靠人民，同时牢记实现中国梦的“三个必须”路径——实现中国梦必须走中国道路，实现中国梦必须弘扬中国精神，实现中国梦必须凝聚中国力量。

实现中国梦需要我们每个人的努力，从自己做起，从小事做起，为中华民族的伟大事业发挥正能量。作为一名医生，我为实现中国梦所能够做的事情就是做好自己的本职工作，以优良的医德医风、以精湛的医疗技术、以饱满的精神面貌去为患者服务。作为一名正在援疆的医务人员，我认为在援疆工作中踏实工作也是为“中国梦”的实现作一点自己的努力。在援疆工作中，我们通过挖掘自身潜力，积极带动当地医疗卫生事业的发展，积极培养当地医务人员，积极做好民族和谐的工作，也为国家富强、民族和谐作了一点微不足道的努力。

实现中国梦这项伟大事业，需要我们每一个中华儿女共同完成。如果将实现中国梦这项伟大事业比作一曲激昂的长歌，我愿意做一个小小的音符；它若是一首瑰丽的诗词，我愿意成为它最不起眼的片段；它若是一幅浓墨重彩的画卷，我愿是画卷中淡淡的一笔；如果把它比作一条通向成功的大道，我愿意做铺路的石子，为这项事业奉献我那份微不足道的力量！

只要我们每个人都发挥出了自己的正能量，我们的中国梦就必将实现。

宋静
农业界别/中国科学院南京土壤研究所土壤环境与污染修复重点实验室副主任

当今社会科学技术日新月异，第三次科技革命已经到来。解决我国资源、人口、发展与环境问题，实现经济和社会跨越式可持续发展，必须也只能依靠科技进步。

科技工作者应以“科技兴国，科技强国”为己任，志存高远、淡泊名利、脚踏实地、协同创新、实干兴邦。

各级党委和政府应更加重视科技在社会经济发展中的支撑、引领作用，加大科技投入，为科技型领军人才创业创造良好的条件。在全社会营造尊重知识、尊重人才、鼓励创新的良好氛围。

各级科技管理部门应更加尊重科技自身发展规律，给科研人员创造宽松的研究氛围，为科技成果转化和产业化提供服务。

宋鱼水
政法界别/北京市海淀区人民法院党组成员、副院长

中国梦离不开中华民族的伟大复兴，无论是公民个体还是国家建设，人民过上好日子，国家繁荣昌盛，是我们的共同选择。但是，走在复兴之路上的我们面临的机遇与挑战并存，我们面临的生态环境、人文追求从来没有像今天一样考验着中华儿女的精神力量和进取精神。每个公民自身的建设、家庭的文明、对全社会公平正义的追求都与中国梦息息相关，中国梦是一个全社会共同担当的梦。

作为一名法律工作者，在全面推进依法治国的十八大精神的感召下，法治目标的实现离不开与全国人民一道共同追求法律价值观和以法治为核心的社会主义法律体系建设。在全社会弘扬秩序和正气、加强青少年的法制教育、推进公民法律素养、法治政府和司法体制改革不断推进的过程中，将法律变成全社会共同受益的法律梦、经济梦，以及全中国人民幸福美好的生活，是我们义不容辞的责任。

在我们的时代，全民的健康素质、对生命权的珍爱、对理性文化的追求、对人格尊严的尊重需要提升到更高的层次。我们需要缓解青年的压力，向全社会的每个公民显示出善意。强大的社会保障制度，有归属感的心灵追求，呼唤着每个人的行动，我们需要凝聚强大的精神力量，呵护我们的老人和孩子，建设我们美好的家园，实现全人类共同追求的梦想。

谭必恩
教育界别/华中科技大学化学与化工学院教授、博士生导师

于我而言，梦想，随着时间的流转悄然发生着变化。儿时的梦，单纯、天真又无所畏惧；慢慢地长大了，经历丰富了些，心境也更务实了些。梦想便是从不言弃、努力拼搏的精神支柱。

在我心中，对事业、对祖国一直有着一份特别的热爱、期盼与梦想。正是带着这一份热爱、期盼与梦想，我才能一心一意地专注于祖国的高等教育事业，一心一意地徜徉在绿色化学研究的海洋中。不论是和学生核对检测实验数据，还是和同行进行学术探讨，所有枯燥的过程于我却是梦想的还原。每当我看到科学研究又取得新成果的时候；每当我发现自己从事的事业又获得更大突破的时候；每当我的学生终于成才，也和我一样全身心地投入到祖国的现代化建设中的时候；每当我在工作上付出的努力又赢得回报的时候，我都觉得我的中国梦离我越来越近、越来越清晰。

正如北宋张载所说："为天地立心，为生民立命，为往圣继绝学，为万世开太平。"我们每一个中国人，都应为祖国的一切贡献自己的微薄之力，去实现我们自己的中国梦。

王富龙
医药卫生界别/哈尔滨天龙成专科医院院长

习主席对中国梦做出了深刻的阐述，阐述得非常恳切，我对此有很大的感触。每一个人都有一个属于自己的中国梦。作为一名医生，我也有自己的梦想。我的梦想是普及健康保健方面的知识，让老百姓认识到身体健康的重要性，重视养生保健，使老百姓都健康长寿。

同时，我也想多在边远山区为老百姓义诊，帮助解决山区百姓看病难、看病贵的问题，帮助他们了解一些医学常识，纠正他们以往一些对于治疗疾病的认知上的错误，使他们更科学地对抗疾病，能够做到及时有效地治疗疾病，养成良好的生活习惯，从而用健康的身体、乐观的态度，积极地面对生活。

这些是我的梦想。现在在习主席的领导下，我更加坚信："治好一个病人，就是成全一个家庭"。最后，我祝愿天下的百姓都幸福快乐。

王均豪
经济界别/上海均瑶集团有限公司总裁

习近平总书记提出中国梦的概念并予以详细阐释，触动并点燃了每个中国人内心深处的中国梦。就我理解，一个丰满的中国梦，是由一个个公民单个的梦想组建而成的。

我从小在渔村长大，原本生活的唯一出路就是接替老爸继续当渔民。那时候，我经常看到战斗机在渔村上空飞过，当时对飞机充满好奇，觉得"飞机真快"，至于坐飞机则感觉是遥不可及的梦。为了改变自己的命运，从十几岁开始，我们三兄弟便背井离乡，常年在长沙打工、做生意。

1989 年，我大哥和老乡们包了一辆大客车回家过年，途中我大哥发牢骚嫌车太慢，一个同伴揶揄他说："有本事包飞机去。"说者无心，听者有意，我大哥开始琢磨起这件别人做梦都不敢想的事。细细一盘算，从理论上讲，如果可以包一辆大巴回去，包飞机应该也可以，那为什么不试试呢？1991 年 7 月 28 日，通过半年多的努力，我们兄弟三人承包开通了长沙至温州的航班。从闲聊时的一句玩笑，到成立自己的包机公司，再到入股武汉东方航空，最后到成立自己的航空公司——吉祥航空。2006 年 9 月 25 日，吉祥航空实现首航，现已发展到 30 架飞机的规模，整个过程给我最大的启发是：不管什么事情，先要敢于去想，敢于去做梦，最终才有可能实现。也许有些事情不一定会成功，但是想想总没有错。目标是“无为”，却可以在“有为”中努力争取。

均瑶集团创业至今 20 多年，我们集团在 2005 年提出建设“百年老店”的目标，这是我们的一个新的梦想。虽然成为百年企业还任重道远，但我希望我和我的团队能为中国百年企业的发展提供一个可借鉴的案例。无论是成功的经验还是失败的教训，我们甘做中国百年企业的探索者，因为我相信有梦想才会有希望，有希望才会有激情，有激情才会有事业，有事业才会有未来！我更相信，通过努力实践，理想很丰满，现实不骨感！

王遵来
医药卫生界别/天津北辰北门医院副院长、天津脊柱医学软性技术研究院副院长

总书记从路径选择、精神支撑、力量来源等几个方面，向全国人民和国际社会解读了中国梦。实现中国梦是中国执政党的目标，更是全体中国人民的梦想。

实现中国梦必须凝聚中国力量。中国梦是民族的梦，也是每个中国人的梦。每个人都在尽自己最大的努力为祖国美好的明天而献言献策，我作为一名全国青联委员，应该自觉地把自己和我们的国家、我们的党深深地连在一起。把自己所做的努力，看成不仅是在实现自己的人生理想，也是在为中国梦的实现贡献自己的一点力量。在日常的工作、学习和生活当中，轰轰烈烈的事迹不会经常有，但是平凡之中见伟大，自己要尽力做好身边的每一件小事，使自己无愧于国家、无愧于党。

中国梦是民族复兴的梦，是民族强大的梦，而人民强健的体魄、健康的心理是实现中国梦的基本条件。保障人民的健康，提高全民族的健康素质，是民族强大的标志。我作为一名医生，在为患者服务的临床实践中，把自己的技术、良心、责任心体现在服务患者的每一个细节中，就是实现中国梦的具体行动。我作为一名院长，把医院的诊疗流程、服务规范具体化、精细化、规范化，就是扎扎实实地迈向实现“中国梦”的征程。我作为中华中医药学会骨伤推拿分会的秘书长，把推广脊诊整脊这一中医特色技术作为自己的一份职责，潜心研究，不断改革，努力创新，广泛交流，为促进中医特色技术走向世界而努力工

作，为实现富强中国梦、民族复兴梦、个人事业发展梦贡献自己的智慧与力量。

谢灿军
科学技术界别/中国商用飞机有限责任公司上海飞机设计研究院副院长

从小，我就为自己是一个中国人而感到骄傲，我们有五千年的灿烂文明，有四大发明，有雄伟的万里长城和960万平方公里的广袤土地。

长大后，我知道了中国屈辱的近代史，也知道了一代又一代中华民族的优秀儿女为了实现民族独立、民族富强的梦想而不惜牺牲、不懈奋斗的历史。

习近平总书记指出："实现中华民族的伟大复兴，就是近代以来中华民族最伟大的梦想。"

梦想不是空想，实干才能兴邦，每个中国人都要为这一梦想而努力。我是一名民用飞机研制的科技工作者，深刻明白科技进步才能强国富民的道理。有人算过，买一架波音或空客飞机的价钱需要我们出口一亿双鞋子，难道中国人只能靠做鞋来换飞机？对于我来说，早日让中国造的大飞机飞上蓝天、投入航线就是我心中的梦想，我为此作出的贡献就是我为实现中国梦所作出的贡献。

梦想是生命的翅膀，助我们飞翔，给我们力量，指引我们去奋斗，去实现我们人生的价值。

谢军
体育界别/首都体育学院副院长

生逢盛世，让人有了做梦和追梦的好福气。总坚信天道酬勤，只要扎扎实实高质量地做好应该完成的事情，那么无论设计了一个多么美丽的梦，早晚都会成为现实。因此，当我畅想未来的时候，自己心中似乎说不出具体到哪一件事情、哪一个目标的明确框架，与其把梦想设计得浩大宏伟，不如把手边的事情做得再扎实一些、效率再高一点。每天的努力都会让人离自己的梦想更近一步，在努力的过程中，最难做到的是持之以恒。正如体育赛场上，每一个优异成绩的背后都凝聚了坚忍不拔的追梦过程，笑到最后的胜利者无不具备坚强的意志、强烈的责任心和超群的专业技能。

美梦无极限，功到自然成！愿自己每日的努力都像一滴水融入国家不断走向富强的改革大潮中，把你的、我的、每个人的小小梦都汇集在一起，激发出耀眼的、奋进的火花！

胥伟华
科学技术界别/中国科学院遗传发育所副所长兼党委副书记

像中科院这样集科研、教育、智库、学会、企业 5 大功能于一体的建制，在世界范围内都是独具中国特色的。出重大成果、出优秀人才、出前瞻思想是我们院、所两级法人单位永恒的中国梦！就我所在的遗传发育所来说，按照习近平主席最近对中科院提出的“四个率先”要求，也有了研究所做出“顶天立地”科研的中国梦。(1) 顶天：探索世界科技最前沿，占据未来国家发展的制高点。要冲击沃尔夫奖（农业领域的诺贝尔奖），要从现在每个季度有 *Cell*、*Nature*、*Science*（*CNS*）论文，争取到每个月有 *CNS* 论文甚至是封面文章。(2) 立地：解决国家当前重大战略需求，充分发挥科技在经济发展方式转变中的引领作用，布局小麦、水稻、大豆、玉米等优质自主品种，进一步为国家新增经济效益和税收。

作为中科院大系统中的一员，我们所始终坚持农业可持续发展和人口健康的战略定位，目前遗传发育所有一所三区（奥运园区、中关村园区、石家庄园区）、3 个国家重点实验室，有一支 1 500 多人的科研队伍，其中不乏众多的顶尖专家，比如：老所长李振声院士是原中科院副院长，曾获国家最高科学技术奖；上一任所长李家洋院士现为农业部副部长、中央候补委员、中国农科院院长、美国科学院外籍院士。此外，我们还有 31 位国家杰出青年基金获得者（即原来的总理基金）。

作为这支优秀人才队伍的管理者，我现阶段的中国梦，就是要和班子其他成员一道，更好地服务于广大职工，在遗传发育所整体可持续发展和个体职工幸福感提升上下功夫。通过大家共同的努力，构建一个“充满活力、包容兼蓄、和谐有序、开放互动”的创新生态微系统，真正让我们所的每一颗金子发光，真正让我们所的每一位同志都能够由勤奋的“追梦者”，成长为“承梦者”，最后成为“完梦者”。

杨艳
新闻出版界别/云南省德宏州电视台常务副台长

中国梦于我就是美好和希望。在我生活的云南德宏地区，说到茶人们往往想到德昂族，德昂族生活的地方，气候温润，日照充足，雨量充沛，特别适合茶叶的生长。德昂族喜茶、种茶、喝茶、卖茶、敬茶，因而被称为茶的民族。德昂族和其他民族一样，勤劳、善良，追求热爱和平、安宁的幸福生活。茶的内敛、含蓄、平和像德昂人的性格，茶叶淡淡的清香和悠远的味道就像德昂族追求的幸福生活。茶具有极强的生命力和适应能力，在中国的广大地区都有种植，这也像德昂族顽强不息的民族精神。在德昂族的生活中，茶是必备的饮品、做菜的原料、治病的良药、青年男女交往的信物……在德昂族的创世史诗中，德昂族就是最古老的茶农，是茶的子民。在我们德昂族人民的心目中，美好幸福的梦想就是：生活安宁、祥和、无忧，人民安居乐业，民族繁荣昌盛！

叶蓁蓁
新闻出版界别/人民日报社总编室副主任

民族复兴，国家强盛，个人幸福，所有将此三者有机结合联系的梦想，都可以说是中国梦。习总书记提出的“中国梦”，是个了不起的概念，这个概念的了不起，恰恰在于它的模糊和兼容，几乎一切中国人对未来的美好期许，无论多大多小，都可以说是“我的中国梦”。因此，中国梦就是一个图腾，一个让全体中国人凝聚力量，向着未来挺进的图腾。在一定程度上，这个图腾是中国特色社会主义旗帜、道路、理论体系的简化和通俗化，让全体中国人有了简单易懂的遵循。现在，有很多人开展对中国梦的理论研究，试图全面阐述中国梦的理论体系，个人认为这是徒劳，甚至是南辕北辙的。中国梦，需要讲故事，不要讲理论！

易斌
科学技术界别/北京创盈科技产业集团有限公司董事长

中国梦，是富民强国之梦，是民族复兴之梦。国之命运，乃民之命运，所以实现中国梦，每一位中国人都是责无旁贷的，是需要我们去坚定信念和共同努力的。

梦想，寄托着希望；梦想，代表着未来。而青年一代就是民族的希望，国家的未来。在实现中国梦的神圣历程中，青年一代是一股不可忽视的力量。作为青年中的一员，作为一个青年企业家，一种使命感和一种幸福感油然而生：是的，我们有幸赶上了这个伟大的时代，我们有幸成为了共同铸就中国梦的其中一员。

青年企业家是一个最敢于做梦、最勇于追梦的群体，实现中国梦的恢弘史诗中，必定有我们谱写的华彩乐章。“空谈误国，实干兴邦”，所以，我们有责任在不同地区、不同领域中身体力行，把广大青年的力量最大限度地凝聚起来，引领他们不断求索、不懈奋斗，按照习总书记提出的“坚定理想信念、练就过硬本领、勇于创新创造、矢志艰苦奋斗、锤炼高尚品格”的五点要求，实干实干再实干，为实现国家和民族的伟大梦想，实实在在输出一份份正能量。点点滴滴的正能量汇集起来，那就是我们的希望。

今天，我们拥有的是中国梦，明天，我们拥有的将是梦一般美丽的中国！

俞学文
农业界别/更香茶叶集团董事长

让农民过上幸福生活，一直是我深藏心底难以泯灭的梦。

我是一名来自浙江省武义县的农民，作为第十一届、第十二届全国人大的农民代表和浙江武义县青坑村的村主任，从小我就有这样一个梦想。为了实现这个梦想，我怀着一颗感恩的心，惦念着生我养我、哺育我成长、助我发展的父老乡亲，开始了创业。在创业过程中，虽然经历了许多的困难和挫折，但我的梦想给了我坚持下去的动力，让我踏踏实实地做好每一项工作，直到今天。

我时刻牢记着我是一名农民，深知实现梦想的艰辛。为了让更多的农民脱贫致富，在我实现自己梦想的同时，帮助更多的农民树立梦想、实现梦想，我以“市场＋公司＋基地＋农户＋销售＋品牌”为经营模式，创建了北京更香茶叶集团、江西省宁红集团，发展了浙江有机茶基地、广西茉莉花茶基地、福建铁观音基地、云南普洱茶基地、江西宁红红茶基地，打造出一条绿色产业链。在带动全国 10 多万茶农脱贫致富的同时，带给了他们实现梦想的信心。

习主席提出的“中国梦”，归根到底是人民的梦，必须紧紧依靠人民来实现，必须不断为人民造福。“有梦想，有机会，有奋斗，一切美好的东西都能够创造出来。”

我认为中国梦，是国家的梦想，是每个人的梦想。要实现中国梦，我们每个人必须立足本职工作，爱岗敬业，积极努力，踏踏实实地做好自己分内的本职工作，发挥每个人的正能量。实现所有人的梦想，就能实现中国梦，我们农民就能过上幸福、安康、美好的生活，这就是我心中的中国梦！

郁进
社会中介界别/上海青年家园民间组织服务中心副总干事、上海市社会建设青年人才协会秘书长

4年前，我选择加入NGO，尝试全新的工作和视野的时候，我有一个梦。

我希望大家听到NGO时，不再是面露迷茫；我希望论及非营利组织承接政府事务时，社会不再是满心怀疑；我希望在递给别人名片时，不再听到“你是志愿者？做公益也拿工资？”这样的问题；我希望在树立业内楷模时，不再总是那一两家航空母舰式的GNGO。

2年前，当我还坚持在NGO的一线时，我发现之前的梦想在慢慢成真。于是，在树立信心和坚持思考之余，我心中的梦想再次萌芽。

我希望政府在将部分职能转移给NGO时，立场可以更加平等；我希望NGO在抓住快速发展契机时，不仅仅是说，而且开始思考自己的产品和核心竞争力；我希望一部分优秀的非营利组织可以慢慢向社会企业过渡；我希望对这个行业的评估和监管激励机制快速出台和完善。

今年，大家开始谈论中国梦。

我没有很大的梦，因为我希望我的梦更像是计划、是努力的方向，经历时间，有实现的可能和把握。所以，今年，我心中的梦还在延续。

我希望每家NGO的产品不再是空中楼阁，而是离社区更近、服务更多的人群、牵动更多的资源；我希望社会在全力打造社会管理创新大环境的同时，开始着眼优质社会组织的筛选和重点培育，建立明确的评价标准和指标体系；我希望更多的精英加入社会公益行业，用企业经营的方式带领优质NGO大步前行；我希望每一个公益人的努力和付出，都可以从“改变

身边一点点”开始，继而影响他人、影响社会、影响环境……最后，离我们大家的中国梦愈来愈近！

张国政
体育界别/北京体育大学附属竞技体育学校副校长

习总书记提出的中国梦，是整个中华民族共同的梦想，表达出了民族复兴的宏伟理想；中国梦同时也是每个中国人的梦，必须紧紧依靠奋战在各行各业的人民来实现。作为一名体育人，同样有着属于自己的体育梦，那就是发扬“更高、更快、更强”的奥林匹克精神，刻苦训练、积极参赛、顽强拼搏、实干努力、为国争光，身体力行地践行中国体育人的梦想。我认为运动员的梦想，不仅仅体现为在体育赛场上为国夺金摘银，还包括在社会各个领域发挥我们的聪明才智，为全面建成小康社会作出我们应有的贡献，为构建和谐社会发挥积极作用。曾经的我们，以顽强的毅力拼搏在赛场上，是因为时刻感到祖国的需要，是因为肩膀上还肩负着为国争光的使命，每当看到五星红旗冉冉升起的时候，就感到我们体育人的中国梦在一次次实现，自己所付出的汗水与泪水都是值得的。退役之后，我们也能放平心态，找准定位，坚守岗位，做好自己的本职工作，既能以我们的体育精神去感染更多的人，也能为国家体育事业的发展贡献力量，为祖国培养更多优秀的后备人才，始终不渝地坚持着我们的体育梦，中国梦！

张沛军
农业界别/中国农业发展集团公司总会计师

2012 年 10 月，我访问了集团下属的位于西非的远洋渔业基地，亲身体验了远洋渔业一线员工艰苦的生活环境。这些大多从内陆农村出来的渔业工人背井离乡，一年 11 个月漂泊在海上作业，唯一一个月的休渔期可以靠港，但是由于语言不通、风俗不同，管理者出于保护的善意，一般不允许员工上岸。这样的日子一过就是两年，而报酬不过是每年 7 万人民币。狭小的舱室是员工的家，长不足 1.7 米的铺位就是他们休憩的地方。船上没有空调的初加工车间闷热无比，即使在不作业的时候也是三十七八度的高温，让人汗流浃背。从俄罗斯购买的二手拖网渔船已是锈迹斑斑，所有仪表，甚至连逃生地图都是俄文标示……看到这些普通员工的工作生活环境，在为他们战天斗地的劳动精神感动的同时，也深深体会到作为领导的沉甸甸的责任。

我心中的中国梦是这样的：驾驶着我们国家自己设计建造的万吨级大型拖网渔船在远洋乘风破浪；船上有世界先进水平的导航和探捕设备，有着不输任何欧美国家的人性化的生活和工作设施；中国船员不再是从事艰苦体力劳动的普通船员，而是轮机长以上的管理阶层，挣着与国际接轨的高薪酬……与大家携手努力使这一天尽快到来。

张毅
社会中介界别/
北京市金杜律师
事务所上海分所
主任

紧跟中国企业国际化，搭建国际法律服务平台，让中国法适用于重大国际交易，为中国企业国际发展保驾护航，这就是我一个中国青年律师的“世界梦”。

中国的崛起给了我实现“世界梦”的机会。2011年开始，我积极参与我们事务所的国际化进程。2012年，我们所顺利到达第一个里程碑——成功和澳大利亚第一大律师事务所结成紧密联盟，联盟的名字就是我们的名字：“金杜律师事务所”！

目前，我们在全球拥有21个分支机构、380名合伙人、1 800名律师，是总部设于英、美以外最大的律师事务所，更是全球唯一能够同时提供中国内地、澳大利亚、英国和中国香港四个国家和地区法律服务的事务所。

在这个国际平台上，我们完成了上百家企业在国内外资本市场的上市，代表娃哈哈在十多个国家打赢了与法国达能的系列国际官司，也代表中国商务部打赢了与美国在WTO的关键一仗。

饮水思源，我们践行社会责任。我们捐资500万元设立了中国第一项由律师事务所设立的公益基金，在西藏、四川等地兴建7所希望小学，在北大、清华、华政等一流高校设立了奖学金、助学金，也为汶川、雅安地震捐款500多万元。

我担任美国斯坦福大学法学院的亚洲战略委员会委员。

怀着对梦想的追求，我在斯坦福大学设立了该校第一项专门研究中国法律的奖学金，让更多的欧美学生了解和学习中国法律。

我骄傲，我是一名中国青年律师！

我骄傲，我想实现“中国律师世界梦”！

赵春森
海外学人华侨界别/上海东方文化传播中心主任

记得当年一代代老华侨背井离乡下南洋时，都曾怀有“淘金发家梦”；一批批仁人志士别妇抛雏赴南洋时，也都曾怀有“强国富民梦”。然而，直到1949年以前，无论是老华侨、老华人，还是老革命、老前辈，所得到的都是梦碎、贫弱和耻辱。所以说，习总书记提出的实现中华民族伟大复兴的中国梦，是13亿中国大陆人的“黄金梦”，也是全世界华人华侨的“世代梦”。作为一位长期致力于中泰文化交流合作和祖国统一事业的工作者，参与和促成这个崇高梦想的实现，是我的神圣职责，也是我们这些后来人对早年远赴南洋奋斗，甚至抱恨长眠南洋的先人前辈的历史交代。我愿为实现这个伟大梦想、完成这个历史使命而继续奋斗，继往开来，奉献所有！

赵鸿
社会中介界别/衡水市地球女儿环保志愿者协会会长

我相信每个炎黄子孙心中都有一个中国梦，这无数的梦支持着我们，激励着我们。我们挺立在天地间，来去匆匆，只是过客，纵观古今青史，能够留下的都是无我的奉献和对祖国深沉的爱。

中国——我们共同的母亲。她像我们的妈妈一样不能替代！她像我们的妈妈一样恩重如山！感恩母亲，感恩祖国。有一颗感恩的心，世界从现在开始不一样。一滴水融入沙漠，即归于无；一滴水融入大海，就有大海的力量。只要我们每个人心中都怀揣一个美好的梦想，从现在开始践行，节约一滴水，节约一度电，少一点攀比，少一点物欲，实现中国梦就不再离我们遥远。中国梦，不在于说多少，只在于今天我们做了没有。

我的心中有一个中国梦：人与环境和谐相生，知足少欲，朴素生活。还天空以悠远，还动物以宁静，还大地以自然。

# 后　记

党的十八大以来，以习近平同志为总书记的党中央提出了实现中华民族伟大复兴的中国梦的宏伟目标。2013 年五四青年节，习近平总书记又发表重要讲话指出，中国梦是历史的、现实的，也是未来的；是国家的、民族的，也是每一个中国人的；是我们的，更是青年一代的。中华民族伟大复兴终将在广大青年的接力奋斗中变为现实。总书记的讲话给青年一代提出了殷切希望，为青年的成长发展指明了方向，中国梦召唤着广大青年，也激励着广大青年。

青联委员作为推进社会主义现代化建设的重要力量，是践行中国梦的生力军。为深入学习贯彻习近平总书记的重要讲话精神，激励青联委员们为实现国家富强、民族振兴、人民幸福的中国梦贡献力量，全国青联教育界别特别组织发起“青春共筑中国梦”主题征文活动。我们邀请了 11 位青联委员撰文，他们紧扣时代主题，密切联系社会实际，着眼中国未来发展，发挥自身所长，分别围绕政治、经济、社会、教育、文化、金融、财税等重点领域，回顾总结我国改革开放 30 多年来的伟大成就和宝贵经验，并对下一步改革建言献策。同时，我们还收集整理了全国青联委员们对中国梦的理解以及相关看法和观点，以飨读者。共青团中央第一书记秦宜智欣然应邀为本书作序，共青团中央书记处常务书记、全国青联主席贺军科亲自审阅了书稿，全国青联秘书处对本书的组稿与审订给予了大力支持，中国人民大学校长、全国青联副主席、全国青联教育界别主任陈雨露多次组织编写组研究讨论，许多青联委员为书稿的撰写、审改付出了大量的心血，在此向他们表示衷心的感谢！

我们希望通过此书抛砖引玉，吸引和激励更多的青年为中国梦作出自己的贡献。我们相信，一个国家的进步，铭刻着青年的奋斗；一个民族的未来，承载着青春的梦想。

中国有梦，青春无悔！

**图书在版编目（CIP）数据**

青春共筑中国梦/全国青联教育界别编．—北京：中国人民大学出版社，2013.9
ISBN 978-7-300-18087-8

Ⅰ.①青… Ⅱ.①全… Ⅲ.①社会主义建设模式-研究-中国 Ⅳ.①D616

中国版本图书馆 CIP 数据核字（2013）第 216676 号

**青春共筑中国梦**

全国青联教育界别　编

Qingchun Gongzhu Zhongguomeng

| | | | |
|---|---|---|---|
| **出版发行** | 中国人民大学出版社 | | |
| **社　　址** | 北京中关村大街 31 号 | **邮政编码** | 100080 |
| **电　　话** | 010－62511242（总编室） | | 010－62511398（质管部） |
| | 010－82501766（邮购部） | | 010－62514148（门市部） |
| | 010－62515195（发行公司） | | 010－62515275（盗版举报） |
| **网　　址** | http://www.crup.com.cn | | |
| | http://www.ttrnet.com.（人大教研网） | | |
| **经　　销** | 新华书店 | | |
| **印　　刷** | 涿州市星河印刷有限公司 | | |
| **规　　格** | 170 mm×228 mm　16 开本 | **版　　次** | 2013 年 11 月第 1 版 |
| **印　　张** | 14.5 插页 3 | **印　　次** | 2013 年 11 月第 1 次印刷 |
| **字　　数** | 235 000 | **定　　价** | 48.00 元 |

**版权所有　侵权必究　印装差错　负责调换**